国家社会科学基金重大委托项目
“蒙古族源与元朝帝陵综合研究”
（批准号 12@ZH014）
学 术 成 果

张久和　刘国祥　主编

中国古代北方民族史

契　丹　卷

冯　科　著

科 学 出 版 社
北　京

内 容 简 介

契丹族是中国古代北方民族之一，早在4世纪中叶便见之于史，曾建立契丹 - 辽政权。本书主要是对契丹族名、族源以及早期的政治军事、经济生活、对外关系、文化习俗等进行研究论述，以求呈现至今研究比较薄弱的契丹早期的历史面貌和发展脉络。

本书适合于从事历史学、考古学、民族学等方面的专家、学者以及对北方民族史感兴趣者参考阅读。

图书在版编目（CIP）数据

中国古代北方民族史. 契丹卷 / 张久和，刘国祥主编；冯科著. —北京：科学出版社，2021.8

ISBN 978-7-03-069018-0

Ⅰ. ①中… Ⅱ. ①张… ②刘… ③冯… Ⅲ. ①古代民族 - 民族历史 - 华北地区②契丹 - 民族历史 Ⅳ. ① K289

中国版本图书馆 CIP 数据核字（2021）第 107748 号

责任编辑：孙 莉 雷 英 王 钰 / 责任校对：王晓茜
责任印制：张 伟 / 封面设计：张 放

科学出版社 出版
北京东黄城根北街 16 号
邮政编码：100717
http://www.sciencep.com
北京厚诚则铭印刷科技有限公司 印刷
科学出版社发行 各地新华书店经销
*
2021 年 8 月第 一 版 开本：720 × 1000 1/16
2022 年 1 月第三次印刷 印张：13 1/2
字数：272 000

定价：128.00 元

（如有印装质量问题，我社负责调换）

国家社会科学基金重大委托项目“蒙古族源与元朝帝陵综合研究”（批准号12@ZH014）学术成果编辑委员会

《中国古代北方民族史》编辑委员会

《中国古代北方民族史》工作组

组　　长：刘国祥　白劲松

副 组 长：孙　莉　陈桂婷　王　珏　冯　科

成　　员（以姓氏笔画为序）：

于伯乐　于昊申　王　苹　王石雨　王东风

田彦国　白志强　邝漫华　任　翔　刘玉莹

刘旭东　刘江涛　孙　冰　宋岩金　张　宇

张克成　林　睿　哈　达　姜天华　栗媛秋

曹　磊　康准永　雷　英　燕云辉

作 者 简 介

冯科，男，毕业于内蒙古大学。历史学博士。内蒙古师范大学历史文化学院讲师。研究方向为北方民族史，主要从事契丹－辽史研究。公开发表学术论文6篇。参与国家社会科学基金重大项目“东胡系民族历史文献的整理与研究”子课题“契丹、库莫奚历史文献的整理与研究”、国家社会科学基金重大委托项目“蒙古族源与元朝帝陵综合研究”子课题“东胡—乌桓鲜卑史料汇编”和内蒙古自治区文史研究馆横向项目“内蒙古自治区重大历史题材油画精品选题”。

北方民族史是中国历史的有机组成部分

——《中国古代北方民族史》(代序)

张久和　刘国祥

《中国古代北方民族史》(十卷本)经过策划、组织、研究和编辑工作，即将付梓。这是倡导者、组织者、研究者和编辑者诸同仁共同努力的结晶。面对多年来北方民族史领域丰富的学术成果，选择十个民族、按照大体一致的体例进行进一步的系统研究，力求在学术上有所推进，这对每一位研究者都具有很强的挑战性。今天，我们怀着惴惴之心把十部书稿呈送于学界，以求在学术难点、值得深度研讨的问题等方面引发更为深入的思考，探求更为全面、更为系统的学术研究途径，以期共同推进中国古代北方民族史的研究。

长期以来，前辈学者对中国古代北方民族史的研究取得了丰硕成果。中国国内，马长寿先生《乌桓与鲜卑》、林幹先生《匈奴通史》、田余庆先生《拓跋史探》、周伟洲先生《敕勒与柔然》、段连勤先生《丁零、高车与铁勒》、薛宗正先生《突厥史》等论著，基本都是以族别史体例研究北方民族史的力作，解决了许多悬而未决的问题，探寻出一些值得借鉴的研究方法，启迪着学者们的思路。1977 年由内蒙古自治区蒙古语文历史研究所历史研究室、内蒙古大学蒙古史研究室编写出版的《中国古代北方各族简史》，2003 年林幹先生的《中国古代北方民族通史》，在北方民族的通史性成果方面具有开创性。其他国家和地区的学者也向学界奉献了学术亮点独特的论著。法国汉学家德吉涅《匈奴、突厥、蒙古及其他西方鞑靼人通史》、英国学者巴克尔《鞑靼千年史》、法国史家勒内·格鲁塞《草原帝国》等著作，均涉及多个欧亚草原游牧民族的历史。

近些年来，随着改革开放各项文化事业的蓬勃发展，各族人民日益增长的物质文化、精神文化需求不断提高，对历史的关注度不断强化，北方民族史研究也越来越受到重视，促进了相关研究向前发展。学术成果的积累，科研团队的形成，研究出版经费的保障，为全面系统地研究中国古代北方民族史，编纂和出版北方民族史著作带来了机遇，提供了条件和保证。这部十卷本的《中国古代北方民族史》就是我们的一个初步尝试，付梓之际，诚待学界赐正，并期待对学术发展、社会文化进步有所裨益。

一

中国古代北方民族在广义上是对历史上曾经活动在中国古代北方地区的各个民族的总称；学界也有从狭义上专指以蒙古高原及周边地区为主要活动地域、以游牧业为主要生产生活方式、操阿尔泰语系诸语言的各民族的看法。国内学界一般将其简称为“北方民族”；国外研究者基于不同的认识，称其为“马背民族”“骑马民族”等。从狭义上讲，中国古代北方民族的历史，既包括蒙古族兴起以前的诸北方游牧民族史，又包括古代蒙古史。由于蒙古族兴起后，经过多个世纪的漫长岁月，已经由一个古代民族逐渐发展为现代民族，而且，早期蒙古史一般又与元史、北元—明代蒙古史、清代蒙古史及近现代蒙古史形成了比较完整的研究体系。因此，学界一般就将中国古代北方民族史的研究对象集中在公元前 3 世纪至公元 13 世纪活动在蒙古高原及周邻地区的各个民族，并形成了以族别史为特征又大体可以按照时间顺序研究的北方民族史研究体系。这些古代民族主要涉及匈奴、东胡、乌桓、鲜卑、柔然、敕勒—高车、铁勒、突厥、薛延陀、回鹘（回纥）、黠戛斯、契丹、库莫奚、室韦—达怛等各个游牧民族的历史。至今，学界针对这些民族的研究，已经涉及族源、政治、经济、风俗习惯、文化传承等各个方面，成果颇丰，学术争议点亦较多。而经过对各个民族历史的专题研究，努力寻求中国古代北方民族整体发展的历史规律仍然是有待突破的重点与难点。

中国历代汉文典籍中有关北方民族的历史记载是从事研究的基本史料。《史记》《汉书》《后汉书》《三国志》《晋书》《魏书》《北齐书》《周书》《隋书》《北史》《旧唐书》《新唐书》《旧五代史》《新五代史》《辽史》等纪传体史书，《资治通鉴》《续资治通鉴长编》等编年体史书，《通典》《通志》《文献通考》等典志体史书，《唐会要》《五代会要》等会要体史书，《元和郡县图志》《太平寰宇记》等地理总志以及《太平御览》《册府元龟》等大型类书以及其他体裁的古籍，均保留着与北方民族历史有关的史料。不过，由于各类史籍的成书年代不同，后出史书往往与先成史书有着抄录关系，内容也存在程度不同的沿袭继承；而且，随着历史的发展和情况的变化，后出史书又常常收录了为先成史书所不载的资料，增加了某些新的内容，加大了辨别取舍的难度。另外，各代史家对北方民族资料掌握的多寡不同，取舍角度有别，记述方式有异，所记内容与实际情况可能有一定出入，或存在误记错记等情况，也必须因时、因地、因人，因事详加考辨，方可在不断的研讨中逐步接近真实。尤其值得注意的是，由于历代中原史家不同程度地受到时代、民族、地域、立场和思想文化等诸方面的局限，也在相关文献中反映出对北方民族的歧视和偏见。基于上述，尽可能全面、系统地占有研究北方民族历史的汉文文献史料，并且进行详细比对、辨析，探明史源关系，明确史料价值，摒弃各种偏见，坚持客观评判的标准，在研究北方民族历史工作中显得格外重要。除了汉文史料以外，粟特文、突厥文、回鹘文、契丹文、西夏文、蒙古文、波斯文等文字的文献，多为北方民族记载的其自身的历史活动，有其不同的视角、内容、观点和方法，虽因文字的掌握与识读存在较大的难度，但对于全面深入研究北方民族历史文化却具有独特珍贵价值。中国学界不乏倡导和践行利用多语种文字史料进行综合研究的专家学者。

中国古代历史文献，记载内地王朝史一般都较为系统和丰富，相比之下，同一部古籍中有关北方民族史的史料则显得零散和匮乏。仅以记录北方各民族历史内容最多、最系统、相对可靠的正史即“廿四史”为例，与北方民族有关的史料主要是列传中的各族专传和纪、传、志、表当中的散见史料，系统性与涵盖面均存在误漏，甚至难以成章，形成研究中的诸多难题。因此，除了稽考、辨析、使用文献史料作研究以外，利用考古资料进行北方民族史研究也是学界传统。百余年来，北方民族的物质文化遗存有多少不等的发现，相关资料和研究成果相继发表，程度不同地为研究者提供了难得的研究依据。匈奴遗存主要集中在外贝加尔、蒙古国和中国境内的北方草原地带，发表的考古资料与研究性成果较多。其中，蒙古国境内的诺彦乌拉、高勒毛都，中国境内的桃红巴拉、阿鲁柴登等匈奴墓葬，为研究匈奴历史文化提供了珍贵的实物资料。乌桓的考古学文化虽然没有确论，但学界对夏家店上层文化、井沟子墓地、平洋墓葬、西岔沟墓群的探讨，对探究乌桓史有着重要的参考价值。拓跋鲜卑早期遗存主要集中发现于中国内蒙古呼伦贝尔地区，嘎仙洞遗址，扎赉诺尔、完工、孟根楚鲁、拉布达林墓葬等资料，为研究早期拓跋鲜卑史提供了重要依据。柔然考古学文化虽尚未被正式识别出来，但高昌文书等出土文献与《茹茹造像碑题记》《魏开府仪同长广郡开国高公妻茹茹公主闾氏墓志》等碑刻墓志丰富了柔然史资料。重要的突厥卢尼文碑有《暾欲谷碑》《阙特勤碑》《毗伽可汗碑》，与回鹘有关的碑铭有《磨延啜碑》《铁尔痕碑》《九姓回鹘可汗碑》等，在叶尼塞河流域发现的碑刻资料则多与黠戛斯有关。突厥、回鹘、黠戛斯的碑铭资料为研究提供了新的视角和维度，是研究北方民族历史文化的珍贵史料。此外，中蒙联合考古队确定了蒙古国的四方形遗址为回鹘贵族墓地，从而填补了回鹘考古学文化领域的空白，为研究回鹘历史文化提供了宝贵的考古资料。契丹的考古遗存早期以平民墓葬为主，辽朝建立后的耶律羽之家族墓、陈国公主与驸马合葬墓、吐尔基山辽墓、萧贵妃墓等资料，对契丹早期历史文化的研究也有重要参考作用。库莫奚考古目前可以确定的是《大王记结亲事碑》《奚国质子热瓌墓志》等十余通属于奚人的碑刻材料，内容或为史书所未载，或可与文献史料相印证，具有珍贵的史料价值。室韦考古学文化的发现、识别和研究，对于探索蒙古族族源具有重要学术意义。西乌珠尔、谢尔塔拉、岗嘎等墓葬资料的研究与运用，无疑使室韦历史文化的研究内容变得更加充实可靠和丰富多彩，并为蒙古族发祥、兴起于呼伦贝尔提供了确凿证据。总之，与北方民族相关的考古资料，在很大程度上有效地起到了与文献交互印证、补充文献记载之不足、纠正文献记载之错谬的作用。因此，充分结合运用考古资料研究北方民族史，将考古学与历史学密切结合是十分必要的。

先秦时期，北方民族已见载于史册。荤粥、猃狁、诸戎狄与商、周及春秋时期北方诸侯国，东胡、匈奴、林胡、楼烦与战国时期北方的燕、赵、秦诸国均有和战关系，东胡、匈奴、丁零等北方诸民族之间亦关系密切。秦末汉初，匈奴势力强大，东破东胡，西击月氏，北服丁零，控制蒙古高原及其周边，第一次建立了统一中国古代北方地区的游牧政权，与中原政权共同缔造着祖国的历史。东胡被击溃后，溃散的部众分别据保乌桓山和鲜卑山，因山名族，称乌桓、鲜卑。两汉时期，乌桓先后三次南迁，逐步进入中原北部，与汉、鲜卑、匈奴等融合。东汉时期，匈奴衰弱，南匈奴南迁入塞，北匈奴连续遭逢东汉联军攻击，最后远走西域，留下了值得重视的历史文化。蒙古高原上的匈奴余部并入鲜卑，鲜卑由此渐盛，继匈奴之后控制大漠南北，建立了地分东中西三部的部落军事大联盟。联盟瓦解后，鲜卑逐渐分化形成慕容、宇文、段、拓跋、秃发、乞伏诸部。魏晋南北朝时期，各支鲜卑渐次南迁，逐鹿中原，加入到民族大迁徙大融合浪潮之中。慕容、宇文、段、拓跋等部相互征伐，宇文战败，从中分化出契丹、库莫奚二部。同期，鲜卑后裔室韦见于文献著录，与契丹、库莫奚地分南北，活动于东胡及其后裔曾经往来驻牧的地区。吐谷浑自慕容鲜卑分离，迁徙甘青地区，后建立吐谷浑政权，史事绵延，直至唐代。慕容建立前燕、后燕、西燕、南燕，拓跋建立代，秃发、乞伏建立南凉、西秦等区域性政权。匈奴后裔建立有汉、前赵、北凉、大夏等政权。南迁的丁零也建立了翟魏政权。丁零后裔亦以“敕勒”“高车”“铁勒”等名称为史书所记载，分布于漠南漠北。最终拓跋鲜卑建立的北魏统一中国古代北方地区，形成了南北朝对峙格局。同期，东胡苗裔柔然兴起于大漠南北，建立柔然汗国。南北朝末期，随着柔然的衰败，突厥兴起并灭亡柔然，成为蒙古高原霸主，建立突厥汗国，强盛一时。唐初，突厥汗国被唐灭掉，大量突厥民众曾进入内地。后来突厥贵族重新建立游牧政权，再度控制蒙古高原。隋唐时期，铁勒分化出许多大大小小的部落。其中，铁勒部落中的薛延陀、回鹘在反抗突厥统治的过程中逐步强大起来，薛延陀一度建立政权，称雄漠北，后被唐灭亡。回鹘灭掉东突厥后汗国，建立回鹘汗国，与唐朝关系密切，9世纪中期被黠戛斯击溃。隋唐时期，进入中原的鲜卑逐渐融合于汉族以及各族之中。契丹与奚在突厥、回鹘不断衰落的过程中日益强大起来。唐末，契丹最终兼并奚、室韦等周边各族，随后在五代政权的更迭中得到燕云十六州之地，建立了与北宋对峙的辽朝政权。与蒙古族源关系密切的室韦各部，在唐代又被诸突厥语族部落称为达怛，并为唐朝中原人接受。蒙古族的祖先部落“蒙兀室韦”首见《旧唐书》记载，“蒙兀”是“Mongghol”（蒙古）的最早汉字译写形式。蒙古族发祥于今内蒙古额尔古纳河下游东南。唐朝中期以后，室韦—达怛诸部乘回鹘汗国衰亡之机，陆续西迁蒙古高原核心地带，或南迁至中原北部边塞。不难看出，在数千年的历史长河中，在中国古代北方地区，各个民族名号不断更换，政权轮番交替，与中原的往来绵延不绝、从未间断。辽金时期，与蒙古族有渊源关系的各部逐步壮大。至13世纪前后，在语言、地域、文化和经济生活上具有共同性的蒙古高原诸部具备了形成新的古代民族共同体的条件。1206年，铁木真统一蒙古高原诸部，在继承众多北方民族长期分化和融合历史的基础上，以室韦—达怛部落为核心和主要成分，吸收契丹等蒙古语族和回鹘等突厥语族部落，建立了大蒙古国（Yeke Mongghol Ulus）。至此，蒙古高原上大大小小的部落和民族兴衰演替的历史始告结束，各有名号的部落、民族统一在了“蒙古”名下①，古代蒙古民族共同体初步形成。蒙古族成为北方民族历史文化的集大成者，掀开了中国历史的新篇章。

北方民族以畜牧、狩猎为生业，“游牧”是其经济形态，“行国”是其政治表征。游牧经济比较脆弱，更多地依赖于自然环境和气候条件，迫切需要农副产品作为生产、生活的补充；农耕经济以定居为主，也十分需要游牧经济产品。游牧与农耕经济之间的差异性、互补性，导致双方谁也离不开谁，形成了互相依存、互相促进的格局。和平时期，官方、民间贸易交换频繁，各取所需；对峙争锋阶段，双方的战争也往往是经济因素在起着诱因和主导作用。许多时候，北方游牧民族及其政权更看重经济利益，更多地从经济角度出发制定策略，采取政治、军事行动；中原农耕民族及其政权包括入主中原的北族政权则常以中心、正统自居，更看重政治名分。经济发展的内在动力，使繁衍生息于蒙古高原及其周边地区的北方民族，掀起了一波又一波的向中原地区的南迁、南进运动，先后建立了统治区域大小不等的政权，与中原农耕民族发生了密切的政治、经济、社会和文化联系。匈奴、柔然、突厥、回鹘、契丹、蒙古等

① 亦邻真：《中国北方民族与蒙古族族源》，《内蒙古大学学报》1979年第3、4期。

建立的政权，打通了欧亚大陆草原世界，使得各民族之间的经济文化交流更为频繁，更为广泛，其历史不但是中国历史的有机组成部分，并且也成为亚洲史、欧洲史的研究内容。鲜卑、契丹、蒙古等民族更是建立了囊括中国古代北方地区和中原地区的政权，或统治中国古代北方，或实现了全国大一统，直接把游牧和农耕两种文化融汇在一起，你中有我，我中有你，互相认同，在深刻地改变和创造中国历史的同时，也在潜移默化地改变和重塑着自己。

史实证明，在中国历史上的各个时期，都有北方民族程度不同地参与到创造中国多元历史文化的进程之中，印证了中国的历史是由各民族共同创造的发展规律。

二

中国古代北方民族史历来备受国内外学术界的重视，论著颇丰。但是，由于研究者所处时代不同，立场、价值观、研究方法等有别，加之资料匮乏，今天看来，有些成果多带有时代的烙印，存在争议而尚未解决甚至难以解决的问题较多，在一些具体问题上形成了许多不同的观点，也构建了某些不同的话语体系。近代以来，由于中国陷入半封建半殖民地社会深渊，国家影响力大幅度降低，历史学研究的环境、条件、人才等均遭受到严重的桎梏与影响，在北方民族史研究领域的话语权逐步弱化。与此形成鲜明对比的是，19世纪末以来，西方和日本学界对于中国古代北方民族史的研究日趋深入，其理论方法和研究成果迭出，形成了多种话语体系并存的局面。在试图阐释中国古代北方民族历史进程的时候，对国外学界的相关说法予以关注和述评，明确我们的初步认识和看法，是十分必要的。

（一）西方汉学与“内亚史观”

19世纪末20世纪初，传统汉学在西方逐渐转化为一门独立学科。法国学者沙畹（Édouard Émmannuel Chavannes）将汉文文献与西方实证主义史学相结合，使汉学逐渐发展成为现代化的专门学科。伯希和（Paul Eugène Pelliot）结合文献学与历史比较语言学，发展了历史语言学考证法，沿用了欧洲早期汉学家惯用的“高地亚洲”（la Haute Asie）概念，并将地中海、印度与中国中原地区之间七八百万平方千米的广阔“弓形”地域统称为“中央亚细亚”（Central Asia），认为“中央亚细亚”既是地中海世界、印度与中国中原地区之间的地理屏障，又是这三个文明中心之间的联系纽带，彼此之间联系与影响的程度虽因历史变迁有所差异，但从未间断[①]。

塞诺（Denis Sinor）在“高地亚洲”概念基础上提出了大体相同于中央欧亚（Central Eurasian）的“内亚”（Inner Asia）理论，他将中央欧亚视为一个不同于周边文明板块的独立的文明区域，其中又可以根据自然环境、经济生活和语言文化的差异，划分出若干的亚文化类型。游牧生产生活方式是这些类型中最为成功的一种[②]，而不同的亚文化类型在历史进程中逐渐向趋同性发展。中央欧亚在大多数历史时期都是挑战欧亚各大文明的“蛮族”的活动舞台，“传统文明的承载者与来自内亚的蛮族之间的冲突对抗与交流互动，构成了理解人类历史发展的一条基本主线”[③]。

美国学者傅礼初（Joseph F. Fletcher）是内亚史观的代表人物之一。语言上的优势使他能够打破汉学、阿尔泰学与伊斯兰学之间的藩篱，站在“全史”（Integrative history）的角度来审视内亚在世界历史中的地位和作用，进而总结内亚游牧帝国演变转型的规律性问题。而对 20 世纪中后期现代社会学、政治学、人类学等社会科学理论的吸收，则进一步促使其从宏观上思考欧亚大陆各地区历史发展的趋同性与合流性问题。他认为，历史现象中存在“关联性”（interconnections）与“延续性”（continuties）现象，而要认识这两种现象，就必须先要对不同地域之间的社会、经济、文化等领域的平行性现象进行研究，考察其内在联系，

① 〔法〕伯希和：《高地亚洲》，耿世民译，《民族史译文集》第 6 辑，中国社会科学院民族研究所，1978 年，第 1—3 页。

② 〔美〕丹尼斯·塞诺：《论中央欧亚》，《丹尼斯·塞诺内亚研究文选》，中华书局，2006 年，第 5 页。

③ 钟焓：《重释内亚史——以研究方法论的检视为中心》，社会科学文献出版社，2017 年，第 3 页。

归纳出欧亚大陆人类社会的整体发展趋势①。

拉铁摩尔（Owen Lattimore）也是20世纪美国著名的内亚史学者，在塞诺提出“内亚”理论之前，拉铁摩尔已在对中国北方田野调查与文献研究的基础上形成了“中国边疆理论”。拉氏关注的“内亚”仅限于当时中国境内的蒙古、东北、新疆、西藏四个地区，并没有后来塞诺所认为的那样广阔。他将中国的这四个边疆地区视作各自具有独立地理环境、社会、经济和政治特征的有机整体，建立了一套历史学与历史地理学、社会生态学相结合的理论体系，用以探究每个边疆地区内部的机制特性，进而考察每个地区与中原地区的关系特征②。拉氏认为，特定的地理环境决定了每一边疆地区的经济形态，进而在经济形态上产生出不同的社会与政治形态。

“内亚史观”从北方民族和内陆边疆的视角来审视欧亚大陆历史的变迁与发展，对于习惯了从中原王朝视角看待内陆边疆与北方民族的中国传统史学来说具有启发和借鉴意义，从方法上讲，有助于推动北方民族史研究的发展。但“内亚史观”片面强调内陆亚洲在地理环境、经济生活、政治传统、文化习俗等方面的独特性、差异性和连续性，罔顾中国古代北方地区与中原地区、北方游牧民族与中原农耕民族之间长期密切的政治、经济、文化联系，淡化双方的共同性和相互影响、互相依存、彼此交融的历史事实，忽视北方游牧民族对中原地区的向心力与相互认同的历史事实，刻意构建“内陆亚洲”文化本位和独立的“内亚体系”“内亚传统”，一定程度上存在解构中华民族多元一体民族观和统一多民族国家观的意图。对此，我们应当有清醒认识。在研究中，要把握中国古代北方民族史与所谓“内亚”民族史的本质区别、中国古代北方民族史与中华民族多元一体格局历史发展的内在有机联系和多民族共同创造中国历史的大原则。

---

① Joseph F. Fletcher. Integrative history: parallels and interconnections in the early modern period, 1500-1800 [《全史：论早期近代（1500—1800）的平行化与关联性》]. Studies on Chinese and Islamic Inner Asia. Variorum Ashgate Publishing Limited, 1995, pp.1-35.

②〔美〕拉铁摩尔著，唐晓峰译：《中国的亚洲内陆边疆》，江苏人民出版社，2010年，《译者的话》第2页。

（二）日本的“东洋史学”

日本明治维新后，国力迅速增长，在“脱亚入欧”思潮影响下，开始向西方列强学习，走上了对外侵略扩张的道路。为了服务其政治需求，以中国、朝鲜等东亚或东北亚国家的历史、地理、文化等为主要研究对象的所谓“东洋史学”应需而兴，而且，与军事侵略目标相关联，提出了一系列论调，在北方民族史研究领域形成了殖民色彩浓郁的“东洋史学”话语体系。

白鸟库吉等人以兰克学派的实证主义为指导，在研究过程中注重文献考证与实地调查有机结合，形成了“东洋史学东京文献学派”，其学术成果在一定程度上促进了北方民族史研究的进一步深入。然而，为日本帝国主义殖民扩张服务的主要目的，却使其论著体现出了强烈的政治意图和鲜明的殖民主义色彩。

白鸟库吉等人着意构建了“满鲜史观”，提出了“间空地论”与“南北二元对抗论”。“满鲜史观”的本质即“满鲜一体论”。认为“满洲”与朝鲜半岛在历史上种族相同，文化习俗与宗教信仰相近，是一个不同于中国内地的独立的历史地理单位①。“间空地”系指三方势力处于均衡态时的缓冲地带，一旦这种均衡态被打破，“间空地”便会被实力相对强大的一方所占据②。在“满洲”和朝鲜半岛的历史上曾多次出现过“间空地”，而这些“间空地”实质上是“无主之地”，不属于中国和朝鲜任何一方③。可以看出，所谓的“间空地论”实际上是在为日本侵占中国东北和朝鲜半岛提供“历史依据”和“学理依据”。

“南北二元对抗论”的核心含义，则是人为地将中国古代北方游牧民族与中原汉族割裂开来。认为历史上的匈奴、夫余、肃慎、乌桓、鲜

---

① 〔日〕旗田巍：《満鮮史の虚像》，《日本人の朝鮮観》，勁草書房，1969年，第138頁；〔日〕稲葉君山：《満鮮不可分の史的考察》，《支那社会史研究》，大鐙閣，1922年，第299頁。

② 张文静：《〈满洲历史地理〉的学术特征及观点倾向》，《史学集刊》2015年第4期。

③ 〔日〕白鳥庫吉：《白鳥庫吉全集》第十卷，岩波書店，1971年，第152、153頁；〔日〕白鳥庫吉監修，箭内亙、稲葉岩吉、松井等：《滿州歷史地理》第一卷，南滿州鉄道株式会社，1913年，第44、45、81頁。

卑、室韦、柔然、突厥、契丹、蒙古都是与汉族敌对的“外族”或“外国”，整个东亚大陆的历史就是以长城为界的中原汉族与北方民族对抗的历史[①]。这种论调将“汉地”等同于“中国”，刻意突出南北民族间的对抗史，而对各族关系发展中在时间、空间占主要地位的封贡、和亲、互市等和平交流史视若不见。

日本的矢野仁一是“东洋史学京都学派”的代表性人物，主要致力于中国近现代史的研究，是日本中国近现代史研究的重要开创者。在为日本帝国主义侵华提供“理论依据”方面，矢野比白鸟等人更加积极，也走得更远。从20世纪20年代开始，他先后发表了《支那无国境论》《满蒙藏非支那本来领土论》《支那非国家论》《历史上满洲的支那主权无根据论》《日本在满蒙的正当地位》等一系列文章，公开鼓吹“满蒙非中国论”“长城以北非中国论”“中国非国论”等谬论。在矢野搭建的体系中，中国领土的形成是近代以来列强与清政府交涉的结果，古代中国并没有明确的领土和边境概念，中央政府实际能够控制的领土大多局限在长城以内。矢野的这套理论不仅为日本帝国主义侵华提供了“合理”依据，还妄图解构中国各族人民的国家认同，瓦解抗日斗志，进而达到分裂中国，各个击破的目的，可谓阴毒至极。

20世纪初期，日本史学界为了配合日本军国主义侵略扩张和殖民目的而形成的赤裸裸的话语表述，虽然已经随着时代变迁、社会进步而寿终正寝，但是其论调的变种仍不绝于世，应该引起学界的重视。

（三）泛突厥主义

19世纪后期，为反抗沙皇俄国的民族压迫并与“泛斯拉夫主义”运动相抗衡，“泛突厥主义”思潮在沙俄境内的突厥语族人群中兴起。克里米亚的鞑靼人伊斯梅尔·迦斯普林斯基（Ismail Gasprinskiy）将近代西方历史比较语言学概念中的“阿尔泰语系突厥语族”等同于“突厥民族”，人为创造出了一个在现实世界中并不存在的民族，并试图将沙俄境内的突厥语族人群联合起来。泛突厥主义思潮兴起后，很快传入面临崩溃边

---

① 〔日〕白鳥庫吉監修，箭内亙、稲葉岩吉、松井等：《滿州歷史地理》第一卷，第32、189、199、219、220頁。

缘的奥斯曼帝国。被称为“土耳其泛突厥主义之父”的兹亚·乔加勒普（Ziya Gokalp）设想将亚得里亚海至日本海这片广阔地域上的所有突厥语人群统一起来，建立一个“大图兰”国家，这便是所谓的“大图兰主义”。1923年，兹亚·乔加勒普的《突厥主义原理》问世，提出了“三步走实现突厥民族政治联合”的主张[①]。

泛突厥主义形成后不久，便与泛伊斯兰主义一道通过俄国鞑靼人和奥斯曼土耳其人传入中国新疆地区，催生出了新疆分裂主义。20世纪三四十年代，混乱的时局和外部势力的推波助澜使得泛突厥主义和分裂主义思想在新疆地区大行其道，不但产生了《东突厥斯坦历史》这种新疆分裂主义的代表作，还先后出现了“东突厥斯坦伊斯兰共和国”“东突厥斯坦共和国”两个分裂政权。虽然最终都归于失败，但是却扩大了新疆分裂主义的影响。中华人民共和国成立后，泛突厥主义和新疆分裂主义一度得到有效遏制，几乎销声匿迹。但是改革开放后，随着对外联系和交往的日益增多，泛突厥主义和新疆分裂主义再度沉渣泛起，而且呈现出一些新的现象[②]。在“理论”层面，《匈奴简史》《维吾尔人》《维吾尔古代文学史》等一系列宣扬“维吾尔斯坦一贯独立论”的著作陆续出版。在实践层面，“东伊运”“世维会”等恐怖组织先后组建，并在新疆等地制造了多起暴力恐怖事件，对中国国家安全和新疆各族人民的生命财产造成了严重危害。

历史上的“突厥”，主要是指6—8世纪活跃在中国古代北方地区的青突厥人，曾以蒙古高原为主要地域建立过东突厥汗国。但随着745年东突厥后汗国的灭亡，突厥人在之后的漫长岁月中逐渐与其他民族融合，“突厥”已经成为一个历史名词。9世纪以后，出现于欧洲、阿拉伯文献中的“Turk”（汉译为“突厥”）实际上泛指阿尔泰语系突厥语族游牧人，并无民族学上的确切含义[③]。泛突厥主义既无历史依据，又无现实基础，其人为制造的所谓“突厥民族”与中国古代北方地区的青突厥人没有任

---

① 张玉艳：《泛突厥主义在土耳其的由来与发展》，《国际政治研究》2019年第5期。

② 张玉艳：《新疆分裂主义中的突厥因素研究》，兰州大学博士学位论文，2015年，第225、226页。

③ 亦邻真：《成吉思汗与蒙古民族共同体的形成》，《内蒙古大学学报》1962年第1期。

何民族学上的联系和继承关系，维吾尔族祖先回鹘人与突厥人也没有直接历史源流关系。泛突厥主义完全是19世纪末以来俄罗斯、土耳其等国突厥语族人群中的所谓精英分子，基于唯心史观和历史虚无主义、民族沙文主义的痴心妄想，其“大图兰联邦”的诉求更与现代以主权国家为主体的国际社会格格不入，没有任何实现的可能性。泛突厥主义传入中国后，则演变为分裂主义分子用来谋求新疆独立的工具，并于20世纪90年代后呈现出日益极端化、恐怖主义化的特征。对于泛突厥主义及其各类衍生变种的巨大危害，我们务必要认识明确，高度警惕，并做好与其进行长期不懈斗争的准备。

（四）征服王朝论

1949年，美籍德裔学者魏特夫（Karl August Wittfogel）在与中国学者冯家昇合著的《中国辽代社会史（907—1125）》[History of Chinese Society, Liao（907-1125）]总述中提出了“征服王朝论”。魏氏将中国历史上的王朝，按照社会文化形态划分为“典型中国朝代”和“征服与渗透王朝”。其中，“典型中国朝代”包括秦、两汉、魏、两晋、南朝、隋、唐、两宋、明。十六国诸政权、北朝、辽、金、元、清则被定性为“征服与渗透王朝”。而“征服与渗透王朝”又可根据其对汉文化的态度归为两类，第一类是以十六国诸王朝、北魏为代表的“渗透王朝”，这类王朝在华北地区通过以半和平的渗透而建立政权[①]，它们对汉文化的态度倾向于吸收；第二类为辽、金、元、清四个“征服王朝”，这类王朝以征服部分或全部汉族居住地而建立政权，其对汉文化的态度倾向于抵制。在“征服王朝”内部，又因对汉文化抵制程度的强弱再细分为三个类别，其中辽、元为文化抵抗型，金为文化让步型，清则介于二者之间，为文化过渡型[②]。在论述这些文化关系时，魏氏引入了人类学中的涵化（Acculturation）概念，认为“征服与渗透王朝”与汉地之间

① 郑钦仁、李明仁译著：《征服王朝论文集》（修订版），稻乡出版社，2002年，第1页。

② 〔美〕魏特夫、冯家昇：《中国辽代社会史（907—1125）总述》，苏国良等译，《征服王朝论文集》（修订版），第51页。

的文化接触会在各种不同的情况中发生，且其接触的程度（Degree）和强度（Intensity）不相同，只要社会没有实现完全融合，文化差异就会一直存在①。

征服王朝论经由田村实造等人传入日本之后，在日本史学界引起巨大反响，成为日本北亚史学界的主要研究课题。根据研究领域和观点的不同，大致形成了三种不同的概念。第一种以田村实造、护雅夫、吉田顺一等为代表，他们大体上赞同魏氏的理论，认为金、清与辽、元并列，都是征服王朝，但要将征服王朝放在北亚世界历史发展的进程中加以讨论②。北亚世界从游牧社会向农牧社会的体制变化，是游牧社会、国家发展为征服王朝的决定性因素。整个北亚游牧民族史以辽为界，可以划分为游牧国家和征服王朝两个时期，征服王朝是游牧社会、国家发展的一个归结③。由于征服部族的北亚属性，征服王朝在政治、军事、经济、文化等方面均呈现出“二元制”的特性。第二种以村上正二为代表。他认为“具有强烈的游牧民的自觉意识（self-consciousness），在其意识之下征服、并统治农耕社会的游牧民王朝”④，才能称之为“征服王朝”。而北匈奴、柔然等纯粹的游牧国家以及南匈奴、北魏等渗透王朝都不能发展为征服王朝，只有继承了突厥帝国和回鹘帝国基于同一语言文化意识的强烈的民族文化意识和游牧都城文化传统的辽、蒙古帝国、元等才能发展为征服王朝⑤，金、清两个王朝则被排除于征服王朝之外。在征服王朝中，辽朝是二元社会，元朝是更多元的复合社会。第三种的代表人物为岛田正郎。岛田对魏特夫的征服王朝论进行了批判，他认为辽朝不建郊

---

① 〔美〕魏特夫、冯家昇：《中国辽代社会史（907—1125）总述》，苏国良等译，《征服王朝论文集》（修订版），第 11 页。

② 〔日〕田村实造：《中国征服王朝——总括》，李明仁译，《征服王朝论文集》（修订版），第 74 页。

③ 〔日〕护雅夫：《内陆亚世界的展开·总说》，郑钦仁译，《征服王朝论文集》（修订版），第 169 页。

④ 〔日〕村上正二：《征服王朝》，郑钦仁译，《征服王朝论文集》（修订版），第 114 页。

⑤ 〔日〕村上正二：《征服王朝》，郑钦仁译，《征服王朝论文集》（修订版），第 120 页。

丘，不行郊祀，转而将“祭山仪”[①]作为国家最重要仪式的做法，是故意对中国王朝政教传统的排斥，故而应当将辽朝置于中国王朝系列之外，视为胡族国家[②]。

魏特夫试图对中国古代史上的王朝类型提出一种“合理”的解释，但其对中国历代王朝的分类明显是基于中原汉族文化立场的，出发点就是狭隘的，有悖于历史和现实的证据事实。在具体划分过程中，片面地夸大了北方民族王朝“渗透”或“征服”的主导性，与其双向涵化的观点自相矛盾[③]。故其结论必然是不科学和不能成立的。在日本，征服王朝论则发展出了新的倾向，日本学者更注重从北亚史的视角观察研究征服王朝，并将征服王朝的出现看作是北亚游牧社会历史发展的必然结果。这实际上人为地割断了历史上北方游牧民族与中原汉族之间的密切互动与联系，夸大了游牧社会和游牧经济在历史变迁中的独立性，是对中国社会多元性和统一多民族国家的国家性质的否定。

（五）蒙古地区一贯独立论

“蒙古地区一贯独立论”是20世纪中后期以来在蒙古国兴起的一种有关北方民族的认识和定位的话语体系。该理论认为，蒙古地区从公元前3世纪匈奴兴起时开始，直到21世纪的今天，一贯是独立于中国之外的[④]。宣扬蒙古地区一贯独立论的主要著作有《关于匈奴的社会制度问题》《匈奴人的经济、社会、文化和族源》等。一些蒙古国学者为了证明“蒙古地区自古以来便是独立的”观点，错误地将匈奴作为蒙古族的族源，认为匈奴、鲜卑、柔然、蒙古等北方民族从种族到经济文化都是一脉相承的，独立地在蒙古高原先后发展起来的。基于此，他们认为，从匈奴单于国、鲜卑部落军事大联盟、柔然汗国到大蒙古国等北方民族政权都

---

① （元）脱脱等：《辽史》卷四十九《礼志一》，中华书局点校本，1974年，第834页。

② 〔日〕岛田正郎：《征服王朝乎？胡族国家乎？》，李明仁译，《征服王朝论文集》（修订版），第232—234页。

③ 李志安：《民族融汇与中国历史发展第二条基本线索论纲》，《史学集刊》2019年第1期。

④ 林幹：《中国古代北方民族史新论》，内蒙古人民出版社，2007年，第52页。

是一贯独立的[1]。

众所周知，蒙古地区在历史上一直是中国的一部分，不同历史时期在蒙古高原上活动的匈奴、鲜卑、柔然、突厥、回鹘、蒙古等都属于中国古代北方民族，这是基本的历史事实。1921年7月，外蒙古在苏俄的支持下事实独立；1946年1月，国民政府承认外蒙古独立，蒙古国从法理上获得了独立地位。可见，蒙古的独立是20世纪才发生的事情。不能因为现在的蒙古国是一个独立国家，就认为蒙古地区是一贯独立的，数千年来活动于蒙古高原的北方民族所建立的政权也是一贯独立的。我们采用谭其骧先生确定的以18世纪50年代至1840年期间的清朝版图为历史上的中国范围，出现在漠南漠北的蒙古族及历史上的北方各民族，都是中国古代北方民族，不能因为曾在今天蒙古国之内活动就不算历史上中国的民族。但我们也不反对蒙古国在写他的历史时把这些北方民族写成他的先民[2]。

（六）“新清史”与“大元史”

20世纪90年代以来，美国史学界兴起了反对“汉族中心论”、强调清朝统治与历代汉族王朝的区别为特征的“新清史”，其代表人物有路康乐（Edward Rhoads）、欧立德（Mark C. Elliott）、柯娇燕（Pamela K. Crossley）、罗友枝（Evelyn Rawski）等。欧立德曾对“新清史”的学术观点进行过总结，认为“新清史”最关键的学术主张有三条：一是清史研究必须重视清朝的“内亚维度”（Inner Asian Dimension），强调清朝统治的内亚性质[3]；二是清史研究必须利用满文、蒙古文、藏文、维吾尔文等非汉文资料，尤其是满文资料；三是清史研究必须要有全球视角，立足于全球史语境。从学术研究方法上来讲，“新清史”提倡的充分利用非汉文资料和全球视角是有利于清史研究发展的。但“新清史”片面强调清朝与蒙古、西藏、新疆等地区文化联系的重要性，有意或无意地忽视

① 林幹：《中国古代北方民族史新论》，第53页。

② 谭其骧：《历史上的中国和中国历代疆域》，《中国边疆史地研究》1991年第1期。

③ 沈卫荣：《大元史与新清史——以元代和清代西藏和藏传佛教研究为中心》，上海古籍出版社，2019年，第214页。

掩盖满族文化与汉地文化间的密切程度远超前者的历史事实[①]，从而构建清朝“内亚帝国”性质的做法，体现了西方学术界的意识形态偏见和西方的东方主义学术传统的话语霸权。与此同时，日本出现了力图将蒙古族建立的元朝从“古代中国王朝历史”的叙事框架中分离出来，转而把它置于全球史、欧亚史之中，从而形成一种比肩“新清史”的“大元史”叙事模式。元朝和清朝作为中国历史上的正统王朝，其政权和疆域以及多民族的历史文化是由蒙古族、满族、汉族和其他各族人民共同创造的，其统治中国的合法性也受到了当时和后世中国各族人民的普遍认可。因此，将元朝和清朝视为与中国王朝对立的“内亚帝国”缺乏充分的历史依据和法理依据。

通过梳理大略可知，关于19世纪末叶以来北方民族史领域的各种西方话语体系，要么是基于现代西方资产阶级立场和现代民族国家价值取向的认知偏差，要么是为帝国主义侵略中国或者分裂分子割裂中国提供的理论依据。虽然主观动机不同，但二者都是不符合历史事实的错误认识和观点。这些错误认识和观点，对中华民族多元一体的民族观和统一多民族国家的国家观形成了严峻挑战，对我国的民族团结和国家安全可能会产生负面影响，对部分研究北方民族史的学者的理论思维可能会带来一定偏差，对人民群众、高校学生学习和认识中国历史可能会形成一些误导，其危害性不可失防。因此，加强对中国古代北方民族史的全面系统性研究，构建客观科学的话语体系刻不容缓。

三

《中国古代北方民族史》（十卷本）研究的历史上的中国疆域范围和北方民族，按照1981年5月谭其骧先生在“中国民族关系史研究学术座谈会”上的讲话内容作为基本原则来把握[②]。即以几千年来历史发展所自然形成的中国为历史上的中国，以18世纪50年代至1840年这段时期的

---

① 李治安：《民族融汇与中国历史发展第二条基本线索论纲》，《史学集刊》2019年第1期。

② 谭其骧：《历史上的中国和中国历代疆域》，《中国边疆史地研究》1991年第1期。

清朝版图作为历史时期的中国范围。在这个范围内活动的匈奴、鲜卑、柔然、突厥、回鹘、契丹等民族，都是中国历史上的北方民族，这些民族建立的政权都是中国历史上的北方民族政权。

这次撰写的十个民族的历史，以中国历史上活动在蒙古高原及其周边地区的匈奴、乌桓、拓跋鲜卑、柔然、突厥、回鹘、黠戛斯、契丹、库莫奚、室韦为研究对象，以族别史体例为整体设计，每个民族自成一卷，史观、体例、内容安排等力求一致。各卷作者按照编写体例和要求，以唯物史观为指导，吸收借鉴前人研究成果，依据文献和考古资料，对诸民族的族名族源、历史变迁、政治制度、生产生活方式、文化习俗、民族关系、最后流向等尽可能作了较为全面的阐述，对一些具体问题作了较为深入的探讨，提出了自己的看法，对北方民族的历史作用、影响和贡献尽量作了客观的评价。各卷或多或少体现出以下特点：①既有相对一致的结构，又根据具体情况谋篇布局，尽可能完整地呈现各自的学术思路与逻辑特点；各族的历史内容既属于全书整体不可或缺的重要部分，又相对独立成书。②尽可能详细占有史料，注意充分辨析史料的史源关系，运用有价值史料进行研究。③各卷根据具体情况，充分结合运用考古资料，以达到用实物资料证史、补史、纠史的作用，突出历史学与考古学的综合研究。④运用古代民族文字史料，如突厥文、回鹘文、契丹文资料等进行研究。⑤利用汉语音韵学、民族史语文学方法进行研究，辨析相关说法。

《中国古代北方民族史》（十卷本）是作为国家社会科学基金重大委托项目“蒙古族源与元朝帝陵综合研究”子课题而开展研究、编写的一套书稿。选取的十个古代北方民族，既有内在的历史联系，又与古代蒙古族存在或近或远、或直接或间接的渊源关系。通过系统论述匈奴等十个北方民族的历史变迁，可以启发与蒙古族族源有关问题的思考，澄清一些错误认识。

长期以来，中外学界针对蒙古族族源开展了广泛研究，形成有匈奴、东胡、鲜卑、敕勒—高车、柔然、突厥、蒙汉同源、吐蕃、室韦、突厥、吐蕃混合、东夷等十余种观点。中国学界主流看法认为，蒙古族祖源东胡，鲜卑—室韦—蒙古有一脉相承的历史渊源。这一学术观点有着更为充分的历史文献学依据和考古学证据。《旧唐书·室韦传》记载有望建河

（即今额尔古纳河及黑龙江）“其河源出突厥东北界俱轮泊，屈曲东流”，“东经蒙兀室韦之北”。《史集》亦载，远古时期蒙古人居住在“额尔古涅·昆”一带。今内蒙古自治区额尔古纳河右岸是蒙古族发祥地。历史文献的相关记载和研究成果显示，室韦和鲜卑译名根据相同，与早期拓跋鲜卑活动地域相同、语言相通、有代表性风俗习惯相近等特征，可证室韦的主要部分应与早期拓跋鲜卑同源。室韦即南北朝时期入据中原的拓跋鲜卑统治者给予鲜卑后裔的新的汉字译写形式。内蒙古自治区呼伦贝尔市陈巴尔虎旗西乌珠尔墓地、海拉尔区谢尔塔拉墓地和陈巴尔虎旗岗嘎墓地，分别代表了7—8世纪、9—10世纪和8—10世纪的室韦遗存[①]。相关考古遗存的发掘和研究，也为蒙古族主体来源于室韦，以及呼伦贝尔是蒙古民族发源地提供了有力佐证。在呼伦贝尔地区系统开展田野考古调查和发掘工作，为蒙古族族源研究提供系列考古实证资料，同时开展历史学、考古学、民族学、人类学、民俗学、语言学等多学科综合研究，推出具有影响力的蒙古族族源研究领域的学术成果，确立内蒙古呼伦贝尔地区作为蒙古族发祥地的重要历史地位，有助于澄清学术界关于蒙古族族源研究的各种说法，推进相关学术研究的进展。

中国古代北方民族的历史绵延数千年，是中国历史的有机组成部分。中国历史不但包括汉族、北方民族建立的内地（中原）王朝史，也包括北方民族建立的政权史。在中国历史的不同时期，生活在不同地区、经济形态有别、风俗习惯有同有异的多民族之间的相互交往、彼此影响、吸收交融从来就没有停止过。北方民族与中原汉族建立起了密切的政治、经济、社会和文化联系，而建立在中原的北族王朝则无不以中原“正统”自居。北方民族史与内地王朝史有机的融合，不断地推动着中国历史的发展进程。中国古代各民族、各地区的历史共同构成了中国历史的有机整体。中华民族的悠久历史和灿烂文化，是包括北方民族在内的中国历史上各个民族交融共进共同创造的。北方民族是中华文明进程的重要参

① 中国社会科学院考古研究所、内蒙古自治区文物考古研究所、北京大学考古文博学院、呼伦贝尔民族博物院呼伦贝尔联合考古队：《内蒙古陈巴尔虎旗岗嘎墓地》，《考古》2015年第7期。

与者和推动者，对中国古代疆域、中西文化交流、中华民族多元一体格局的形成、中国历史文化的发展和进步做出了不可磨灭的贡献。近代以来，汉族和各少数民族的命运共同体更为牢固，共同建立了统一的多民族国家。研究中国古代北方民族史是北方民族历史与考古工作者义不容辞的责任。系统全面研究中国古代北方民族史，清晰梳理其来自哪里去向何方的历史变迁过程，深入探究其政治、经济、社会、文化的内涵及其发展规律，深刻阐释其与中国历史上汉族及其他民族建立的内地王朝政权的关系，充分认识其历史地位、作用与贡献，对深入学习和认识中国史，树立正确的历史观、民族观、国家观，维护民族团结、国家统一局面，铸牢中华民族共同体意识均具有重大的理论和现实意义。

前　言

契丹族是中国古代北方民族之一，自北魏时期见诸史籍。345 年前后宇文鲜卑败亡，其遗落者有契丹、库莫奚共同活动在松漠之间。388 年，契丹与库莫奚分背，走上独自发展的道路。约在 10 世纪初叶，建立契丹－辽政权，统一中国古代北方地区，并先后与五代政权、北宋、西夏等形成并存的政治格局。1125 年辽亡前夕，一部分契丹人在耶律大石的率领下西迁，建立西辽政权（1124—1211）；多数契丹人在女真人建立的政权下生活。随着西辽及女真－金政权的衰亡，契丹人继续在蒙古政权统治下，或融入蒙古族和汉族，或融入中亚、西亚地区的民族等。大约在 14 世纪，契丹作为一个民族逐步淡出史籍。

契丹在历史上开发了中国古代北方地区，连接了北方草原文明与中原农耕文明，沟通了东、西方文明，促进了不同文明之间的交流，实现了自身的不断发展，也因此创造了灿烂的物质文化和精神文化，很多物质文化遗存保留至今，"因俗而治"等思想文化泽及后世。本书在梳理相关基本史料和学界研究现状的基础上，主要以 916 年契丹－辽政权建立之前的契丹早期历史作为主要阐述对象，并简略叙述了契丹－辽政权、西辽政权以及之后契丹人的发展流向。契丹早期的发展历程为契丹民族和政权的兴起奠定了基础，其重要性不言而喻。将契丹早期作为一个整体探讨，体现了民族史研究注重民族形成和初起阶段的探源意识。契丹与室韦的关系在《隋书》中记作"室韦，契丹之类也。其南者为契丹，在北者号室韦"，《魏书》称室韦语与契丹语相同，可以说对契丹早期历史的研究有助于探讨室韦人即原蒙古人亦即蒙古族的族源问题。

全书共分七章，第一章简要梳理有关契丹早期历史的基本史料和研究状况，第二章探讨契丹的族名和来源，第三章概述整个契丹的历史变迁情况，第四、五、六、七章则分别从政治军事、经济生活、民族关系和文化习俗等方面论述契丹早期历史发展状况。辽代《耶律羽之墓志》记载其先世宗派分出佶首和石槐，说明契丹人是将鲜卑檀石槐（石槐）和始祖奇首可汗（佶首）同列作为先祖追记。契丹人将其祖先追溯到2世纪鲜卑人的认识，与《魏书·契丹传》对契丹来源的记载并不矛盾。通过梳理史书中的相关记载可以发现，《魏书·契丹传》关于契丹来源的记载是后出史书的源头，其文反映了契丹与宇文部的渊源。结合契丹在活动地域、风俗习惯、语言文化、人种等方面与鲜卑多有相同或相通之处，可以得出契丹应来源于宇文部中鲜卑人的判断。契丹早期政治、军事、经济、文化等方面，不但继承有其来源民族——鲜卑的元素，也开启了契丹－辽政权的民族特质。政治军事上，契丹早期的部族长和部落联盟长等职务多是通过世选产生，尤其是遥辇氏联盟时期较为典型，且以三年为期更替，与游牧生产和生活相适应，初具行国政治的雏形，行营和捺钵的核心内容已经形成。这个时期的军政合一、兵民不分的管理体制也为契丹－辽政权所继承、发展。契丹经济以畜牧业为主，兼营渔猎业和农业，手工业和商业等也随之缓慢发展。以畜牧业为主导的经济基础，决定了契丹人衣皮毛、食肉酪和毡帐为营、车马为家的生活习性，这一逐水草而居的游牧生活方式为辽代契丹人所延续。契丹人在与周边的交往中，多通过选择依附强大势力，游离于不同民族和政权之间，以达到趋利避害争取生存空间的目的，当自身力量强大之时，又通过联合、兼并周边关系密切的民族，壮大自身，以拓展发展空间。文化习俗上，通过吸收摩尼教和佛教等外来宗教，或是与本民族信仰的萨满教相结合以服务于变革，或用于安置俘获的汉人僧侣，稳定汉人思想等，其婚姻和姓氏相联系的原则为辽代所继承，形成了耶律和萧两姓通婚制度。

本人硕士生、博士生阶段的研究均以契丹－辽史为主攻方向，公开发表数篇相关学术论文，博士论文选题《契丹早期历史若干问题研究》也与本书关系十分密切。这一系列相关成果的取得，离不开导师的精心指导和教诲。虽然我取得的这点成就得到学界一定认可，但是作为契丹史的一名后学者，我也认识到自己在理论水平和专业素养上尚有欠缺。在本书付梓之际，希望诸位专家学者多多斧正。

目　　录

第一章　早期契丹的基本史料与研究概况

契丹族是中国古代北方民族之一，早在 4 世纪中叶便见之于史，但与契丹有关的历史传说可追溯至 2 世纪。契丹最初与库莫奚活动在内蒙古高原东部和东北平原西南部地带，388 年以后，契丹走向自我发展的道路并逐步强盛。约在 7 世纪前叶形成部落联盟，先后有大贺氏、遥辇氏和世里氏联盟等。907 年迭剌部耶律（世里氏）阿保机取代遥辇氏成为部落联盟首领，世里氏联盟经过 9 年的发展，为契丹政权的形成奠定了基础。916 年阿保机建元称帝，正式建立契丹－辽政权，其势力东至日本海，西到阿尔泰山，向北越过克鲁伦河，南则先后与五代政权和北宋等形成南北朝的格局，1125 年亡于女真人建立的金政权，历经九帝 210 年。此后，一部分契丹人随耶律大石远徙中亚建立西辽政权（1124—1211）及西亚地区的后西辽政权（1222—1308），而本土契丹人在女真－金政权、蒙古－元政权等的统治下，与其他民族逐渐融合，最终消失在历史长河中。

契丹早期历史指 916 年之前契丹族的历史状况。契丹早期历史研究既是契丹民族史研究的重要组成部分，也是辽代史系统研究的重要组成部分。早期契丹的历史奠定了契丹－辽政权的民族特色。通过探讨契丹来源，能够明确契丹族在中国古代北方民族乃至中华民族发展演变中的历史位置；通过对契丹早期政治、经济、军事、文化等全方位研究，能够勾勒出契丹在民族政权建立前的历史面貌，从而可以更好地理解契丹－辽政权建立过程中的社会发展规律和民族发展要求。本书主要对契丹族名、族源以及早期的政治军事、经济生活、对外关系、文化习俗等方面进行研究，以求呈现至今研究比较薄弱的契丹早期的历史面貌和发展规律，而对于 916 年之后的契丹历史状况，也将在“契丹的历史变迁”

一章中进行概述。

记载契丹早期历史的史料零散，且误漏较多，对基本史料和学界以往研究成果的梳理和辨析仍然是系统研究前的重要工作。

第一节 基 本 史 料

研究早期契丹历史的基本史料主要是指集中记载916年之前契丹历史的相关史书中的契丹专传和专条等。专传主要包括《魏书·契丹传》《隋书·契丹传》《北史·契丹传》《旧唐书·契丹传》《旧五代史·契丹传》《新唐书·契丹传》《新五代史·契丹传》，契丹专条主要是指《通典·契丹》《唐会要·契丹》《五代会要·契丹》《太平寰宇记·契丹》《通志·契丹》《文献通考·契丹》，其中新旧《五代史》"契丹传"和《五代会要·契丹》《通志·契丹》《文献通考·契丹》所记内容不局限于916年之前的契丹历史。此外，《册府元龟》《武经总要》《东都事略》《宋会要辑稿》《契丹国志》《辽史·世表》等亦集中记有早期契丹历史。

一、"正史"中的契丹专传

《魏书》是魏收于北齐天保二年（551）始撰，五年（554）成书，至武平四年（573）最后一次下诏更撰，修改凡三次。《魏书》纂修者依据北魏《国书》和《起居注》等所记契丹史事加以编纂，形成了今本《魏书·契丹传》的传文，主要叙述了契丹早期的地理方位、经济生活、社会状况、风俗习惯，以及其与库莫奚、北魏、柔然的关系等内容。《魏书·契丹传》作为契丹文献的开山之作，在今北魏《国书》和《起居注》等皆已不存的情况下，在研究早期契丹的历史时，其史料价值是独一无二的。后出史书编撰者在描述北魏时期契丹历史时，多是抄录其传文，或据之改写，或摘录删削。在一定程度上，该传成了后出史书中早期契丹相关内容的主要依据。

《隋书》的修撰始于唐武德四年（621）令狐德棻建议修梁、陈、北齐、北周、隋等各朝史，并于五年（622）着手编撰，然历数年未成。此后，魏徵等于贞观三年（629）重修《隋书》，十年（636）正月诏藏成书的纪传部分于秘阁。《隋书·契丹传》主要记载的是隋代契丹活动地域和部落发展情况等，并概述之前的契丹历史状况，又记有北朝或隋朝契丹丧葬习俗，重点记述的是契丹部落与高句丽、突厥、隋朝等周边政权和民族的关系，反映的是中原在与契丹接触过程中，了解到的契丹族部分情况。该传对北魏时期契丹的记述，基本是依据《魏书·契丹传》而进行的加工式写作，如《隋书·契丹传》“其后稍大，居黄龙之北数百里。……。好为盗寇”[①]是在理解《魏书·契丹传》“经数十年，稍滋蔓，有部落，于和龙之北数百里，多为寇盗”[②]的基础上，进行的加工写作。只是概括“经数十年，稍滋蔓，有部落”为“其后稍大”，换“和龙”（今辽宁省朝阳市境内）名为“黄龙”，另置“寇盗”语于后文为“好为寇盗”。虽然《隋书·契丹传》勾勒的契丹史实片鳞半爪，但作为研究隋代契丹的史料很是珍贵。其中，《魏书·契丹传》所未载的北朝契丹史实，简繁不一地保存于《隋书》之中，为研究北朝契丹状况增添了新的资料。

《北史》和《南史》是李延寿在“家有旧本”的基础上，于唐贞观二年（628）始撰，历时16年，成书于贞观十七年（643），于显庆四年（659）上表进书称“《南史》刊勒已定，《北史》勘校粗了”[③]。根据《北史·序传》记载，《北史》是李延寿以史官之便，借修史之机，于编辑之暇，得以抄阅已出之《魏书》和纂修中的《北齐书》《周书》《隋书》[④]等正史，并参考各种杂史编撰而成。《北史·契丹传》主要记载了北朝时期和隋代的契丹历史，北魏时期涉及契丹的内容抄自《魏书》，北齐文宣帝征讨契丹的记载应源于李百药《北齐书》[⑤]等，契丹习俗及隋代契丹历史的记载则与《隋书·契丹传》关系密切。《北史·契丹传》抄录史书的性质，使其史料价值大打折扣。然而随着历史的发展，以及修史目的和史家笔法等的不同，《北史·契丹传》在抄录时，对《魏书·契丹传》的史文有改写，虽然有些改写并不符合史文原意，但也增加了新的内涵。此

① （唐）魏徵、令狐德棻：《隋书》卷84《契丹传》，中华书局点校本，1973年，第1881页。

② （北齐）魏收：《魏书》卷100《契丹传》，中华书局点校本，1974年，第2223页。

③ （唐）李延寿：《北史》卷100《序传》，中华书局点校本，1974年，第3345页。

④ 《北齐书》《周书》《隋书》“纪传”部分成书于贞观十年（636）。

⑤ 虽然今本《北齐书》主要是后人以《北史》和唐人史钞中相关纪传补全，但《文宣帝纪》并没有残缺，为李百药原本。通过比对，可发现《北史·契丹传》高洋征讨契丹事，与《北齐书·文宣帝纪》基本相同，当为转抄。

外，《北史·契丹传》是契丹文献史上不可或缺的一环，具有承接、弥补、总结前代史书，启引后代史书的价值。

《旧唐书》于后晋天福六年（941）正式开始编撰，开运二年（945）成书。其实早在后唐时期就已经做了大量的准备工作，到后晋时期由宰相担任“唐史”监修，在刘昫担任监修期间，《旧唐书》修成，具体负责撰写工作的是张昭远、贾纬等人。《旧唐书》主要是在唐朝实录、国史的基础上，收集有关唐武宗会昌元年（841）之后的各种资料加以缀补而成。修史者对唐代史官的著述因袭多，加工少，较多地保留了史料的原始面貌，《旧唐书·契丹传》的相关语言特点亦可证明这一点，比如传文有“贞元四年，与奚众同寇我振武”[①]，其中的“我”字即显示了传文来源于唐修实录、国史等。《旧唐书·契丹传》记载了唐代契丹的大量史事，对研究大贺氏契丹及其与唐等政权和民族的关系价值颇高。

《旧五代史》修于宋太祖开宝六年（973）至七年（974），由薛居正监修，卢多逊、张澹等人同修。由于撰写者大都亲身经历过五代时期，见闻较近，且五代均有实录，因此保存了较为丰富的原始资料。《旧五代史·契丹传》提出了契丹为匈奴种的说法，追述了唐末遥辇氏契丹的史事，通过重点记述从耶律阿保机为契丹首领到耶律德光去世这一段时期内契丹与后梁、后唐、后晋、后汉等中原政权的关系，展示五代时期的契丹历史。其对遥辇氏契丹和阿保机建立政权等相关史实的记载，是研究契丹早期历史的重要依据，显示了中原史家对契丹民族政权建立这一历史事件的认识。

《新唐书》于宋仁宗庆历四年（1044）下诏修撰，至嘉祐五年（1060）成书，前后历时约17年。全书由欧阳修、宋祁、范镇、吕夏卿等人撰写完成，其中宋祁约在嘉祐三年（1058）完成列传部分的修撰。《新唐书》也收录了一些《旧唐书》所未载的史料。《新唐书·契丹传》通过总结历代史书的相关记载，梳理出东胡—鲜卑—契丹的这一历史发展脉络，并对大贺氏时期的契丹历史有所丰富。其记事和传文也有“其事则增于前，其文则省于旧”[②]的特点，其所增之事有助于更为全面、深入地理解契丹

① （后晋）刘昫：《旧唐书》卷199下《契丹传》，中华书局点校本，1975年，第5354页。

② （宋）欧阳修、宋祁：《新唐书·进唐书表》，中华书局点校本，1975年，第6472页。

早期的相关史事，虽然这些记载今多已无法知晓其更为原始的史源，但却可以通过《新唐书》的记载窥探更多的历史情形，具有重要的史料价值；然而《新唐书·契丹传》也因追求文辞简约、语言凝练导致语义不明，而有“省文之失”，是以其有关省《旧唐书·契丹传》的内容，需与《旧唐书》相参读。

《新五代史》是由欧阳修私撰，原名《五代史记》，于宋仁宗景祐三年（1036）之前已经着手撰写，到皇祐五年（1053）已经基本完稿，前后用时18年左右。由于《新五代史》后修于《旧五代史》，有许多新的史料出现，很多列传或多或少地补充了若干史实，有的则插入一些生动的情节，比如《新五代史·契丹传》中阿保机尽杀诸部大人的盐池之会等。《宋史》称欧阳修“自撰《五代史记》，法严词约，多取《春秋》遗旨”[1]。《新五代史》将“契丹传”列为“四夷附录”即印证了其“取《春秋》遗旨”的笔法特点。同时，《新五代史》也删除了许多应当保留的重要史料，比如为取得“法严词约”的效果，概括《旧五代史·契丹传》中契丹与刘仁恭、刘守光父子的和战关系，致使《新五代史·契丹传》不载契丹舍利王子被刘守光所擒的史事。

二、有关文献中的契丹专条

《通典》是唐代杜佑在刘秩《政典》的启发下，在代宗大历年间（766—779）就已经着手编撰，历经三十余年，至德宗贞元十七年（801）成书，并奏献朝廷。《通典》卷200《边防十六》中有契丹专条，概述了《魏书·契丹传》《隋书·契丹传》等中有关契丹来源、习俗以及北魏和隋代契丹的史事，并记述了唐代契丹内附，后其首领李尽忠、孙万荣反唐，以及李失活等再度降唐并与之和亲等内容。虽然《通典·契丹》记载得较为概括和简略，但部分内容也有增加，如在记载契丹习俗时，相较《隋书》“冬月时，向阳食”，多了一句“夏月时，向阴食”[2]，反映了为其所独有的史料价值。

---

① （元）脱脱等：《宋史》卷319《欧阳修传》，中华书局点校本，1977年，第10381页。

② （唐）杜佑：《通典》卷200《契丹》，王文锦等点校，中华书局，1988年，第5485页。

《唐会要》是宋王溥在唐苏冕、崔铉等所叙高祖至宣宗大中六年（852）沿革损益之制而成《会要》的基础上，又采宣宗至唐末事迹为新编《唐会要》，于宋太祖建隆二年（961）成书，诏藏史馆。《唐会要》在苏冕、崔铉80卷《会要》的基础上，增补为100卷，其中卷96有契丹专条。《唐会要·契丹》与《旧唐书·契丹传》类似，很多史文均保留了唐修史书的原貌，比如《旧唐书》称“贞元四年，与奚众同寇我振武”，《唐会要》记为“至贞元四年，复犯我北鄙”①，二者均以“我”称“唐朝”，所不同的是《唐会要》所记简略。然而，《唐会要》有关贞元九年（793）、十年（794）、十一年（795），以及元和（806—820）、长庆（821—824）、太和（827—835）、开成（836—840）年间契丹朝贡唐朝的记录却比较详细，研究早期契丹历史时值得注意。

《五代会要》也是由王溥入宋编撰，亦成书于宋太祖建隆二年（961）。由于王溥为五代时期后汉政权的进士，曾任秘书郎，在后周官至右仆射等职，对五代典章制度较为熟悉，编书时从五代历朝实录中引录了不少奏章、诏令等。《五代会要》共30卷，其中卷29有契丹专条。《五代会要·契丹》上承《唐会要·契丹》记事，交代契丹居地和唐代大贺氏八部，以契丹王屈戍请赐“奉国契丹之印”事接续《唐会要·契丹》条文，后文主要记载契丹自阿保机为王，称帝建立政权，之后有阿保机子德光称帝，阿保机孙兀欲袭位，德光子述律自立为帝等事，以及其与中原政权的关系。《五代会要·契丹》在承继《唐会要·契丹》所记内容的同时，有所增补，比如对大贺氏八部的记载即为《唐会要》所无，并将《唐会要·契丹》“契丹居潢水之南，黄龙之北，鲜卑之故地”②，直接改为“契丹，本鲜卑之种也，居辽泽之中，潢水之南”③。不再隐性交代契丹与鲜卑的渊源，到《新五代史·契丹传》则更为明确指出：“其居曰枭罗个没里。……是谓黄水之南，黄龙之北，得鲜卑之故地，故又以为鲜卑之遗种。”④由此可见，《五代会要·契丹》有着重要的史学价值，尤其

① （宋）王溥：《唐会要》卷96《契丹》，中华书局，1995年，第1718页。

② 《唐会要》卷96《契丹》，第1717页。

③ （宋）王溥：《五代会要》卷29《契丹》，上海古籍出版社，1978年，第455页。

④ （宋）欧阳修撰，（宋）徐无党注：《新五代史》卷72《契丹传》，中华书局点校本，1974年，第885、886页。

是具有承接前史、启引后史的特点。

《太平寰宇记》是北宋初期一部著名的地理总志，其作者乐史有感于天下一统，历经唐末、五代，地名更易、政区变迁，唐代的地理志书已不能适用于北宋时期的治国理政，故而撰写此书。始纂于北宋太平兴国年间（976—984），约成书于雍熙（984—987）末至端拱（988—989）初。该书汇集了大量宋代以前的史料，广采博引之前人著作，今多失传；而赖其征引得以保存下来的史料，则颇为可贵。《太平寰宇记·契丹》多是直接摘抄前书而成，其中《通典·契丹》《旧唐书·契丹传》《唐会要·契丹》为其主要的史文来源，比如"土俗"与《通典》所记相同，"四至"与《旧唐书》史文相同，而"贞元四年，犯我北鄙"则与《唐会要》同，皆印证了《太平寰宇记·契丹》抄录前史的性质。

《通志》是由宋代史学家郑樵在长期积累的基础上，于南宋绍兴三十一年（1161）修成，献于朝廷。全书200卷，模仿《史记》体例，改"书"称"略"，改"表"称"谱"，有"纪""传""载记"等，其纪传部分大都是损益诸史旧文而成，卷200《四夷传七》有契丹专条。《通志·契丹》条文多是通过综合前史契丹专传或专条而成，如关于契丹之先与库莫奚关系的记载应来源于《隋书·契丹传》，而《北史·契丹传》则是其记载北齐文宣帝征讨契丹事件的史源，契丹习俗部分当源于《通典·契丹》，唐代契丹部分多是源于《新唐书·契丹传》，新旧《五代史》"契丹传"中契丹首领习尔之和钦德事，以及阿保机作汉城不肯代立事，亦是其参考对象。

《文献通考》是由宋元之际的马端临撰写的典制体通史，约始著于元世祖至元（1264—1294）年间，历时二十余年，至元成宗大德十一年（1307）成书。全书348卷，内容起于上古，终于宋宁宗嘉定（1208—1224）末年。《文献通考》卷345、346有契丹专条，其中《文献通考·契丹上》记述有契丹早期历史，基本是综合先前史书的内容而成，《新唐书·契丹传》契丹源于东胡—鲜卑的记载，《通典·契丹》"冬月时向阳食，夏月时向阴食"的契丹习俗，以及《北史·契丹传》北齐征讨契丹事，《五代会要·契丹》大贺氏八部，《新唐书·契丹传》开元、天宝及之后的朝贡事，《新五代史·契丹传》盐池之会等，皆是其史文来源。这些内容对于系统观察早期契丹历史有一定的参考价值。

三、其他文献中的集中记载

《册府元龟》是北宋景德二年（1005）由王钦若、杨亿等奉真宗之命合力纂修，用时9年，至大中祥符六年（1013）而成。《册府元龟》共1000卷，内容庞杂，编修过程中参考、摘引了大量的史书和“经”“子”等文献资料，具有重要的史料价值。其卷956《外臣部·种族》、卷958《外臣部·国邑》、卷961《外臣部·土风》、卷967《外臣部·继袭》等皆有契丹条目，所记内容多为前史所载，史文多与《旧唐书·契丹传》《旧五代史·契丹传》相似，三书所出时代相去不远，唐和五代各朝实录等应是其共同的史源，在史料校勘方面具有重要意义。

北宋仁宗时由曾公亮等人编撰的《武经总要前集》卷16下《边防·北番地理》有契丹之先窜于松漠之地，后居辽泽，唐置松漠都督府，至钦德、阿保机时期渐强的记载，皆为前史所详载。南宋孝宗时王称的《东都事略》卷123、124《辽国》较为完整地记载了契丹－辽政权的历史，其《辽国上》称契丹为东胡种，记有“青牛白马”传说，并将其与《五代会要》等书记载的大贺氏八部相联系，其文称阿保机称帝有神册、龙德、天赞年号，与史实不符。《宋会要辑稿》是清嘉庆年间（1796—1820）由徐松从《永乐大典》中辑出的宋代官修《会要》之文，其《藩夷·辽上》称契丹为匈奴种，概述契丹世居之地，大贺氏有八部以及八部之主三年代立，至阿保机不受代，所记契丹早期史事文约词简且已为前史所记有。

《契丹国志》题名宋叶隆礼撰，是较早、较为系统记载契丹－辽历史的一部史书。全书27卷，书首《契丹国初兴本末》记载了契丹初兴之地，并与“青牛白马”传说、八子八部等联系在一起，此外，还记有契丹神异三主：迺呵、喎呵、昼里昏呵事迹，以及阿保机吞并七部而契丹始大等早期契丹史事。卷1《太祖大圣皇帝》中亦有916年阿保机建立契丹－辽政权之前的事迹。卷23《国土风俗》《并合部落》则记载了契丹早期的风俗习惯和权力架构等内容，多为前史所记，如契丹丧葬习俗为《通典·契丹》所记，盐池之会事迹则为《新五代史·契丹传》记有。《契丹国志》虽然存在着有关作者、著录年代等问题，且内容上有不少错误和纰漏，但也保存下来了很多于他处所不见的契丹史料，具有一定的史料价值。

《辽史》为元顺帝至正三年（1343）由脱脱等人奉旨修撰，次年成书。脱脱等修《辽史》的主要参考资料是辽代耶律俨所修《实录》和金代陈大任所撰《辽史》，作为研究契丹－辽史的主要史书，全书116卷，书中“纪”“志”等部分记有契丹早期史事，尤其是《辽史》卷63《世表》系统梳理了契丹早期历史。《辽史·世表》对契丹的来源、先世可汗、阿保机家族先世做了考证和梳理，其文所述“帝统”：汉魏之世由东胡而鲜卑，由鲜卑轲比能而散徙潢水之南的认识，应是源于《新唐书·契丹传》；晋和北魏时期的契丹史事多采自《周书》和《魏书》；北齐时期的契丹史事则源于《北史》；隋唐及之后的涉及契丹的内容当参考自《隋书·契丹传》和新旧《唐书》、新旧《五代史》等，涉及契丹遥辇氏可汗时，做有考证。此外，《辽史》之《太祖纪》《耶律曷鲁传》《部族志》《礼志》等也较多地记载了916年之前契丹历史。《辽史》是研究契丹－辽的基本史料，虽然有些内容源于前代史书，但更多地保留了契丹人自己的历史记忆和记载，尤其是有关契丹早期历史的内容一定程度上反映了契丹内部所传承的历史信息。

《辽代石刻文编》和《辽代石刻文续编》是由向南、张国庆、李宇峰等人编辑整理并作有注释的辽代石刻总集，收录了大量的辽代墓志、哀册、庙碑、塔铭等石刻文，具有重要的史料价值。其中有些石刻文里对契丹先人的追忆和赞美，有助于契丹早期历史的研究，比如《辽代石刻文续编》中的《耶律羽之墓志》和《耶律宗愿墓志》分别有文“其先宗分佶首，派出石槐”和“仙軿下流于潢水，肇发瑶源；神幄梦雹于玄郊，有蕃宝胤”[①]，均有助于理解契丹人的先祖传说和族源认同。

以上集中记载契丹早期历史的契丹专传和专条等，构成了早期契丹历史研究的基本史料，其中史籍中的专传是核心，从《魏书·契丹传》《隋书·契丹传》《北史·契丹传》，到新旧《唐书》“契丹传”，再到新旧《五代史》“契丹传”，记载了从北魏时期契丹见载于史到阿保机建立契丹－辽政权五百余年的历史，且具有一定的连续性。《通典·契丹》《唐会要·契丹》等专条以及其他史书中的集中记载，既有助于补正专传记载的遗漏和错误，又能够在解读史料上有所裨益。

---

① 向南、张国庆、李宇峰辑注：《辽代石刻文续编》之《耶律羽之墓志》《耶律宗愿墓志》，辽宁人民出版社，2010年，第3、148页。按，原文断句“仙軿”后有逗号，应以无逗号为宜。

第二节　研究概况

契丹早期历史的研究状况总体上可以概括为专题性、系统性研究相对薄弱，以相关研究成果较多、争议也较多为特点。多数专著是在研究契丹－辽史时，将契丹早期历史作为其中一部分，而非专题性单独研究；同时，涉及契丹早期历史方方面面的研究文章多，说明学界对契丹早期历史研究关注度颇高，而存在较多争议也表明研究的空间仍然较大，特别是系统研究还需加强。

一、研究契丹早期历史的学术专著

学界对契丹早期历史做出专门研究的著作主要有日本爱宕松男的《契丹古代史研究》① 和于宝林的《契丹古代史论稿》②。《契丹古代史研究》主要以契丹的氏族和部族作为研究对象，从而探讨契丹早期的社会状况等。《契丹古代史论稿》主要是对契丹早期的生存环境，以及民族的形成与发展、历史贡献等做了较为全面的研究。前者以其研究的深度为特点，立足于社会史观点，旨在深入考察契丹早期部族社会；后者更为凸显的是，在研究的广度上勾勒出来了契丹古代史研究的主要内容。二者在研究契丹早期历史的方法和内容上，既提供了参照，也开辟了道路；当然因各自侧重点不同，或重深度或重广度，故也为后学留有足够的探索空间。

其他一些专著，多是在整体研究契丹族历史时，将早期历史作为其中内容加以探讨，比如陈述《契丹史论证稿》，舒焚《辽史稿》，孙进己、孙泓《契丹民族史》，张正明《契丹史略》，黄凤岐《契丹史研究》，韩国金在满《契丹民族发展史의研究》③ 等；或是在专题研究中涉及契丹早期历史的相关内容，比如陈述《契丹社会经济史稿》，陈述《契丹政治史稿》，

---

① 〔日〕爱宕松男著，邢复礼译：《契丹古代史研究》，内蒙古人民出版社，2014 年。

② 于宝林：《契丹古代史论稿》，黄山书社，1998 年。

③ 陈述：《契丹史论证稿》，山西人民出版社，2014 年；舒焚：《辽史稿》，湖北人民出版社，1984 年；孙进己、孙泓：《契丹民族史》，广西师范大学出版社，2010 年；张正明：《契丹史略》，中华书局，1979 年；黄凤岐：《契丹史研究》，内蒙古科学技术出版社，1999 年；〔韩〕金在满：《契丹民族发展史의研究》，读书新闻社出版局，1974 年。

冯继钦、孟古托力、黄凤岐《契丹族文化史》，田广林《契丹礼俗考论》，田广林、周锦章《契丹货币经济史》，李晓峰、周建华、于淑华等《契丹艺术史》，孙伯君、聂鸿音《契丹语研究》，包铭新、李甍《中国北方古代少数民族服饰研究 3：契丹卷》，赵振海《契丹思想文化史略》[①]等；或是对契丹早期历史的某些方面做相应研究，比如任爱君《契丹史实揭要》，赵振绩《契丹族系源流考》，王民信《契丹史论丛》，日本爱新觉罗·乌拉熙春、吉本·道雅《新出契丹史料の研究》，韩国金渭显《契丹的东北政策——契丹与高丽女真关系之研究》[②]等；此外，还有一些专著做早期契丹的史料整理及研究，比如杨家骆《辽史世表长笺：辽太祖建国前一千一百年契丹史料辑考》，黄为放《契丹历史编年》[③]等。其中，《契丹民族史》以民族史的写史视角，为契丹早期历史研究描绘出了民族的历史背景；《辽史稿》《契丹史略》《契丹史研究》《契丹民族发展史研究》等则重在探讨契丹历史发展脉络及其政治、经济、文化发展面貌，各书中关于契丹族兴起的内容是进行早期契丹历史研究的重要组成部分，尤以《辽史稿》中有关契丹早期历史的内容比较系统；《契丹政治史稿》《契丹社会经济史稿》《契丹族文化史》等关于契丹早期政治、经济、文化等方面的论述，基本囊括早期契丹历史研究的重要内容。然而，这些专著对契丹早期历史研究的涉及，不但不影响进一步研究，而且有利于深入探索。一是上述著

---

① 陈述：《契丹社会经济史稿》，生活·读书·新知三联书店，1963 年；陈述：《契丹政治史稿》，人民出版社，1986 年；冯继钦、孟古托力、黄凤岐：《契丹族文化史》，黑龙江人民出版社，1994 年；田广林：《契丹礼俗考论》，哈尔滨出版社，1995 年；田广林、周锦章：《契丹货币经济史》，哈尔滨出版社，2001 年；李晓峰、周建华、于淑华等：《契丹艺术史》，内蒙古人民出版社，2008 年；孙伯君、聂鸿音：《契丹语研究》，中国社会科学出版社，2008 年；包铭新、李甍：《中国北方古代少数民族服饰研究 3：契丹卷》，东华大学出版社，2013 年；赵振海：《契丹思想文化史略》，北京燕山出版社，1993 年。

② 任爱君：《契丹史实揭要》，哈尔滨出版社，2001 年；赵振绩：《契丹族系源流考》，文史哲出版社，1992 年；王民信：《契丹史论丛》，学海出版社，1973 年；〔日〕爱新觉罗·乌拉熙春、吉本·道雅：《新出契丹史料の研究》，松香堂书店，2012 年；〔韩〕金渭显：《契丹的东北政策——契丹与高丽女真关系之研究》，华世出版社，1981 年。

③ 杨家骆：《辽史世表长笺：辽太祖建国前一千一百年契丹史料辑考》，中国学术史研究所，1965 年；黄为放编著：《契丹历史编年》，科学出版社，2017 年。

作涉及的内容并不覆盖契丹早期历史研究的全部领域，还有空白点需要继续研究；二是即使已经有较多研究成果的领域，依然有再深入的必要。

通过对这些专著的梳理，可以发现契丹早期历史的研究主要集中在：①契丹的族名、族源，各书中多少都有涉及，其中《契丹族系源流考》则基本上是探讨契丹族源问题；②契丹的部落、部落联盟及其部族的发展情况，比如《契丹古代史研究》《契丹史论证稿》《契丹社会经济史稿》《契丹史论丛》等对契丹古八部、大贺氏部族、遥辇氏部族等的探讨；③契丹早期的活动区域及其生存环境，包括自然地理环境和周边社会环境等，其中《契丹古代史论稿》《契丹史实揭要》等对契丹活动区域自然地理环境的论述比较充分；④契丹早期的神话传说，相关著作在探讨契丹族源或习俗时，多有涉及；⑤契丹早期社会组织和政治发展形态；⑥契丹早期的生产类型和经济发展状况；等等。

二、研究契丹早期历史的有关论文

根据契丹早期历史研究所涵盖的主要内容，相关论文可以分为以下几类。

（一）探讨契丹族源、族名的文章

E. 札尔金特《契丹及其族属》，冯家昇《契丹名号考释》，景爱《契丹的起源与族属》，嵇训杰《关于契丹族名称、部落组织和源流的若干问题》，朱泓《契丹族的人种类型及其相关问题》，杨富学《契丹族源传说借自回鹘论》，张碧波《契丹与回纥族源文化异同论》，赵国军、那日苏《契丹祖源与族源论证——从马盂山到木叶山》，杨军《契丹始祖传说与契丹族源》，黄震云《契丹的由来和辽代的建元》（上、下），李鹏《辽代乌州考——兼论契丹早期的族源之辩》，杨妹《敖汉旗区域契丹族族源论——契丹遥辇氏的发祥地、世里氏的重要历史活动舞台》，何光岳《契丹的来源和迁徙》，刘凌淞《契丹族起源问题探析》，杨军、李冬彤《从神话传说看契丹族起源之谜》，李艳阳《契丹始祖奇首可汗事迹考》，即实《契丹国号解》，邱久荣《〈契丹国号解〉质疑》，王禹浪《契丹称号的含义与民族精神》，张博泉《“契丹”、“辽”名称探源》，萧惠兰《契丹创名研究的新发现》，高路加、景爱《陈述先生关于契丹源流的论述》，郭晓东《20世纪以来契丹族源研究述评》，任爱君《关于契丹族源诸说新析》，苏丹《20世纪80年代以来契丹族族源研究综述》，杨福瑞、孙国军《20世纪契丹名号、族源、族属问题的学术争鸣》[①]，等等。

学界对契丹族源和族名的研究，可以说是众说纷纭。关于契丹族源的研究结论有东胡族系说、鲜卑系说、宇文氏说、混合说等，其中每个说法中又有不同的认识，比如，仅东胡族系说就包含了东胡—鲜卑、东

---

① 〔苏〕E. 札尔金特著：《契丹及其族属》，罗致平译，《民族史译文集》，科学出版社，1959年；冯家昇：《契丹名号考释》，《燕京学报》1933年第13期；景爱：《契丹的起源与族属》，《史学集刊》1984年第2期；嵇训杰：《关于契丹族名称、部落组织和源流的若干问题》，《中国史研究》1985年第2期；朱泓：《契丹族的人种类型及其相关问题》，《内蒙古大学学报》（哲学社会科学版）1991年第2期；杨富学：《契丹族源传说借自回鹘论》，《历史研究》2002年第2期；张碧波：《契丹与回纥族源文化异同论》，《西北民族研究》1999年第1期；赵国军、那日苏：《契丹祖源与族源论证——从马盂山到木叶山》，《黑龙江史志》2015年第5期；杨军：《契丹始祖传说与契丹族源》，《首都师范大学学报》（社会科学版）2014年第6期；黄震云：《契丹的由来和辽代的建元》（上、下），《辽宁工程技术大学学报》（社会科学版）2003年第1、2期；李鹏：《辽代乌州考——兼论契丹早期的族源之辩》，《黑龙江民族丛刊》2017年第3期；杨妹：《敖汉旗区域契丹族族源论——契丹遥辇氏的发祥地、世里氏的重要历史活动舞台》，《前沿》2013年第23期；何光岳：《契丹的来源和迁徙》，《长沙电力学院学报》（社会科学版）2004年第1期；刘凌淞：《契丹族起源问题探析》，《开封教育学院学报》2018年第3期；杨军、李冬彤：《从神话传说看契丹族起源之谜》，《中国社会科学报》2017年8月8日；李艳阳：《契丹始祖奇首可汗事迹考》，《辽宁师范大学学报》（社会科学版）2008年第1期；即实：《契丹国号解》，《社会科学辑刊》1983年第1期；邱久荣：《〈契丹国号解〉质疑》，《中央民族学院学报》1983年第4期；王禹浪：《契丹称号的含义与民族精神》，《中国北方古代文化国际学术研讨会论文集》，中国文史出版社，1995年；张博泉：《"契丹"、"辽"名称探源》，《黑龙江民族丛刊》1999年第4期；萧惠兰：《契丹创名研究的新发现》，《湖北大学学报》（哲学社会科学版）2003年第4期；高路加、景爱：《陈述先生关于契丹源流的论述》，《史学史研究》1999年第3期；郭晓东：《20世纪以来契丹族源研究述评》，《辽宁工程技术大学学报》（社会科学版）2017年第2期；任爱君：《关于契丹族源诸说新析》，《蒙古史研究》（第七辑），内蒙古大学出版社，2003年；苏丹：《20世纪80年代以来契丹族族源研究综述》，《东北亚研究论丛》（五），东北师范大学出版社，2012年；杨福瑞、孙国军：《20世纪契丹名号、族源、族属问题的学术争鸣》，《赤峰学院学报》（汉文哲学社会科学版）2018年第12期。

胡—乌桓、东胡鲜卑宇文部、东胡乌桓宇文部等。研究方法也多样，不但有历史学研究，而且有分子考古学的、考古学与历史学相结合的，以及民俗学的神话传说解读等。关于对契丹族名的解读，则有通过对“契丹”一词读音的构拟，参照相关民族语言，加以堪同，实现以音求义的目的；也有通过文献记载探讨契丹族名含义的；此外，“契丹”一词的不同译写形式，也为研究者所重视。契丹族源和族名研究往往是相互联系的，在探索族源的过程中必然要对族名加以辨析，在研究族名的时候也需要以契丹族源研究作为背景。

（二）有关契丹早期社会发展状况和社会组织形态研究的文章

华山、费国庆《阿保机建国前契丹社会试探》，驼峰《对四世纪末到十世纪初契丹族社会历史的分析》，孙进己、白新华《四至十世纪契丹社会的发展》，潘静《“八部聚议立王”和早期契丹的社会性质》，胡铁球、左理《契丹的兴起与部落组织的有序化及农业的关系》，蔡美彪《契丹的部落组织和国家的产生》，田广林《契丹国家产生的上限及其早期发展形态》，孙进己《契丹部落组织发展变化初探》，任爱君《松漠诸部的离合与契丹名号在草原的传播》，耿涛《部落联盟·国家·酋邦：契丹早期社会形态研究述评》[①]，等等。

学界对契丹早期社会的探讨，主要是在不同的社会发展理论指导下，结合史书对契丹早期历史的记载，分析判断契丹早期社会的形态。或是

---

① 华山、费国庆：《阿保机建国前契丹社会试探》，《文史哲》1958 年第 6 期；驼峰：《对四世纪末到十世纪初契丹族社会历史的分析》，《内蒙古师范学院学报》1959 年第 2 期；孙进己、白新华：《四至十世纪契丹社会的发展》，《黑龙江文物丛刊》1983 年第 3 期；潘静：《“八部聚议立王”和早期契丹的社会性质》，《内蒙古社会科学》（汉文版）2018 年第 1 期；胡铁球、左理：《契丹的兴起与部落组织的有序化及农业的关系》，《宁夏大学学报》（人文社会科学版）2003 年第 3 期；蔡美彪：《契丹的部落组织和国家的产生》，《历史研究》1964 年第 5—6 期；田广林：《契丹国家产生的上限及其早期发展形态》，《内蒙古社会科学》1999 年第 2 期；孙进己：《契丹部落组织发展变化初探》，《社会科学辑刊》1981 年第 4 期；任爱君：《松漠诸部的离合与契丹名号在草原的传播》，《赤峰学院学报》（汉文哲学社会科学版）2013 年第 6 期；耿涛：《部落联盟·国家·酋邦：契丹早期社会形态研究述评》，《哈尔滨师范大学社会科学学报》2018 年第 1 期。

指出契丹社会部落和部落联盟的特点，进而判断其原始氏族社会、家长奴隶制等性质；或是以酋邦理论探讨契丹早期社会形态等。

（三）契丹早期与其他民族或政权关系的文章

任爱君《契丹与库莫奚的先世及其关系略述》，杨福瑞《六至十世纪初契丹与奚族的关系——兼论两族的不同命运结局》，刘治川《早期契丹与突厥的分合关系及其影响》，任爱君《唐朝与契丹部落发展的历史关系——兼谈大贺氏家族的衰微和契丹部落发展的趋向》，马艾鸿《唐与契丹关系研究》，孟宪君《浅谈契丹与唐王朝的关系》，彭丽《隋唐时期中原王朝与北疆突厥、契丹民族关系研究》，杨筠《略论两蕃与唐朝关系的演变、原因及影响》，崔明德《唐与契丹战争起因新探》，陈巍《论唐与奚、契丹的和亲》，崔明德《唐与契丹、奚和亲公主考述》，李彦平《唐朝与东北少数民族契丹、奚的和亲》，程尼娜《论唐代中央政权对契丹、奚人地区的羁縻统治》，褚桂燕《从张九龄敕书看唐政府处理与两蕃关系的策略》，王茜《略述契丹、奚、地豆于、室韦等古族与北朝的朝贡关系》，邵正坤《由〈韩贞造像记〉看北魏对于契丹的民族政策》，马旭辉《唐末五代幽州刘仁恭政权及其与契丹关系研究》，李鹏《试析契丹与刘仁恭政权的幽州博弈》[①]，等等。

可以看出相关研究主要集中在契丹与奚、突厥、北魏、唐等的关系

---

① 任爱君：《契丹与库莫奚的先世及其关系略述》，《昭乌达蒙族师专学报》（哲学社会科学版）1989年第2期；杨福瑞：《六至十世纪初契丹与奚族的关系——兼论两族的不同命运结局》，《昭乌达蒙族师专学报》（汉文哲学社会科学版）1999年第5期；刘治川：《早期契丹与突厥的分合关系及其影响》，渤海大学硕士学位论文，2015年；任爱君：《唐朝与契丹部落发展的历史关系——兼谈大贺氏家族的衰微和契丹部落发展的趋向》，《蒙古史研究》（第九辑），内蒙古大学出版社，2007年；马艾鸿：《唐与契丹关系研究》，安徽大学博士学位论文，2018年；孟宪君：《浅谈契丹与唐王朝的关系》，《昭乌达蒙族师专学报》（汉文哲学社会科学版）1987年第2期；彭丽：《隋唐时期中原王朝与北疆突厥、契丹民族关系研究》，陕西师范大学硕士学位论文，2012年；杨筠：《略论两蕃与唐朝关系的演变、原因及影响》，《烟台大学学报》（哲学社会科学版）2007年第4期；崔明德：《唐与契丹战争起因新探》，《社会科学辑刊》1991年第2期；陈巍：《论唐与奚、契丹的和亲》，《黑龙江民族丛刊》2007年第1期；崔明德：《唐与契丹、奚和亲公主考述》，《西北民族大学学报》（哲学社会科学版）1988年第3期；李彦平：《唐朝与东北少数民族契丹、奚的和亲》，《社会科学战线》1996年

上，其中又以研究唐与契丹关系的文章较多。其关系模式主要是同出与共存、羁縻与依附、和亲与战争等。

（四）契丹早期部族研究

日本岛田正郎《契丹族的遥辇帐》，李桂枝《关于契丹古八部之我见》，肖爱民《关于契丹迭剌部的几个问题——契丹遥辇氏阻午可汗二十部研究之一》，肖爱民《"分三耶律为七，二审密为五"辨析——契丹遥辇氏阻午可汗二十部研究之二》，肖爱民《关于契丹左大部与右大部——契丹遥辇氏阻午可汗二十部研究之三》，肖爱民《辽朝大贺氏考辨——契丹遥辇氏阻午可汗二十部研究之四》，田广林《契丹古八部质疑》，葛华廷《辽奚迭剌部及相关问题浅探》[①] 等。此类文章对《辽史》中记述的契丹早期的部族多有质疑，比如肖爱民对辽朝大贺氏的质疑、田广林质疑古八部的存在等。

（五）契丹早期政治文化研究

李锡厚《契丹立国前"争夺夷离堇"问题商榷》，张去非《关于契丹汗位的承袭制度》，辛时代《契丹早期职官探究》，李大龙、刘海霞《唐

第 3 期；程尼娜：《论唐代中央政权对契丹、奚人地区的羁縻统治》，《吉林大学社会科学学报》2002 年第 6 期；褚桂燕：《从张九龄敕书看唐政府处理与两蕃关系的策略》，《华北水利水电大学学报》（社会科学版）2016 年第 1 期；王茜：《略述契丹、奚、地豆于、室韦等古族与北朝的朝贡关系》，《兰台世界》2011 年第 25 期；邵正坤：《由〈韩贞造像记〉看北魏对于契丹的民族政策》，《通化师范学院学报》2016 年第 11 期；马旭辉：《唐末五代幽州刘仁恭政权及其与契丹关系研究》，河北大学硕士学位论文，2008 年；李鹏：《试析契丹与刘仁恭政权的幽州博弈》，《地域性辽金史研究》（第一辑），中国社会科学出版社，2014 年。

① 〔日〕岛田正郎著：《契丹族的遥辇帐》，何天明译，《蒙古学信息》2004 年第 1 期；李桂枝：《关于契丹古八部之我见》，《中央民族学院学报》1992 年第 1 期；肖爱民：《关于契丹迭剌部的几个问题——契丹遥辇氏阻午可汗二十部研究之一》，《北方文物》2006 年第 1 期；肖爱民：《"分三耶律为七，二审密为五"辨析——契丹遥辇氏阻午可汗二十部研究之二》，《内蒙古社会科学》2005 年第 2 期；肖爱民：《关于契丹左大部与右大部——契丹遥辇氏阻午可汗二十部研究之三》，《内蒙古民族大学学报》（社会科学版）2005 年第 2 期；肖爱民：《辽朝大贺氏考辨——契丹遥辇氏阻午可汗二十部研究之四》，《内蒙古师范大学学报》（哲学社会科学版）2005 年第 4 期；田广林：《契丹古八部质疑》，《社会科学战线》2008 年第 11 期；葛华廷：《辽奚迭剌部及相关问题浅探》，《北方文物》2009 年第 2 期。

代契丹的衙官》，武玉环《契丹部落联盟与辽初政体》，宗喀·漾正冈布、刘铁程《契丹文化变迁与早期政治》，张志勇《辽朝建立前契丹族文化与习俗考》，李品清《徙居白狼水东的契丹及其文化》[①] 等。契丹早期的职官制度和政治、文化变迁是研究的重点。

（六）契丹早期历史地理研究

陈永志《契丹族源地非"松漠之间"考辩》，占·达木林斯荣《唐代松漠府遗址考》，李鹏《"松漠"考——兼论契丹起源地》，景爱《平地松林的变迁与西拉木伦河上游的沙漠化》，周加胜《试论唐朝在契丹族地区设立的府州》，吕昕娱、杨福瑞《契丹建国前城邑建置考论》[②] 等。由于史书对契丹早期居地的描述词语有"松漠之间""平地松林"等，因此考订"松漠"的文章较多，虽具体解释不同，但大体方位、范围多以两河（西拉木伦河和老哈河）为中心。

（七）分时段契丹早期历史研究

王绵厚《唐末契丹进入辽东的历史考察》，王成国《唐代契丹民族考略》，王成国《论唐代契丹》，宋筱静《关于唐代大贺氏契丹的几个问题》，袁本海《唐朝契丹朝贡述略》，曾成《唐代契丹的权力结构与可突

---

① 李锡厚：《契丹立国前"争夺夷离堇"问题商榷》，《宋辽金史论丛》（第二辑），中华书局，1991 年；张去非：《关于契丹汗位的承袭制度》，《历史教学》1964 年第 8 期；辛时代：《契丹早期职官探究》，《渤海大学学报》（哲学社会科学版）2017 年第 5 期；李大龙、刘海霞：《唐代契丹的衙官》，《中国边疆史地研究》2012 年第 3 期；武玉环：《契丹部落联盟与辽初政体》，《松辽学刊》（社会科学版）2000 年第 1 期；宗喀·漾正冈布、刘铁程：《契丹文化变迁与早期政治》，《西北民族大学学报》（哲学社会科学版）2009 年第 3 期；张志勇：《辽朝建立前契丹族文化与习俗考》，《辽宁工程技术大学学报》（社会科学版）2009 年第 3 期；李品清：《徙居白狼水东的契丹及其文化》，《社会科学辑刊》1998 年第 1 期。

② 陈永志：《契丹族源地非"松漠之间"考辩》，《内蒙古文物考古》1997 年第 1 期；占·达木林斯荣：《唐代松漠府遗址考》，《内蒙古社会科学》（汉文版）2002 年第 S1 期；李鹏：《"松漠"考——兼论契丹起源地》，《北方文物》2017 年第 1 期；景爱：《平地松林的变迁与西拉木伦河上游的沙漠化》，《中国历史地理论丛》1988 年第 4 期；周加胜：《试论唐朝在契丹族地区设立的府州》，《黑龙江民族丛刊》2007 年第 4 期；吕昕娱、杨福瑞：《契丹建国前城邑建置考论》，《北方文物》2011 年第 4 期。

于之叛》，任丽颖、孟凡云《契丹可突于与唐四次大战考论》，孟凡云《契丹可突于被杀考》，都兴智《略论契丹李尽忠之乱》，岳东《契丹李尽忠、孙万荣的南下扩张》，姜腊梅《唐代契丹将领李楷固考论》[①]，等等。基本是研究唐代契丹的文章，其中李尽忠、孙万荣之乱和可突于之乱又是研究的重点，这与现存史料的多少有关。

（八）关于契丹－辽政权建立的论文

赵卫邦《契丹国家的形成》，任爱君《契丹辽朝前期（907～982）契丹社会历史面貌解析》，魏蔚《关于契丹建辽的几个重大史实问题》，王小甫《契丹建国与回鹘文化》，黄凤岐《耶律阿保机——辽王朝缔造者》，苗润博《再论所谓阿保机“变家为国”问题》，耿涛《迭剌部权力斗争与耶律阿保机建国》[②]等。契丹－辽政权建立前后的研究多涉及907—916年的历史，这一时段是契丹早期历史的重要组成部分。

（九）早期契丹考古方面的论文

葛承雍《对西安市东郊唐墓出土契丹王墓志的解读》，毕德广、魏坚

---

① 王绵厚：《唐末契丹进入辽东的历史考察》，《社会科学辑刊》1993年第2期；王成国：《唐代契丹民族考略》，《社会科学辑刊》2001年第4期；王成国：《论唐代契丹》，《社会科学战线》2004年第2期；宋筱静：《关于唐代大贺氏契丹的几个问题》，辽宁师范大学硕士学位论文，2012年；袁本海：《唐朝契丹朝贡述略》，《辽金历史与考古》（第一辑），辽宁教育出版社，2009年；曾成：《唐代契丹的权力结构与可突于之叛》，《理论月刊》2015年第11期；任丽颖、孟凡云：《契丹可突于与唐四次大战考论》，《北方文物》2012年第1期；孟凡云：《契丹可突于被杀考》，《中南民族大学学报》（人文社会科学版）2011年第5期；都兴智：《略论契丹李尽忠之乱》，《东北史地》2008年第2期；岳东：《契丹李尽忠、孙万荣的南下扩张》，陕西师范大学硕士学位论文，2000年；姜腊梅：《唐代契丹将领李楷固考论》，东北师范大学硕士学位论文，2014年。

② 赵卫邦：《契丹国家的形成》，《四川大学学报》（社会科学版）1958年第2期；任爱君：《契丹辽朝前期（907～982）契丹社会历史面貌解析》，内蒙古大学博士学位论文，2005年；魏蔚：《关于契丹建辽的几个重大史实问题》，辽宁师范大学硕士学位论文，2010年；王小甫：《契丹建国与回鹘文化》，《中国社会科学》2004年第4期；黄凤岐：《耶律阿保机——辽王朝缔造者》，《辽金历史与考古》（第一辑），辽宁教育出版社，2009年；苗润博：《再论所谓阿保机“变家为国”问题》，《辽金历史与考古》（第七辑），辽宁教育出版社，2017年；耿涛：《迭剌部权力斗争与耶律阿保机建国》，《中国边疆史地研究》2017年第4期。

《契丹早期墓葬研究》，毕德广《唐代两蕃的考古学文化研究》，汪宇平《内蒙昭乌达盟印纹陶的时代问题》，张柏忠《科左后旗呼斯淖契丹墓》，哲里木盟博物馆《内蒙古哲里木盟发现的几座契丹墓》，乔梁《契丹陶器的编年》，张柏忠《契丹早期文化探索》，张柏忠《哲里木盟发现的鲜卑遗存》，张少青《辽宁康平发现的契丹、辽墓概述》① 等。契丹早期的考古遗存以墓葬为主，且多是平民墓葬，学界往往从类型学的角度根据出土遗物和墓葬形制等，判定其大致时期。

（十）其他相关论文

王博楠《关于遥辇契丹的几个问题》，任爱君《往事与现实：耶律阿保机的先辈们创造的历史（一）——从始祖雅里到四世祖耨里思生活的历史时代》，任爱君《往事与现实：耶律阿保机的先辈们创造的历史（二）——从曾祖撒剌德、祖父匀德实到其父辈们生活的历史时代》，任爱君《登国年间北魏与契丹史事探赜》，刘玉峰《〈册府元龟〉中契丹史料辑录》，张国庆《辽代契丹皇帝与五代、北方诸帝王的“结义”》② 等。

---

① 葛承雍：《对西安市东郊唐墓出土契丹王墓志的解读》，《考古》2003 年第 9 期；毕德广、魏坚：《契丹早期墓葬研究》，《考古学报》2016 年第 2 期；毕德广：《唐代两蕃的考古学文化研究》，《辽宁师范大学学报》（社会科学版）2015 年第 4 期；汪宇平：《内蒙昭乌达盟印纹陶的时代问题》，《考古通讯》1955 年第 4 期；张柏忠：《科左后旗呼斯淖契丹墓》，《文物》1983 年第 9 期；哲里木盟博物馆：《内蒙古哲里木盟发现的几座契丹墓》，《考古》1984 年第 2 期；乔梁：《契丹陶器的编年》，《北方文物》2007 年第 1 期；张柏忠：《契丹早期文化探索》，《考古》1984 年第 2 期；张柏忠：《哲里木盟发现的鲜卑遗存》，《文物》1981 年第 2 期；张少青：《辽宁康平发现的契丹、辽墓概述》，《北方文物》1988 年第 4 期。

② 王博楠：《关于遥辇契丹的几个问题》，辽宁师范大学硕士学位论文，2012 年；任爱君：《往事与现实：耶律阿保机的先辈们创造的历史（一）——从始祖雅里到四世祖耨里思生活的历史时代》，《赤峰学院学报》（汉文哲学社会科学版）2008 年第 9 期；任爱君：《往事与现实：耶律阿保机的先辈们创造的历史（二）——从曾祖撒剌德、祖父匀德实到其父辈们生活的历史时代》，《赤峰学院学报》（汉文哲学社会科学版）2008 年第 11 期；任爱君：《登国年间北魏与契丹史事探赜》，《昭乌达蒙族师专学报》（汉文哲学社会科学版）1990 年第 4 期；刘玉峰：《〈册府元龟〉中契丹史料辑录》，东北师范大学硕士学位论文，2006 年；张国庆：《辽代契丹皇帝与五代、北方诸帝王的“结义”》，《史学月刊》1992 年第 6 期。

通过梳理有关研究成果，可以发现：虽然相关研究较多，无论是专著还是论文，对契丹早期研究内容的涉及，既广泛又深入，但在一些问题上学者彼此之间的看法又不尽一致，而且，目前仅有两部专著对早期历史进行专门研究，且没能够很好地兼顾早期历史研究的全面性和相关问题研究的深入性。因此，根据研究状况来看，有必要，也有条件继续对契丹早期历史做出全面而系统的探讨。

第二章　契丹的族名与来源

契丹的族名和来源是研究早期契丹历史的重要内容。由于契丹与原蒙古人——室韦有着“其南者为契丹，在北者号室韦”[①]的关系，因驻地临近而出现的不同名号，因此探究契丹的来源也会涉及室韦，并且与蒙古族源研究有所关联。

文献中关于契丹来源的记载较为简单而且模糊，因史家的侧重点不同，容易产生相异的解读；尤其是后出史书的相关记载虽多是来源于《魏书》，但关于契丹族源的记载却各有其说，从而导致学界对于契丹来源的认识也是众说纷纭。

第一节　契丹族名辨析

关于契丹族名，清代任大椿在《字林考逸》中解释为：“契丹，国名”，并称“此契字，《字林》训为国名”[②]。另一位清代人士诸可宝据此推断，“契丹之为国名，必自汉以来即有之”[③]。对此，研究者曾有不同看法。冯家昇认为，《字林考逸》的记载源于《广韵》之“契丹，夷名，出字林”，并认为“不但《考逸》之‘契丹’未可据，即《广韵》所依之《字林》，亦有可疑”[④]，这显然是持否定态度。然另一位学者陈述却认为，“此事以史料的阙乏，未易遽为论定，厘然惬于人心。与其以推测之辞否认

① 《隋书》卷84《室韦传》，第1882页。

② （清）任大椿：《字林考逸》卷6《大部》，《续修四库全书》（第0236册），上海古籍出版社，2002年，第48页。

③ （清）诸可宝：《〈字林考逸〉补附录》，《续修四库全书》（第0236册），上海古籍出版社，2002年，第89页。

④ 冯家昇：《契丹名号考释》，《燕京学报》1933年第13期。

诸氏的推理，无宁附存其说”[①]，即不赞成彻底否定清代学者的看法。由于难以确定《字林考逸》和《广韵》所称“契丹，国（夷）名”引自《字林》的真实情况，因此也不能仅凭此判定“契丹”是否在西晋时期吕忱的《字林》中已经出现。除了这个争议，与“契丹”名称相关的研究主要集中在以下几个方面，对我们辨析契丹族名都有启迪。

一、“箪于”即“契丹”未必可信

唐朝人李善，在为《册魏公九锡文》中“鲜卑丁令，重译而至，箪于白屋，请吏帅职”做注时曰：“本并以箪于为单于，疑字误也。”并认为“白屋，今之靺羯也；箪于，今之契丹也”[②]。由此可知，原作当为“单于白屋”，且《三国志·武帝纪》亦作“单于”[③]。李善改“单于”为“箪于”，所据为：“张茂先《博物志》曰：北方五狄：一曰匈奴，二曰秽貊，三曰密吉，四曰箪于，五曰白屋。”[④]且不论《册魏公九锡文》是“单于白屋”，还是“箪于白屋”，可以肯定的是“箪于”（或“单于”[⑤]）和“白屋”皆为北狄之一。另据《昭明文选》中的《魏都赋》，注有：“禄威八纮、荒阻率由者，谓北羁单于于白屋，东怀孙权于吴会，西摄刘备于巴蜀也。”[⑥]由此可知，“白屋”所指为一特定场所或区域，所写之事当指曹操羁留匈奴南单于，所用之典应是匈奴单于劝降耿恭时欲封其为“白屋王”[⑦]一事。经过一定时间的演变，在人们认识中，“白屋”已成为族名

---

① 陈述：《契丹政治史稿》，第 20 页。

② （南朝梁）萧统编，（唐）李善注：《文选》卷 35《册魏公九锡文》，上海古籍出版社，1986 年，第 1627 页。

③ “鲜卑、丁令，重译而至，（单于）〔箪于〕白屋，请吏率职。”引自（晋）陈寿：《三国志》卷 1《武帝纪第一》，中华书局点校本，1959 年，第 38 页。

④ 《文选》卷 35《册魏公九锡文》，第 1627 页。

⑤ 《尔雅注疏》亦有“李巡云：‘一曰月氏，二曰秽貊，三曰匈奴，四曰单于，五曰白屋。’”引自（晋）郭璞注，（宋）邢昺疏：《尔雅注疏》卷 7《释地第九》，《十三经注疏》，北京大学出版社，1999 年，第 200 页。

⑥ 《文选》卷 6《京都下》，第 282 页。

⑦ “单于知恭已困，欲必降之。复遣使招恭曰：‘若降者，当封为白屋王，妻以女子。’”引自（南朝宋）范晔：《后汉书》卷 19《耿恭列传》，中华书局点校本，1965 年，第 721 页。

和地名的统一，或因族名地，或因地名族，且其地方位与匈奴活动区域有关。然而，匈奴所活动区域应不涉及靺鞨（𫚊羯即靺鞨），因此，李善“白屋，今之𫚊羯”说，当与史不符。至于说“箄于，今之契丹”，更是别无可证。于字音上来讲，白屋与靺鞨、箄于与契丹差异亦较大①。因此，李善的“箄于”就是“契丹”未必可信。

二、“契丹”的各种译写形式

契丹在不同的文献中有不同的译写形式。《黑鞑事略》有“正北曰呷辣吸绍”，注曰：“黑契丹，一名契丹，一名大丹，即大石林国。”②《元朝秘史》记为“乞塔”③。《南村辍耕录》记色目人31种，其中有“哈剌吉答歹”④,此处“吉答”应是“契丹”别译。《西斋偶得》记“契丹本名契塔特”“蒙古人呼汉人为契塔特，盖蒙古初为忙古部，越在大漠北，至后五代史始通中夏，惟时燕云十六州皆属契丹，故以辽国名称之”⑤。

契丹一词在契丹小字中的表现形式，现有不同的解读。学者一般认为“天叉兴”即“契丹”，其音值为kidai，其中“天”的音值为ki或gi，“叉”的音值为da，“兴”的音值为i⑥。也有学者指出“天叉兴”为“契丹”一词的形属格式，“天”音为kita，“叉”音为in、“兴”为表属格后缀的i，拼合即为kitain-i，并认为“契丹小字墓志中的‘契丹’，14处写作‘天兴’*kitay，6处写作‘天叉’*kitain，续接属格后缀‘兴’*i和对格后缀‘火’

---

① 白，傍陌切，并陌开二；屋，乌谷切，影屋开一。靺，莫拨切，明末合一；鞨，胡葛切，匣曷开一。则隋－中唐时期，“白屋”的音值可以构拟为*bɐk-ʔok，“靺鞨”的音值可以构拟为*muɑt-ɣɑt，二者语音差异甚为明显。契，去讫切，溪讫开三；丹，都寒切，端寒开一。箄，必计切，帮霁开四；于，羽俱切，喻三虞合三。则隋－中唐时期，“契丹”的音值可以构拟为*kʻit-tɑn，“箄于”的音值可以构拟为：*piæi-ɣi̯u，二者语音差异也较大。

② （宋）彭大雅：《黑鞑事略》，转引自《王国维全集》卷11《黑鞑事略笺证》，浙江教育出版社，2009年，第396页。

③ 《元朝秘史》第247、251节等。乌兰校勘：《元朝秘史（校勘本）》，中华书局，2012年，第340、344页。

④ （元）陶宗仪：《南村辍耕录》卷1《氏族》，中华书局，1959年，第13页。

⑤ （清）博明：《西斋偶得》，《西斋杂著二种》（国学文库第十六编），文殿阁书庄，1934年重印。

⑥ 刘凤翥：《契丹小字解读再探》，《考古学报》1983年第2期。

*ər 的场合，则一律写作带有词尾 n 辅音形式的‘癸’ kitain-i、‘粲’ kitain-ər”①。王弘力也认为“癸”即契丹小字中“契丹的”意思，读如 xit-en-i，词根为“关”xit，xit 带 n 尾的形式为“叒”xiten 即“契丹”②。而即实则认为“文芠”为契丹小字中的“契丹”一词（见后文）。契丹大字则作“兩刈”③，乌拉熙春拟其音为 kitai，其中“兩”音 kita，“刈”音为 i④。另有学者认为“《佚名契丹大字铭石》首行有夾关国（大契丹国）三字，关即‘契丹’xiten，小字和大字皆用关，不过小字须加字母 en 拼读”⑤。女真大字《大金得胜陀颂碑》记契丹作“屖发”，《女真译语》汉字写音为“希弹”，金启孮拟其音为 ɕi-tan，道尔吉、和希格等拟为 hi dan，乌拉熙春拟为 hitan⑥。另有唐均认为“疑似《女真文字书·地名》中出现的成词拼写屖岀就可以拟音作 *ki-ta。这个拼写或许就是‘契丹’族称在女真文中的另外一种拼写形式”⑦。“契丹”在西夏文中写作“𗼇𗨁”，“既指民族，又指姓氏”，“𗼇音 tśhjɨ”，“𗨁可音译为丹”，因“西夏语中的𗼇𗨁一词来自吐蕃，而非契丹或中原”，因此“从语音上判断，中古‘契’为牙音溪母 k-，在语音上与𗼇𗨁并不相通”⑧。古突厥文碑铭——《暾欲谷

---

① 〔日〕爱新觉罗·乌拉熙春：《辽朝国号非“哈喇契丹（辽契丹）”考——兼拟契丹大字夾及契丹小字刈的音值》，《爱新觉罗乌拉熙春女真契丹学研究》，松香堂书店，2009 年。

② 王弘力：《契丹小字墓志研究》，《民族语文》1986 年第 4 期。

③ 刘凤翥、唐彩兰：《辽“萧兴言墓志”和“永宁郡公主墓志”考释》，《燕京学报》（新 14 期），北京大学出版社，2003 年。

④ 〔日〕爱新觉罗·乌拉熙春：《辽朝国号非“哈喇契丹（辽契丹）”考——兼拟契丹大字夾及契丹小字刈的音值》，《爱新觉罗乌拉熙春女真契丹学研究》，松香堂书店，2009 年。

⑤ 王弘力：《契丹小字墓志研究》，《民族语文》1986 年第 4 期。

⑥ 金启孮编著：《女真文辞典》，文物出版社，1984 年，第 54、202 页；道尔吉、和希格：《女真文〈大金得胜陀颂〉碑校勘释读》，《内蒙古大学学报》（哲学社会科学版）1984 年第 4 期；〔日〕爱新觉罗·乌拉熙春：《辽朝国号非“哈喇契丹（辽契丹）”考——兼拟契丹大字夾及契丹小字刈的音值》，《爱新觉罗乌拉熙春女真契丹学研究》，松香堂书店，2009 年。

⑦ 唐均：《女真文“契丹”考》，《辽金历史与考古》（第七辑），辽宁教育出版社，2017 年。

⑧ 佟建荣：《西夏姓名研究》，社会科学文献出版社，2015 年，第 145—147 页。

碑》《阙特勤碑》《毗伽可汗碑》中亦有契丹的记载，其拉丁字母转写为“qïtañ”[①]。蒙古文《竹温台神道碑》中有 Qitad-unayalqus（此为蒙古文的拉丁字母转写，意为“汉文”），“Qitad 原为 Qitan 即‘契丹’一名的复数形式，后来转称汉人”[②]。

总之，被认为是族名或国名——“契丹”一词的各种译写形式中，“乞塔”“吉答”等后于“契丹”出现者，显现出来的只能是后世中不同语言（乃至是方言）对“契丹”的语音表达，并不能反映出“契丹”一词的来源情况。从“契丹”这个名称出现，到创制契丹大字和小字，期间又相隔数百年之久，在此期间记载“契丹”情况的只有汉文。现在，无论是用蒙古语还原，还是用其他任何方法还原，在史源上都没有跳过北魏时代的“契丹”，都没有解释清楚北魏时为什么会称呼这部分人为“契丹”。

三、“契丹”的音义

据《资治通鉴》胡三省音注：“契，欺讫翻。洪迈曰：契丹之读如喫，惟《新唐书》有音。”[③]和《唐书释音》：“契丹，上欺讫切，下同。”[④]以及《演繁露》：“契丹之契，读如喫。”[⑤]则知“契丹”之“契”于宋时被注音为“欺讫切”或读如“喫”，构拟其宋代音值均为*k‘it[⑥]。又据《资治通鉴释文》：“契丹音乞，□□国名。”[⑦]“乞”音值在宋代亦构

① 耿世民：《古代突厥文碑铭研究》，中央民族大学出版社，2005 年，第 97、124、152、249 页。

② 乌兰：《蒙古文历史文献中涉及“国”及其相关概念的一些表述方法》，《民族研究》2016 年第 2 期。

③ （宋）司马光编著，（元）胡三省音注：《资治通鉴》卷 107《晋纪》孝武帝太元十三年，中华书局，1956 年，第 3384 页。

④ （宋）董冲：《唐书释音》卷 23《唐书卷二百十九 · 列传第一百四十四》，《文渊阁四库全书》（第 276 册），（台北）商务印书馆影印本，1986 年，第 609 页。

⑤ （宋）程大昌：《演繁露》（下）卷 13《蕃语》，《全宋笔记》第四编（九），大象出版社，2008 年，第 110 页。

⑥ 契，欺讫反。欺，去其切，溪母；讫，居乙切，质开三韵。则“契”宋代音值可构拟为*k‘it。喫，苦击切，溪锡开四，宋代音值亦构拟为*k‘it。

⑦ （宋）史炤：《资治通鉴释文》卷 11《晋纪二十九 · 通鉴卷一百七》，江苏古籍出版社，1988 年，第 380 页。

拟为*k‘it[1]。又据《广韵》“契，去迄切”，构拟其宋代音值亦为*k‘it。因此可以确定，族名或国名“契丹”之“契”的读音应是《广韵》之“契，去迄切”，进而可以根据唐宋时期“契丹”一词的发音标准，构拟出“契丹”于魏晋南北朝时期—隋－中唐时期—晚唐－五代时期以及宋代的音值变化：*k‘i̯et-tɑn—k‘it-tɑn—k‘i̯ət-tɑn—k‘it-tan。

契丹一词的含义，有“镔铁、刀剑、切断”说。持“镔铁”说者，是根据金太祖曾说“辽以宾铁为号，取其坚也”[2]，并认为“金太祖所语镔铁，当指契丹”；持“刀剑”说者认为“契丹”一词与蒙古语族和通古斯语族的“小刀”语音相通；持“切断”说者认为“契丹”一词与蒙古语“切断、杀害”语音相通。冯家昇指出“前既言契丹为铁钢，今则言为刀剑，究为铁钢乎？抑为刀剑乎？余以为二者俱为金属，性质上有密切之关系。或因时地不同，意义变迁；或因韵母相似，一词兼含二意之故也”[3]。

有“沙漠、草原、森林”说，此说认为契丹与室韦、库莫奚关系较近，而室韦有“森林”意、库莫奚有“沙”意，“则契丹的意义，可能是和森林相对应的草原、沙漠或与森林相关的意义”[4]。

有“奚东、沙东”说，此说认为契与奚、丹与东音相通，而契丹在奚的东面，二者异种同类，库莫奚即现代蒙古语“沙子”，故契丹即奚东，意为沙子以东[5]。

“契人”说，此说认为契丹出于商人祖先、黄帝之后——契，古唐音闽南语谓人为“兰”，北方人转音为“丹”，故契丹即“契人”之意[6]。

“秦、郝娄”说，此说认为“契丹”的急读就是“秦”，秦民族是东夷族系中的一员，向西北迁徙的一支后来建立了秦王朝，迁入东北的

---

① 乞，去讫切，溪质开三，宋代音值可构拟为*k‘it。

② （元）脱脱等：《金史》卷2《太祖本纪》，中华书局点校本，1975年，第26页。

③ 冯家昇：《契丹名号考释》，《燕京学报》1933年第13期。

④ 陈述：《契丹政治史稿》，第26页。

⑤ 郑德英：《东胡系诸部族与蒙古族族源》，《中国蒙古史学会论文选集》，内蒙古人民出版社，1980年。

⑥ 何光岳：《契丹的来源和迁徙》，《长沙电力学院学报》（社会科学版）2004年第1期。

一支就是后来的契丹[①]。又认为上古“秦”与“赤”“丹”读音相同，而“丹”即“朱”，即是“邾娄”，契丹与秦皆源于东夷邾娄族[②]。

“奇（首可汗）之斯坦”说，此说认为契丹之“契”与奇首可汗之“奇”音相类，契丹之“丹”当如斯坦，表示所在地之意[③]。

“大中”说，此说认为“契丹”二字乃契丹语［k‘ei duan］（篆刻契丹小字“道宗哀册册盖”中拼合复原后“又䒾”的词根读音）的音译，［k‘ei］意为“大”，［duan］意为“中”，即“契丹”（国）原是“大中”（国）之意[④]。

“都菴”说，此说认为都菴之音恰与“䒾”（其词根音 duan）音相合，古代部名常以居地为称，契丹始祖奇首可汗生都菴山，故自称或被称都菴部，后被写成丹，又冠以大而成契丹[⑤]。

“酋长名、部族名”说，此说认为汉译之“契丹”，非原音之“契丹”，“契丹”为宇文部首领“悉独官”（乞得龟、侯豆龟、逸豆归、乞特归等）省去语尾（语尾有长老尊称之意）的对音[⑥]。陈述亦怀疑“逸、悉、乞得或悉独，也可能是契丹别译”，并认为“悉万丹即契丹别译的可能性是很大的”[⑦]。

“力量”说，此说认为“㸚”即契丹小字中“契丹的”之义，读如 xit-en-i，词根“穴”xit 与蒙古语 id［it］“力量”对应。词首音 x-，早期蒙古语也曾有过，现在达斡尔语仍有残留。xit 带 n 尾的形式为“冗”xiten 即“契丹”。xiten 相当于蒙古语 ideten［itet’en］，义为“有力量者、好汉、豪杰”。北方游牧民族自称含义多与力量、勇敢有关，如“突

---

① 李德山、栾凡：《中国东北古民族发展史》，中国社会科学出版社，2003 年，第 218、219 页。

② 李德山：《东北古民族与东夷渊源关系考论》，东北师范大学出版社，1996 年，第 286、287 页。

③ 方壮猷：《契丹民族考》，《女师大学术季刊》1930 年第 2 期。

④ 即实：《契丹国号解》，《社会科学辑刊》1983 年第 1 期。

⑤ 即实：《皇黄无同义——读〈契丹小字解读再探〉所见》，《内蒙古师大学报》（汉文哲学社会科学版）1986 年第 4 期。

⑥ 冯家昇：《契丹名号考释》，《燕京学报》1933 年第 13 期。

⑦ 陈述：《契丹政治史稿》，第 23、24 页。

厥、库真奚”皆源于“力量”，“契丹”亦当如是[①]。

此外，《册府元龟》记有唐宪宗元和五年（810）“麟德殿召对奚丹使”，唐文宗开成二年（837）“赐奚丹、室韦等告身八十九通”的记载[②]。关于“契丹”与“奚丹”的关系，也有不同的认识。

有学者认为“‘奚’是鲜卑的原形，‘契丹’或‘奚丹’是鲜卑的复数形”。此说认为“鲜卑”似可读作 Hipe、Sipe（Hibe、Sibe），若 p、b 为轻唇音且不显，即读成 Hi（p）、Si（p）或 Hi（b）、Si（b），则与奚（Hi、Si）音同，故奚丹似可读作 Hi（p）tan、Si（p）tan。“奚”代表奚（鲜卑）族，“丹”是代表复数形式，部分奚（鲜卑）族称作“库莫奚”，剩余的奚众称“奚丹”，而“奚丹”又是“契丹”（契丹亦是许多部的集合名词）的集合名词，故奚丹或契丹应是鲜卑的复数形式[③]。

也有学者认为“奚丹”即“契丹”，并指出最初的音译使用是“奚丹”二字，其义为“类似奚的〔人〕和‘居于奚人中的’〔人〕”[④]。当然，也有学者根据《韩贞造像题记》末尾有“……大魏景明三年（502）九月五日造。尉喻□丹使员外散骑常侍昌黎韩贞……”假设“□”为“奚”字，“奚丹”即是奚和契丹，同时指出库莫奚在“拓跋恪（宣武帝）（499—515 年在位）的时候，又求内附，和边民交易”，加之“契丹在边境上，也并不老实”，北魏政府为处理边境上奚、契丹的事情就派员处理，“联合起来叫‘尉喻奚丹使’”[⑤]。

学界关于“契丹”族名的多种说法，都未能确切地回答“契丹”的真正含义。当然，这些辨析和推测，对于从民族语言角度解释“契丹”含义具有启发性。虽然，可以根据相关记载，构拟出作为族名“契丹”一词的音值；但是，“契丹”这个名称是汉人史家最早记载于史籍中的，

---

① 王弘力：《契丹小字墓志研究》，《民族语文》1986 年第 4 期。

② （宋）王钦若等：《册府元龟》卷 976《外臣部 · 褒异三》，中华书局，1960 年，第 11463、11466 页。

③ 王民信：《契丹民族溯源》，《新时代》1971 年第 6 期；王民信：《契丹民族溯源（续）》，《新时代》1971 年第 7 期。

④ 〔日〕爱宕松男：《契丹古代史研究》，第 100 页。

⑤ 阎文儒：《辽西义县万佛堂石窟调查及其研究》，《文物参考资料》1951 年第 9 期。

《魏书》等汉文史书并没有告知人们“契丹”这个名称的民族语言的含义。多数对契丹含义的解读，往往是“望音生义”或望文生义。由于契丹是一族名，其因何而名，仅仅“望文”或“望音”是无法确证其来源的。至于“箄于”是否即“五狄”之一，如果是，又是否就是契丹，尚难以确定。而《字林》所称“契丹”，亦无法确定其来源的真实性和具体情况，因此尚难以对“契丹”的音义来源做出确切的探究。

第二节　契丹来源诸说述评与考察

契丹的来源除在《新唐书》《旧五代史》等古代史书中有“东胡种”“古匈奴种”等不同说法外，现代学者有关契丹来源的探讨亦有不同的看法，归纳起来，主要有十余种不同的认识，其中持东胡系民族说和混合说者较多，另有鲜卑说、鲜卑段部说、宇文部说、蒙古种说、通古斯种说、炎黄后裔说等。

一、契丹来源诸说

（一）东胡系民族说

契丹来源诸说中，主张为东胡系民族说者是最多的，且观点不尽相同，大致有以下五种认识。

概言契丹为东胡族。《异民族统治中国史》一书中写道：“建立了辽国的契丹,原为东胡民族之一。”[①]《契丹与回纥族源文化异同论》认为：“契丹族属东胡族系。”[②]二者是概言契丹为东胡族的代表，此说往往是对契丹为东胡系民族观点的笼统认可，反映出泛而言之的契丹族源。

指出契丹为东胡—鲜卑后裔。方壮猷在《契丹民族考》中提出契丹为东胡鲜卑之遗种：“据上所举诸例观之，则契丹民族为东胡鲜卑之遗种与宇文部库莫奚部皆为同种别支甚明。”[③]持此说者较多，虽小有差异，但

① 〔日〕东亚研究所编，韩润棠、张廷兰、王维平等译，孙毓棠校订：《异民族统治中国史》，商务印书馆，1964 年，第 33 页。

② 张碧波：《契丹与回纥族源文化异同论》，《西北民族研究》1999 年第 1 期。

③ 方壮猷：《契丹民族考》，《女师大学术季刊》1930 年第 2 期。

多是认为契丹是东胡系鲜卑人的一支或源出东胡系的鲜卑。主要有《中国古代北方各族简史》①、《东胡史》②、《中国古代北方民族通论》③等书，以及《东胡系各族综观》④、《契丹民族溯源》⑤、《古契丹的人种》⑥、《从体质人类学、分子考古学看鲜卑、契丹的源流》⑦等文。东胡—鲜卑说反映的是契丹人的主流来源。

具体指出契丹出于东胡—鲜卑之宇文部。此说主要是在契丹源于东胡—鲜卑的基础上，更为具体地认为宇文部就是东胡—鲜卑一系，而契丹又是出于宇文部，故认为契丹源于东胡—鲜卑宇文部，反映的是契丹与宇文部乃至鲜卑、东胡的关系。代表性的论著有《契丹祖源与族源论证——从马盂山到木叶山》⑧、《浅谈契丹族的起源》⑨，以及《辽史稿》⑩、《契丹族系源流考》⑪、《辽史简编》⑫等。

---

① “契丹属东胡族系，是鲜卑族的一支。”引自内蒙古自治区蒙古语文历史研究所历史研究室、内蒙古大学蒙古史研究室编：《中国古代北方各族简史》，内蒙古人民出版社，1977年，第166页。

② “契丹来源于东胡族系，是鲜卑族的一支。”引自林幹：《东胡史》，内蒙古人民出版社，2007年，第152页。

③ 林幹：《中国古代北方民族通论》，内蒙古人民出版社，2007年，第8页。

④ “从史实看，契丹应为东胡系南支鲜卑后裔。”引自张久和：《东胡系各族综观》，《内蒙古大学学报》（哲学社会科学版）1990年第2期。

⑤ “然则契丹究竟何属？我采取传统的‘东胡’（匈奴以东的胡人）名下的‘鲜卑’之支的说法。”引自王民信：《契丹民族溯源（续）》，《新时代》1971年第7期。

⑥ “古契丹人属东胡系鲜卑人的一支。”引自王大方：《古契丹的人种》，《中国文物报》2001年2月7日第4版。

⑦ “从体质人类学、分子考古学角度，对契丹起源问题的分析结果表明：契丹应该是东胡—鲜卑系的后人。”引自曾雯：《从体质人类学、分子考古学看鲜卑、契丹的源流》，吉林大学硕士学位论文，2009年。

⑧ 赵国军、那日苏：《契丹祖源与族源论证——从马盂山到木叶山》，《黑龙江史志》2015年第5期。

⑨ 张宏、于雯雯、李冬雪：《浅谈契丹族的起源》，《黑龙江史志》2009年第23期。

⑩ 舒焚：《辽史稿》，第2—4页。

⑪ “东胡族系内分乌桓与鲜卑两族，契丹为鲜卑之别支”，“鲜卑主要族系：慕容氏、托跋氏、宇文氏”，“宇文氏为契丹之先系”。引自赵振绩：《契丹族系源流考》，第1、77页。

⑫ 杨树森：《辽史简编》，辽宁人民出版社，1984年，第1页。

还有学者认为契丹源出东胡—乌桓。此说认为，契丹和奚既不属于匈奴，也不属于鲜卑，而是东胡种。东胡种，除了鲜卑，就是乌桓。契丹不是鲜卑，当然只能是乌桓的后裔①。此外，田广林等人认为契丹人的主流是乌桓，契丹源于宇文，而宇文却是由乌桓族残余与匈奴等融合而成②。此说的主要特点在于提出契丹与乌桓的关系，于东胡—鲜卑说外另辟一说，此说的提出也反映了宇文部族源的复杂性。

另有学者认为辽代契丹人先追认族源为东胡—乌桓，后改从本族为东胡—鲜卑之后。《辽代乌州考——兼论契丹早期的族源之辩》一文摘要中说："在阿保机时代，契丹在族源的问题上，将自己认作为东胡中的乌桓一系。因此，对乌山（乌丸山）加以祭祀。辽太宗时期，将这一认识更正为东胡中的鲜卑一系。"③此文重点探讨的是契丹－辽政权建立早期统治者对自身族源认识的变化，反映的是契丹人自己的族源认同。

（二）鲜卑系说

概称契丹族源为鲜卑者，有两种情况：一种是指出契丹为鲜卑一支，却没有探讨鲜卑的来源④；另一种是结合考古学，判定契丹人的种系归属，

---

① 陈可畏：《契丹的族源、早期的社会形态与文化》，《辽金史论集》（第7辑），中州古籍出版社，1996年。

② "契丹源出宇文鲜卑，宇文鲜卑为沦落鲜卑政权之下而改号为鲜卑的乌桓族残余与匈奴余部融合而成的产物。"引自田广林：《契丹国家产生的上限及其早期发展形态》，《内蒙古社会科学》1999年第2期。"契丹来源于东汉末年以降，东胡人的后裔乌桓、鲜卑与匈奴残余经重新整合后而形成的社会混合体，由于当时的北族，可泛称之为'胡'，故曰契丹源于'杂胡'，而其主体族源，当属乌桓余部。"引自田广林：《契丹源于杂胡，其主体族源为乌桓说》，《昭乌达蒙族师专学报》（汉文哲学社会科学版）1999年第5期。

③ 李鹏：《辽代乌州考——兼论契丹早期的族源之辩》，《黑龙江民族丛刊》2017年第3期。

④ "契丹原是鲜卑族的一个'别支'。"引自嵇训杰：《关于契丹族名称、部落组织和源流的若干问题》，《中国史研究》1985年第2期。"契丹本是鲜卑中一个最小的部落，晋时为慕容氏（亦鲜卑族）所破，迁于松漠之间。"引自盛襄子：《契丹源流说略》，《契丹史论著汇编》，1988年。"契丹可以归之于鲜卑系，其先人有可能属于东部鲜卑二十余邑中的某一邑。"引自孙进己、孙泓：《契丹民族史》，第63页。

从而支持了契丹源于鲜卑的说法[①],或根据考古学推定契丹文化来源于鲜卑文化[②]。此说虽然没有推定鲜卑的来源，但丰富了契丹源于鲜卑的研究。

还有持鲜卑系说学者将契丹族源具体到鲜卑宇文部。冯继钦认为“主张奚族起源于匈奴说正是上溯到宇文部的祖先匈奴提出的，这也从侧面证明了鲜卑确有一部分人是‘来自匈奴的自号鲜卑者’。不过匈奴种的宇文部东移后已与鲜卑融合形成一个共同体，奚族、契丹族源应该说是鲜卑宇文部，不应该说源于匈奴。持匈奴说者没有看到匈奴种宇文部已与鲜卑融合这一质的变化的事实”[③]。另有《剑桥中国辽西夏金元史》[④]、《契丹史略》[⑤]、《辽朝史稿》[⑥]等持此说。

另有鲜卑段部说。此说主要是即实在《契丹国号解》一文中提出来的：“库莫奚既是宇文部后人，则契丹自是段部后人无疑。”[⑦]此文主要是从“契丹”在契丹小字中的读音和意义入手，与“段”的读音和意义相比对，进而分析出结论。此说因证据不足，语言比较研究有牵强附会之嫌，受到邱久荣的质疑[⑧]。

（三）宇文氏说

冯家昇主张“库莫奚为东部宇文之别种，而契丹适在其东，是契丹之先为宇文氏无疑”[⑨]。此说言宇文为契丹之先，不言宇文之渊源，只反映的是契丹和宇文氏的关系。

---

① “在系统发育树上，契丹与鲜卑人群位于同一分支上，表现出最近的遗传关系……以上结果支持了契丹源于鲜卑之说”，多维度分析的结果显示“契丹人群与鲜卑人群的遗传距离最近……这进一步验证了系统发育分析的结果，说明鲜卑与契丹之间可能存在源流关系。”引自周慧主编：《中国北方古代人群线粒体DNA研究》，科学出版社，2010年，第165页。

② “契丹早期文化是直接继承舍根文化（早于契丹的鲜卑文化）发展而来的。”引自张柏忠：《契丹早期文化探索》，《考古》1984年第2期。

③ 冯继钦：《有关奚族族源的两个问题》，《求是学刊》1984年第1期。

④ “一般认为契丹出自鲜卑宇文部。”引自〔德〕傅海波、〔英〕崔瑞德编，史卫民等译：《剑桥中国辽西夏金元史》，中国社会科学出版社，1998年，第51页。

⑤ “契丹源出鲜卑，是鲜卑宇文别部的一支。”引自张正明：《契丹史略》，第1页。

⑥ 任爱君：《辽朝史稿》，甘肃民族出版社，2012年，第2页。

⑦ 即实：《契丹国号解》，《社会科学辑刊》1983年第1期。

⑧ 邱久荣：《〈契丹国号解〉质疑》，《中央民族学院学报》1983年第4期。

⑨ 冯家昇：《契丹名号考释》，《燕京学报》1933年第13期。

（四）混合说

契丹来源混合说主要探讨的是契丹族在形成中，不断融合的过程和情况，其强调的是契丹人来源的多样性。

持混合说者，有学者认为是由东胡诸族与匈奴混成契丹。此说主要是陈述在《契丹史论证稿》一书中探讨的，他认为“奚、契丹、宇文等皆东胡，而此东胡又为极近于匈奴者也”“契丹之族亦是东北群狄之合体，而非一系之繁衍，故其附近之小族自当如细流之归于大河，中原无分辨之知识，遂混称曰契丹”①。此说虽然认为契丹是混合各族而成，但坚持契丹的东胡民族属性，并认为契丹不仅与匈奴人有融合，而且混有东胡其他各支系的人群。《六到十世纪初契丹与奚族的关系——兼论两族的不同命运结局》一文也认为鲜卑来源就已经很复杂，再到契丹更是不同群体不断交流融合的结果②。

还有学者认为是鲜卑混有匈奴而成契丹人。此说的主要代表论著有《契丹族源新考》③等。另有学者通过考古分析，从人种学的角度探究契丹人的人种属性，并比较其与鲜卑人、匈奴人的关系，其结论支持契丹的主流来源是鲜卑，但不排除混杂有匈奴人血统④。此说充分认识了契丹人来源的复杂性，并肯定契丹与匈奴的关系。

---

① 陈述：《契丹史论证稿》，第29、37页。

② 杨福瑞：《六到十世纪初契丹与奚族的关系——兼论两族的不同命运结局》，《昭乌达蒙族师专学报》（汉文哲学社会科学版）1999年第5期。

③ 冯季昌、白广瑞：《契丹族源新考》，《辽金史论集》（第7辑），中州古籍出版社，1996年。

④ “辽代契丹族与汉代鲜卑族在基本体质特征上有某种接近的趋向。笔者分析了有关人类学资料，表明契丹族源于鲜卑、匈奴血统。”引自朱泓：《契丹族的人种类型及其相关问题》，《内蒙古大学学报》（哲学社会科学版）1991年第2期。“契丹人的基本种族类型当以西伯利亚（北亚）蒙古人种的成分为主体，另外也不能排除混杂有某些东亚蒙古人种或北极（东北亚）蒙古人种因素的可能性。……本文研究结果或许暗示出鲜卑人和契丹人在主要的种族成分上可能是相近或相同的。”引自朱泓：《内蒙古宁城山嘴子辽墓契丹族颅骨的人类学特征》，《人类学学报》1991年第4期。“源出自宇文鲜卑的契丹人与匈奴族，尤其是与南匈奴人，可能存在着某种程度上的种族遗传学联系。”引自朱泓：《人种学上的匈奴、鲜卑与契丹》，《北方文物》1994年第2期。

另有鲜卑匈奴混成宇文而有契丹的认识。持此说者，认为契丹来源于宇文部，而宇文部却是由鲜卑和匈奴混合而成，其主要代表是《契丹的起源与族属》[①]等。

（五）其他说

德国学者克拉普罗多“曾据契丹十数语以为契丹民族属今通古斯种为证”[②]，爱宕松男等认为契丹是蒙古系种族之一[③]。另外，还有认为契丹是蒙古与通古斯的混合，此说主要是白鸟库吉在《东胡民族考》中根据语言的对比研究得出的结论[④]。此类说法“犯了以后的种名去概括前代的民族，似有不伦不类感觉，其实，与其称契丹民族属蒙古种，倒不如以室韦来作种名较为恰当”[⑤]。

何光岳、黄震云等持黄帝后裔说[⑥]，傅朗云、杨旸等持炎帝后裔说[⑦]。另有李德山等主张契丹、鲜卑、东胡、匈奴等族源均来源于东夷（契丹源于东夷之赤夷即邾娄族），而东夷又为炎帝后裔[⑧]。此外，还有辽代契丹半丁零[⑨]等说法。

契丹来源诸说，有相当一部分提法只是简略地把契丹来源归属于哪个民族，并没有详细考究契丹人的来源，比如“概言东胡族”“鲜卑支

① “如果科学一点来说，应该说鲜卑、匈奴是宇文氏亦即契丹人的共同祖先，契丹是鲜卑、匈奴融合的产物。”引自景爱：《契丹的起源与族属》，《史学集刊》1984年第2期。

② 转引自方壮猷：《契丹民族考》，《女师大学术季刊》1930年第2期。

③ 〔日〕爱宕松男：《契丹古代史研究》，第1页。

④ 〔日〕白鸟库吉：《东胡民族考》，《史学杂志》第24编第1号，1913年。

⑤ 王民信：《契丹民族溯源（续）》，《新时代》1971年第7期。

⑥ 何光岳：《契丹的来源和迁徙》，《长沙电力学院学报》（社会科学版）2004年第1期；黄震云：《契丹的由来和辽代的建元（上、下）》，《辽宁工程技术大学学报》（社会科学版）2003年第1、2期。

⑦ “辽代皇帝自称炎黄子孙，也有他们的道理。豕韦族的元祖祝融氏，就是火神，鲜卑族和乌桓族尚赤。炎帝姓姜，为羊图腾氏族。……契丹族并非以青牛、白马为氏族图腾。”引自傅朗云、杨旸：《东北民族史略》，吉林人民出版社，1983年，第76—78页。

⑧ 李德山：《东北古民族与东夷渊源关系考论》，第39、286页。

⑨ 周建奇：《辽代契丹半丁零——〈辽史〉中的迪辇为高车丁零异译补证》，《内蒙古大学学报》（哲学社会科学版）1993年第3期。

系”“宇文部”等说中的多数观点。另有一些提法，如“蒙古种说”“通古斯种说”“蒙古通古斯混合说”“炎黄后裔说”等，在探讨契丹族源时都需要继续商榷。东胡系民族说的深入研究者与诸多持混合说者，具有许多共通之处，比如多数肯定契丹的鲜卑来源，其差异之处在于对契丹主流来源的细微探究上，这既是契丹来源研究的难点，也是重点，是最为关键的地方。

二、契丹来源考察

现代人对契丹来源的不同认识，多是根据古人的记载做出的分析判断。由于各史书对契丹族源的记载就不尽相同，因此后人难免会据不同记载而得出各自的判断。故而欲考察契丹来源，就必须辨析史书中的相关记载，探究关于契丹来源最原始记载的真实内涵，并分析契丹族的各个要素，从而判断其族源。

（一）契丹见载于史

《魏书》是现存最早记载契丹史迹的中原史书①。《魏书·契丹传》成书于551—554年，所记最早契丹史事在北魏登国（386—396）中，《魏书》本纪部分记契丹史事最早在北魏太延三年（437）。

437年之前有关契丹的史事主要有：414年契丹降于北燕②，406年后燕欲袭契丹③，405年后燕袭击契丹④，401—407年契丹曾获丁零氏杨

① 另有学者认为成书于北魏正光三年（522）的《十六国春秋》已经记载了契丹在后燕光始（401—407）中的史事。陈鹏：《“契丹”始见中国史籍考》，《江海学刊》2017年第3期。

② 北燕太平六年（414）五月“契丹、库莫奚皆降于燕。跋署其大人为归善王”。引自《资治通鉴》卷116《晋纪》安帝义熙十年，第3668页。《魏书》记为：“跋抚纳契丹等诸落，颇来附之。”引自《魏书》卷97《冯跋列传》，第2126页。《晋书》记为：“契丹库莫奚降，署其大人为归善王。”引自（唐）房玄龄等：《晋书》卷125《冯跋载记》，中华书局点校本，1974年，第3131页。

③ 后燕光始六年（406）正月“燕王熙至陉北，畏契丹之众，欲还，苻后不听；戊申，遂弃辎重，轻兵袭高句丽”。引自《资治通鉴》卷114《晋纪》安帝义熙二年，第3588页。《晋书》记为：“熙与苻氏袭契丹，惮其众盛，将还，苻氏弗听，遂弃辎重，轻袭高句骊。”引自《晋书》卷124《慕容熙载记》，第3106页。

④ 后燕光始五年（405）“十二月，燕王熙袭契丹”。引自《资治通鉴》卷114《晋纪》安帝义熙元年，第3588页。《晋书》记为：“熙北袭契丹，大破之。”引自《晋书》卷124《慕容熙载记》，第3106页。

道[1],400 年后燕征伐高句丽和契丹[2]。其系年虽多是《资治通鉴》所记，但相关史实又见于《晋书》或《魏书》等，说明史书对这一时期契丹史实的相关记载是可靠的。再往前所见契丹史事就是《魏书》所记 388 年契丹与库莫奚"分背"事，以及之后的数十年发展繁衍，在和龙（今辽宁省朝阳市境内）之北数百里一带活动。根据《十六国春秋》《魏书》《晋书》《资治通鉴》等史书对契丹在 388—437 年史实的记载，可以做出较为确定的判断——388 年契丹与库莫奚"分背"是现存中原史书有关契丹史事的最早记载。而高丽史书《三国史记》却记有：小兽林王八年（378）秋九月"契丹犯北边，陷八部落"[3]，表明 388 年之前"契丹"之名已经存在，作为一个独立活动的群体为高丽史书作者所知，并被载入史籍中。而《魏书》记述 388 年之前的契丹时只有"契丹国，在库莫奚东，异种同类，俱窜于松漠之间"[4]。这也是现存史书关于契丹来源的最初记载。此记载笼统而且模糊，导致对契丹来源的探讨较为困难且说法不一。

（二）后出史书对契丹族源的记载渊源于《魏书》

《魏书》之后，《隋书·契丹传》等均有契丹来源的记载。《隋书·契丹传》："契丹之先，与库莫奚异种而同类，并为慕容氏所破，俱窜于松、漠之间。"[5] 与《魏书》相比，《隋书》称契丹"之先"而不称"国"，

---

① 北燕"太平十九年，丁零氏杨道来降。初，后燕帝光始（401—407）中，丁灵民（疑作丁零氏）杨道猎于白鹿山，为契丹所获，流漂塞外"。引自（北魏）崔鸿撰，（清）汤球辑补：《十六国春秋辑补》卷 99《北燕录二·冯跋》，《丛书集成初编》，中华书局，1985 年，第 684 页。

② 后燕长乐三年（400）"高句丽王安事燕礼慢；二月，丙申，燕王盛自将兵三万袭之，以骠骑大将军熙为前锋，拔新城、南苏二城，开境七百余里，徙五千余户而还。熙勇冠诸将，盛曰：'叔父雄果，有世祖之风，但弘略不如耳！'"引自《资治通鉴》卷 111《晋纪》安帝隆安四年，第 3507 页。《晋书》记为：慕容熙"从征高句骊、契丹，皆勇冠诸将。盛曰：'叔父雄果英壮，有世祖之风，但弘略不如耳。'"引自《晋书》卷 124《慕容熙载记》，第 3105 页。

③ 金富轼：《三国史记》卷 18《高句丽本纪》，杨军校勘本，吉林大学出版社，2015 年，第 222 页。

④《魏书》卷 100《契丹传》，第 2223 页。

⑤《隋书》卷 84《契丹传》，第 1881 页。

与库莫奚异种而同类，且并为慕容氏所破。到《北史·契丹传》则称早在为慕容晃所破之前契丹就在库莫奚东，且是异种同类[①]，两族也是处于并存状态。《通典·契丹》[②]所记与《隋书》相同，《太平寰宇记》《册府元龟·外臣部·土风》亦是沿袭《隋书》和《通典》，《通志》所记又沿袭自《通典》[③]。上述史书均不记契丹具体种属，只是以“异种同类”交代与库莫奚的区别和关系。

《旧五代史·契丹传》是所见最早记载契丹为匈奴种者[④]，《册府元龟·外臣部·国邑》《宋会要辑稿·契丹》均有这一说法[⑤]。三书所记基本相同。《旧五代史》和《册府元龟》在记契丹为匈奴种时，同时记载契丹代居之地为辽泽之中，潢水之南，南距榆关一千一百里，榆关距幽州七百里，本鲜卑之旧地。这一记载与《五代会要·契丹》所记类似，三者应有共同的史源。《五代会要》又与《唐会要》同出一人之手，《唐会要·契丹》记为“契丹，居潢水之南，黄龙之北，鲜卑之故地”[⑥]，与《旧唐书·契丹传》史文相同。然而，《旧唐书》和《唐会要》均只说契丹居鲜卑旧地，而不称其为匈奴种。那么，《旧五代史》《册府元龟》所据为何呢？根据《册府元龟》有“霫，匈奴之别种，亦鲜卑故地也”[⑦]，“奚，本匈奴之别种”[⑧]。《五代会要》有“奚，本匈奴别种，即东胡之地”[⑨]分析，均应源于《旧唐书·奚传》和《唐会要·奚》称：奚（国）盖“匈奴

---

① “契丹国在库莫奚东，与库莫奚异种同类。并为慕容晃所破，俱窜于松漠之间。”引自《北史》卷94《契丹传》，第3127页。

② “契丹之先与库莫奚异种而同类，并为慕容氏所破，俱窜于松漠之间。”引自《通典》卷200《契丹》，第5485页。

③ “契丹之先与库莫奚异种而同类，并为慕容氏所破，俱窜于松漠之间。”引自（宋）郑樵：《通志》卷200《契丹》，中华书局，1987年，第3214页。

④ “契丹者，古匈奴之种也。”引自（宋）薛居正等：《旧五代史》卷137《契丹传》，中华书局点校本，1976年，第1827页。

⑤ “契丹，古匈奴之种也。”引自《册府元龟》卷956《外臣部·种族》，第11254页。“契丹，匈奴之种也。”引自（清）徐松辑，刘琳等点校：《宋会要辑稿·藩夷一·辽上》，上海古籍出版社，2014年，第7911页。

⑥ 《唐会要》卷96《契丹》，第1717页。

⑦ 《册府元龟》卷961《外臣部·土风三》，第11313页。

⑧ 《册府元龟》卷967《外臣部·继袭二》，第11374页。

⑨ 《五代会要》卷28《奚》，第452页。

之别种”“所居亦鲜卑（之）故地，即东胡之界也”[①]。由此亦可推测《旧五代史》《册府元龟》的记载也许是根据《旧唐书》《唐会要》而将同居鲜卑故地的契丹和奚、霫视作同种。其载入史籍的情况应该是先有《旧唐书》《唐会要》以鲜卑故地（即东胡之地）框定契丹和奚的活动地区，并称奚为匈奴种。此后又发展为两种认识，一是《旧五代史》《册府元龟·外臣部·国邑》以同居鲜卑故地，亦称契丹为匈奴种；二是《五代会要》只记契丹居潢水之南而不言鲜卑故地，虽沿袭奚为匈奴种，但称契丹为鲜卑种。其中，《五代会要》的说法为《新五代史》所继承，并明确记载契丹因居鲜卑故地而称鲜卑种，并将契丹与库莫奚“异种同类”的说法和契丹为“鲜卑种”、奚为“匈奴种”的说法共记[②]。

通过梳理史书记载可以发现：《魏书》《隋书》《册府元龟·外臣部·土风》《通志》等以“异种同类”暗示契丹与奚的区别和关系，《旧唐书》《唐会要》以“同居鲜卑故地”暗示契丹与奚的区别和关系，《旧五代史》《册府元龟·外臣部·国邑》等以同居“鲜卑故地”表明契丹与奚同为匈奴种，《五代会要》《新五代史》则将“居鲜卑故地”理解作“鲜卑遗种”，并以“异种同类”记契丹与奚的区别和关系。其中《册府元龟》因保留了不同的史料来源，是以两说俱存。可见，无论是哪种说法，都是将契丹与奚相联系；无论是以“异种”或“分属鲜卑和匈奴种”相记，还是以“同类”或“同居鲜卑故地”或“同属匈奴种”相记，都指出了契丹与库莫奚存在着或异或同的渊源。可见，《魏书》“异种同类”的记载是判定契丹族属的源头。

此外，还有《新唐书》称奚和契丹皆东胡种，只是契丹为鲜卑一系，奚为乌桓一系[③]。《文献通考》记契丹“本东胡种，其先为匈奴所破，保鲜

---

① 《旧唐书》卷199下《奚传》，第5354页；《唐会要》卷96《奚》，第1719页。

② “契丹……。或曰与库莫奚同类而异种。……得鲜卑之故地，故又以为鲜卑之遗种。”引自《新五代史》卷72《契丹传》，第885、886页。“奚，本匈奴之别种。”引自《新五代史》卷74《奚传》，第909页。

③ “奚，亦东胡种，为匈奴所破，保乌丸山。汉曹操斩其帅蹋顿，盖其后也。元魏时自号库真（莫）奚。”引自（宋）欧阳修、宋祁：《新唐书》卷219《奚传》，中华书局点校本，1975年，第6173页。“契丹，本东胡种，其先为匈奴所破，保鲜卑山。魏青龙中，部酋比能稍桀骜，为幽州刺史王雄所杀，众遂微，逃潢水之南，黄龙之北。至元魏，自号曰契丹。”引自《新唐书》卷219《契丹传》，第6167页。

卑山。与库莫奚异种而同类，并为慕容氏所破，俱窜于松漠之间”[①]的内容，应是抄自《新唐书·契丹传》和《通典·契丹》。《辽史·世表》则称契丹与宇文、库莫奚同源，皆是炎帝后裔葛乌菟之后，并认可契丹的鲜卑属性[②]，其实是将契丹和库莫奚均归属到宇文部，其对契丹族源的认识亦是源于《魏书》称契丹和库莫奚为宇文部败亡后的遗落者。

史书中对契丹来源的不同记载，均是将契丹来源与库莫奚交织在一起，可以说《魏书·契丹传》有关契丹与库莫奚“异种同类”的记载是这一现象的最初起源，这也是由《魏书·契丹传》在契丹文献史上的源头地位所决定的。

（三）《魏书》记载的契丹来源

《魏书·契丹传》以“契丹国”记与库莫奚异种同类，俱窜于松漠之间者，而不像《魏书·库莫奚传》记有“库莫奚之先”[③]，显示了修史者以互见笔法暗示契丹的来源。《魏书》中《契丹传》和《库莫奚传》中往往以史文互见的笔法交代史实，比如《契丹传》“登国中，国军大破之，遂逃迸，与库莫奚分背”与《库莫奚传》“登国三年，太祖亲自出讨，至弱洛水南，大破之”的史文，《契丹传》“经数十年，稍滋蔓”与《库莫奚传》“十数年间，诸种与库莫奚亦皆滋盛”[④]，等等。同理，《契丹传》“俱窜于松漠之间者”与《库莫奚传》“遗落者窜匿松漠之间”亦属史文互见笔法，此语暗示“契丹国”亦是“库莫奚之先”，为慕容晃所破后的遗落者。可见，《魏书》中《契丹传》和《库莫奚传》所表达的是，“库莫奚之先”被慕容晃大破之后，其逃匿在松漠之间的遗落者——契丹（在东）、库莫奚（在西）“异种同类”。

结合《魏书》中《库莫奚传》和《契丹传》史文，还可以发现窜匿

---

① （元）马端临：《文献通考》卷345《契丹》，中华书局，1986年，第2701页。

② “盖炎帝之裔曰葛乌菟者，世雄朔陲，后为冒顿可汗所袭，保鲜卑山以居，号鲜卑氏。既而慕容燕破之，析其部曰宇文，曰库莫奚，曰契丹。”引自（元）脱脱等：《辽史》卷63《世表》，中华书局点校本，1974年，第949页。

③ “库莫奚国之先，东部宇文之别种也。初为慕容元真所破，遗落者窜匿松漠之间。”引自《魏书》卷100《库莫奚传》，第2222页。

④ 《魏书》卷100《契丹传》，第2223页；《魏书》卷100《库莫奚传》，第2223页。

于松漠之间的契丹和库莫奚是“群狄诸种”之一，是“东北群狄”之一。《魏书·库莫奚传》在记述拓跋珪征伐库莫奚时，曾用“群狄诸种”[1]来指被征伐对象库莫奚等，“群狄”和“诸种”具有同义复指的特点；后面又提到“诸种与库莫奚亦皆滋盛”，说明库莫奚为诸种之一，为群狄之一。又据《契丹传》以“东北群狄”指代因受契丹影响而希望归服北魏的悉万丹部、何大何部、伏弗郁部、羽陵部、日连部、匹絜部、黎部、吐六于部等[2]，可知，《魏书》有以“群狄”“诸种”来指代“诸部”的意思。《魏书》对活动于东北方向的诸部也以“诸种”指称，表明“异种”有“异部”之义。而“同类”则是指活动在松漠之间的“二种”——契丹和库莫奚有共同的特征，可以归为一类。根据前文分析，《魏书》隐性交代二者共通之处：皆是“库莫奚之先”，为慕容晃所破后的遗落者，又俱窜于松漠之间。可以说，“二种”（二部）来源相同、经历类似，故可谓之“同类”。

二者来源于“库莫奚之先”，那么“库莫奚之先”所指为谁呢？根据“种”有“部”义，可以发现《魏书·库莫奚传》称“库莫奚国之先，东部宇文之别种也。初为慕容元真所破，遗落者窜匿松漠之间”所叙述的是逸豆归为慕容晃（字元真）所破这一史事。其中“东部宇文”应是指《魏书·官氏志》中的东方宇文氏，也即《魏书》有传的宇文莫槐一系[3]；“别种”即“别部”[4]；为慕容元真所破者即宇文部群体中杀乞得龟自立的别部人逸豆归。综合理解《魏书》所记史文叙述的是，库莫奚之先（也

---

① “此群狄诸种不识德义，互相侵盗，有犯王略，故往征之。”引自《魏书》卷100《库莫奚传》，第2222页。

② “显祖时，使莫弗纥何辰奉献，得班飨于诸国之末。归而相谓，言国家之美，心皆忻慕，于是东北群狄闻之，莫不思服。悉万丹部、何大何部、伏弗郁部、羽陵部、日连部、匹絜部、黎部、吐六于部等，各以其名马文皮入献天府，遂求为常。”引自《魏书》卷100《契丹传》，第2223页。

③ “东方宇文、慕容氏，即宣帝时东部，此二部最为强盛，别自有传”（《魏书》卷113《官氏志》，第3012页），此“别自有传”即指《魏书》卷103《匈奴宇文莫槐传》和《魏书》卷95《徒何慕容廆传》，是以“东部宇文”即是宇文莫槐一系。

④ 周一良即认为：“今案‘别种’之称犹‘别部’，为政治上相统属而种族上十九不相仝之部落。”周一良：《论宇文周之种族》，《魏晋南北朝史论集》，中华书局，1963年，第228页。

即契丹之先）——由宇文别部（即东部宇文之别种）逸豆归率领的宇文部群体被慕容晃所破后，逸豆归逃亡漠北，有遗落者逃窜在松漠之间，契丹和库莫奚即为东西相邻的遗落者。契丹和库莫奚因同为逸豆归逃亡漠北途中的遗落者而被视作“同类”，以两个部落的形式散落而被视作“异种”。

“异种同类”虽然是对契丹和库莫奚之间历史渊源和历史现状的概括，但也可以据此探求二者种属。《魏书》称库莫奚之先为“东部宇文之别种”，可知库莫奚之先与宇文同种①，而宇文在《魏书》中又被认为是匈奴②，则库莫奚在《魏书》看来亦属匈奴种之别出无疑，进而可以判断与库莫奚“异种”者——契丹不应为匈奴种。契丹既然与库莫奚种（匈奴别种）相异，又是逸豆归所领宇文部的遗落者，那么说明契丹是宇文部内不同于匈奴的种落。根据《魏书》称宇文莫槐为匈奴南单于之远属，“世为东部大人。其语与鲜卑颇异”③,结合《周书》记载宇文先祖为“鲜卑慕之，奉以为主，遂总十二部落，世为大人”④，则可推断宇文部众主体构成为鲜卑人，而首领大人却源于匈奴⑤。进而可知，契丹或是宇文部内不同于匈奴的鲜卑人⑥。可见，“异种”除“异部”外亦有“异族”之义，

---

① 所谓“别种”，即有区别的同种。“‘别’，古字有‘分出’之意。‘别类’‘别种’就是‘分出的种类、部落’的意思，它们的祖源相同而又有所区别。”引自张久和：《原蒙古人的历史：室韦—达怛研究》，高等教育出版社，1998年，第35页。

② “匈奴宇文部大人莫槐为其下所杀，更立莫槐弟普拨为大人。”引自《魏书》卷1《序纪》，第5页。

③ 《魏书》卷103《匈奴宇文莫槐传》，第2304页。

④ （唐）令狐德棻等:《周书》卷1《文帝纪上》，中华书局点校本，1971年，第1页。

⑤ 宇文部内既有鲜卑也有匈奴，还表现在《隋书》的相关记载。《隋书》记载：“宇文述字伯通，代郡武川人也。本姓破野头，役属鲜卑俟豆归，后从其主为宇文氏。”（《隋书》卷61《宇文述传》，第1463页），而又记宇文述之子宇文化及被李密呼作“卿本匈奴皂隶破野头耳”（《隋书》卷70《李密传》，第1630页），可见宇文部既有鲜卑俟豆归（即逸豆归）也有匈奴破野头。

⑥ 契丹人亦追认自己为鲜卑后裔。《耶律羽之墓志》称“其先宗分佶首，派出石槐”，其中“佶首”即契丹始祖“奇首可汗”，“石槐”即鲜卑檀石槐；《耶律宗愿墓志》也称“仙軿下流于潢水，肇发瑶源；神幄梦雹于玄郊，有蕃宝胤”，此处用了两个典故：一为契丹“青牛白马”的传说，一为檀石槐之母雹入其口而有孕的故事。这些说明了辽代契丹人在追溯先祖时，将鲜卑檀石槐视为本族先人。

“类”又有“狄类”等义，所谓“异种”亦可指二者分属群狄（或诸夷[①]）中源于不同族属的两个部落。

然而，《周书》却称“库莫奚，鲜卑之别种也”[②]。《隋书》改写《魏书》“东部宇文之别种”为“东部胡之种”[③]。反映了《周书》《隋书》并不认为库莫奚为匈奴之种，而是具有鲜卑等属性。但是《隋书》又以“异种同类”记契丹之先与库莫奚的关系，则说明了《隋书》对《魏书》的因袭和改写，只透露了库莫奚（乃至逸豆归）非匈奴属性，却没有切实理解《魏书》“异种同类”的内涵。并且匈奴宇文莫槐“其语与鲜卑颇异”，而“契丹与（库莫）奚言语相通”[④]，也说明了库莫奚与契丹更为接近，具有更多的鲜卑属性。因此，单纯地将“异种”“别种”之“种”理解为族属，是无法调和契丹与库莫奚既具有共同的鲜卑属性而又“异种（族）”这一矛盾的。

其实，《魏书》以“异种同类”记载契丹和库莫奚的渊源，反映了修史者对二者族属的模糊处理。其所能够确定的只是二者之间既有“异”也有“同”，“异”是指分属两部，分别为两个古族集团；“同”是指来源相同，俱源于宇文部。具体到契丹和库莫奚的族属，只能用具有模糊性、相对性的“种”和“类”[⑤]交代，这也是由库莫奚（乃至宇文部）的族源

---

① 《魏书》亦称库莫奚、契丹等为诸夷。“十数年间，诸种与库莫奚亦皆滋盛。及开辽海，置戍和龙，诸夷震惧，各献方物。”引自《魏书》卷100《库莫奚传》，第2223页。

② 《周书》卷49《库莫奚传》，第899页。

③ 《隋书》卷84《奚传》，第1881页。

④ 《辽史》卷73《耶律曷鲁传》，第1220页。

⑤ 姚玉成即提出“别种仅是古代史家为区别历史上联系密切、关系复杂的各族而使用的一个习惯性概念，主要是针对历史上活动区域相近或相同、习俗相近的两族易混淆而难以分辨的客观情况，所采取的一种模糊的区别方式，并无特殊意义”。引自姚玉成：《“别种”探微》，《北方文物》2000年第1期。《魏书》记载“呎哒国，大月氏之种类也，亦曰高车之别种”（《魏书》卷102《西域传》，第2278页），此语实际上表达的是对呎哒历史渊源的不确定性，或是与大月氏有渊源，或是与高车有渊源，此处的“种类”和“别种”可以互换，不影响语句所要表达的含义。也说明了“种类”含义的迷糊性，而“类”更是一个相对的概念，可大可小。“同类”在《魏书》中更不仅仅是用来指同一部落或同一民族等，比如：崔浩曾言“慕容垂乘父祖世君之资，生便尊贵，同类归之”（《魏

兼有鲜卑和匈奴两种主要元素这一复杂性所决定的①。

（四）契丹地域、语言、风俗与鲜卑同

《旧唐书》称黄龙（今辽宁省朝阳市三燕龙城遗址）之北，潢水（今内蒙古自治区赤峰市西拉木伦河）之南为鲜卑故地，契丹居之。这一带自东胡为匈奴所破，别依鲜卑山者远窜辽东塞外，并向饶乐水（即西拉木伦河）流域发展、活动，到鲜卑强盛，辽东的塞外地区始终是东部鲜卑各部的主要活动区域。契丹早先所窜匿的松漠之间②，亦在这一区域范围内。可以说契丹驻牧的西拉木伦河和老哈河流域是鲜卑诸部入据中原之前活动的核心地带。

《魏书》称契丹和室韦语言相同，而室韦又是鲜卑人中"未随拓跋鲜卑主体部分迁徙而留居原地的部民"③。亦邻真先生据巴黎收藏的敦煌藏文书卷 P1283 号有契丹"其语言与吐谷浑大体相通"的记载，主张"契丹人的语言是鲜卑语的嫡裔"④是值得重视的学术看法。

契丹与北支鲜卑中未随拓跋南迁的室韦人除语言相同外，在丧葬习俗上也有共同特点，契丹有"以其尸置于山树之上"⑤的传统，室韦亦是"尸则置于林树之上"⑥。与契丹同出逸豆归宇文部的库莫奚亦有"以苇薄裹尸，悬之树上"⑦的习俗，可见树葬的传统在鲜卑的许多支系中均保留，《辽史·国语解》亦称："辽之初兴，与奚、室韦密迩，土俗、言语大概

书》卷 35《崔浩传》，第 810 页），也有灵太后为孟鸾死而设斋布施"同类荣焉"的记载（《魏书》卷 94《孟鸾传》，第 2032 页），以及《魏书·自序传》中记载"正光五年，南、北二秦城人莫折念生、韩祖香、张长命相继构逆，金以州城之人莫不劲勇，同类悉反"（《魏书》卷 104《自序传》，第 2321 页）。

① "奚族既与匈奴有着重要渊源关系，又与鲜卑关系密切，既包含匈奴元素，也包含鲜卑元素。"引自王丽娟：《奚族历史研究》，内蒙古大学博士学位论文，2014 年。

② 杜佑注"松漠之间"，"其地在今柳城郡（郡治在今辽宁省朝阳市境内）之北"。引自《通典》卷 200《库莫奚》，第 5484 页。

③ 张久和：《原蒙古人的历史：室韦—达怛研究》，第 26 页。

④ 亦邻真：《中国北方民族与蒙古族族源》，《内蒙古大学学报》（哲学社会科学版）1979 年第 3—4 期。

⑤ 《隋书》卷 84《契丹传》，第 1881 页。

⑥ 《魏书》卷 100《失韦传》，第 2221 页。

⑦ 《周书》卷 49《库莫奚传》，第 899 页。

近俚。”[①] 另外，与鲜卑同俗的乌桓有“贵少而贱老”[②] 的习俗，而契丹又有“父母死而悲哭者，以为不壮”[③] 的风俗。同时，相似的思想观念也说明了二者具有相同的风俗习惯。

“在各种风俗习惯当中，发式是一项具有稳定性和特异性的习俗，它往往成为古代某一人群独有的习俗，因而也成为与其他族或部相区别的标识。”[④] 从文献记载和考古资料中，都可看出契丹人的发式为髡发。《后汉书·乌桓鲜卑列传》称鲜卑“其言语习俗与乌桓同。唯婚姻先髡头，以季春月大会于饶乐水上，饮宴毕，然后配合”[⑤]。契丹人的髡发习俗可以说是直接继承于远窜辽东塞外的鲜卑人。

契丹人在地域、语言、丧葬观念和发式等方面与鲜卑各支系的密切关系，表明契丹只能是鲜卑后裔的身份，才能如此多方面地传承着鲜卑人的文化。虽然尚无法判断“契丹”一词的最初来源，亦无法确定其原始音义；但是根据《魏书》的相关记载和早期契丹的活动区域、风俗习惯、语言文化等，是可以得出契丹来源于宇文部中的鲜卑人（南支）的结论。又因南支鲜卑是东胡败亡后别依鲜卑山者，故而可以说契丹是东胡族系鲜卑后裔。

① 《辽史》卷 116《国语解》，第 1533 页。

② 《后汉书》卷 90《乌桓鲜卑列传》，第 2979 页。

③ 《隋书》卷 84《契丹传》，第 1881 页。

④ 张久和：《原蒙古人的历史：室韦—达怛研究》，第 33 页。

⑤ 《后汉书》卷 90《乌桓鲜卑列传》，第 2985 页。

第三章　契丹的历史变迁

契丹自388年与库莫奚“分背”起，其独立发展的历史开始为中原史家所注意，历经北魏、北齐、北周到隋唐五代时期，契丹经历了由小到大，由弱到强的过程。约在10世纪初，契丹可汗耶律阿保机逐渐完成政权建设，建立了契丹－辽政权，统一中国古代北方地区，并与五代政权和北宋等再次形成南北朝的局面。辽亡之后，一部分契丹人在耶律大石的率领下西迁，建立西辽政权；多数契丹人在女真人建立的政权下生活，并开始了融入其他民族的进程。最终，蒙古政权统治下的契丹人或融入蒙古族和汉族等，或融入中亚、西亚地区的各个民族。

第一节　10世纪初及以前的契丹

一、7世纪初及以前的契丹

7世纪初及以前是契丹民族形成和初起时期，这一时期的契丹历史叠加着神话传说和祖先追溯等因素，显示了契丹民族意识的自我认同和构建。虽然现存有关契丹的确切史事，最早在南北朝时期；但契丹关于其先祖的神话传说却追溯甚早，其中“青牛白马”的神话，被契丹人追认在秦汉之际，奇首可汗的传说又与“青牛白马”神话相附会。

（一）传说中的契丹先祖

关于青牛白马的传说，《契丹国志》《辽史》《东斋记事》《东都事略》等均有记载。《契丹国志》和《辽史》所记相似，其史源应属于同一系统，《东斋记事》和《东都事略》应属一类[①]。传说的核心内容大致为一男一女

---

① 吉孝青：《契丹“青牛白马”传说研究》，《东北亚研究论丛》（六），东北师范大学出版社，2013年。

分别乘白马、驾青牛（车）（或灰牛）相遇于辽水（或二水合流处）上，结为夫妇并生有八子。其记载的区别在于：《辽史》称男为神人、女为天女，《契丹国志》《东斋记事》《东都事略》等称为一男子和一女子（或一妇人）。《契丹国志》和《辽史》皆指出各自浮土河（今老哈河）和潢河（今内蒙古自治区赤峰市西拉木伦河）而下，至木叶山二水合流处相遇，只是《契丹国志》称土河发源于马盂山，潢河发源于平地松林，《辽史》则径称神人和天女分别自马盂山浮土河而东和由平地松林泛潢河而下，此外，二书亦言因生八子而后繁衍发展为八部；《东斋记事》《东都事略》则直言二人遇于辽水上，也没有八部之说。唯《辽史》以青牛记之，而《契丹国志》和《东斋记事》《东都事略》等记为灰牛①。据此可以分析，《辽史》称之为神人、天女是一种对祖先的神化表达，《契丹国志》和《辽史》对具体地点的记述是基于契丹人活动区域地理状况的形象化表述（只是《辽史》进一步将马盂山和平地松林也加入形象化的表述中去）；而与此相比，《东斋记事》等书所记较为简单，其核心内容是记述契丹祖先为辽水上一对生有八子的夫妇。《东斋记事》称所生八男子，即是“前史所谓迭为君长者也”，后文又言“尝以书问其八男迭相君长，时为中原何代”②，可见范镇所谓前史只有“迭为君长”事，而无“八男子”，故用“所谓”语之。似表明“前史所载”应是指《五代会要》《旧五代史》等书所记“八部大人代立”的传统③。是以可以看出，无论是辽人还是宋人，都认为“八子”传说与“八部”有着相应的联系。契丹以八部论者，有“奇首八部”“大贺氏八部”“遥辇八部”④，

---

① 青有黑色义，如李白诗“朝如青丝暮成雪”，而灰色又是介于黑白之间的颜色，故青牛或灰牛应是指毛色偏黑的牛。

② （宋）范镇撰，汝沛点校：《东斋记事》卷5，中华书局点校本，1980年，第43页。

③ “其八族长皆号曰大人，称刺史，内推一人为王，建旗鼓以尊之。每三年，第其名以代之。”引自《五代会要》卷29《契丹》，第455页；“契丹之先大贺氏有胜兵四万，分为八部，每部皆号大人，内推一人为主，建旗鼓以尊之，每三年第其名以代之。”引自《旧五代史》卷137《契丹传》，第1828页。

④ “奇首八部为高丽、蠕蠕所侵，仅以万口附于元魏。生聚未几，北齐见侵，掠男女十万余口。继为突厥所逼，寄处高丽，不过万家。部落离散，非复古八部矣。别部有臣附突厥者，内附于隋者，依纥臣水而居。部落渐众，分为十部，有地辽西五百余里。唐世大贺氏仍为八部，而松漠、玄州别出，亦十部也。遥辇氏承万荣、可突于散败之余。更为八部。”引自《辽史》卷32《营卫志中》，第376页。

其中“奇首八部”也称古八部，为最早之八部。据《辽史·营卫志》称，北魏太和三年（479）契丹万余口依附北魏已是奇首八部发展之末[①]；又称古八部（奇首八部）包括“悉万丹部、何大何部、伏弗郁部、羽陵部、日连部、匹洁部、黎部、吐六于部”，基本与《魏书·契丹传》所记显祖时朝献北魏的“悉万丹部、何大何部、伏弗郁部、羽陵部、日连部、匹絜部、黎部、吐六于部”相同。从史源关系上来说，《辽史》的古八部说法当是来源于《魏书》的记载，反映的是“八子八部”传说与相关历史记载的结合。

“八子传说”与“奇首八部”的结合，是将传说与史书中的有关记载相联系；而“青牛白马”传说则是对祖先——“奇首可汗与可敦”的神化。《辽史·地理志》记载：“有木叶山，上建契丹始祖庙，奇首可汗在南庙，可敦在北庙，绘塑二圣并八子神像。相传有神人乘白马，自马盂山浮土河而东，有天女驾青牛车由平地松林泛潢河而下。至木叶山，二水合流，相遇为配偶，生八子。其后族属渐盛，分为八部。每行军及春秋时祭，必用白马青牛，示不忘本云。”[②]可以看出契丹人以青牛白马祭祀是有意将“青牛白马”传说附会于“契丹始祖庙”这一先祖崇拜的事实。然“契丹始祖庙”的核心是奇首可汗，《辽史》记载：太祖七年（913）六月阿保机曾“登都庵山，抚其先奇首可汗遗迹，徘徊顾瞻而兴叹焉”[③]，会同四年（941）二月“诏有司编《始祖奇首可汗事迹》”[④]，统和七年（989）四月“皇太后谒奇首可汗庙”[⑤]。从辽太祖时期的奇首遗迹到太宗时期的奇首事迹，再到圣宗时期的谒奇首庙，表明契丹人对奇首可汗的崇拜一步一步强化。奇首可汗作为契丹人的始祖，有遗迹、有事迹、有祖庙似乎表明其有迹可循，《辽史》称“奇首生都庵山，徙潢河之滨”[⑥]，“潢

---

① 参考上注及“太和三年，高句丽窃与蠕蠕谋，欲取地豆于以分之。契丹惧其侵轶，其莫弗贺勿于率其部落车三千乘、众万余口，驱徙杂畜，求入内附，止于白狼水东”（《魏书》卷100《契丹传》，第2223页），可知，《辽史》将奇首八部离散的开端系在479年。

② 《辽史》卷37《地理志一》，第445、446页。

③ 《辽史》卷1《太祖纪上》，第8页。

④ 《辽史》卷4《太宗纪下》，第49页。

⑤ 《辽史》卷12《圣宗纪三》，第135页。

⑥ 《辽史》卷2《太祖纪下》，第24页。

河之西，土河之北，奇首可汗故壤也”[①]。据此可知，起初契丹是在奇首可汗的率领下从都庵山迁至潢河、土河流域，那么奇首可汗是何时率众迁徙的呢？据《耶律羽之墓志》记有“其先宗分佶首，派出石槐，历汉魏隋唐已来，世为君长”[②]，可见契丹人认为其祖先宗派分出奇首（佶首）可汗和檀石槐，早在汉代已为君长。其透露的真实含义是：契丹之先——鲜卑有两位杰出人物：一是檀石槐，因其为鲜卑人的杰出代表而被契丹人所崇拜；一为奇首可汗，因其为契丹人的直系先祖而被崇奉。据此可以判断奇首可汗应属鲜卑人。杨军称奇首可汗即宇文先祖莫那，奇首可汗自都庵山迁入潢河流域事，应即宇文莫那（生活在2世纪下半叶至3世纪初期）自北方某山（阴山）迁入西喇木伦河流域（辽西）[③]。与其说作为鲜卑人的奇首可汗是宇文莫那，不如说他是宇文莫那所率领的某一鲜卑部落中的首领。“檀石槐去世于181年，可见莫那正与檀石槐为同时代人。”[④]在檀石槐之后鲜卑各部分离、大人世袭[⑤]，是以宇文部内的奇首系鲜卑部落首领或也开始“世袭”，契丹追溯始祖为奇首可汗或因于此。

契丹以“八部”附会“青牛白马”传说中的“八子”，以“神人天女”神化祖先——奇首可汗及其可敦。可敦并八子皆不可考，或为虚构以成其说，唯奇首可汗事迹能反映出契丹发展的原始轨迹。

（二）契丹之初起

契丹之先自随宇文部迁至潢河之滨后，就随着宇文部首领争取、拓展生存空间。大致在这一时期，慕容部也在辽西地区活动。宇文部与慕容部因领地犬牙交错、活动空间互有重叠而发生矛盾。西晋太康年间（280—289）宇文部从慕容部手中夺得柳城（今辽宁省朝阳市境内），双方反复开战。此后，双方为争夺领地、兼并对方而相互攻伐。直到东晋

---

① 《辽史》卷32《营卫志中》，第378页。

② 向南、张国庆、李宇峰辑注：《辽代石刻文续编·耶律羽之墓志》，第3页。

③ 杨军：《契丹始祖传说与契丹族源》，《首都师范大学学报》（社会科学版）2014年第6期。

④ 杨军：《契丹始祖传说与契丹族源》，《首都师范大学学报》（社会科学版）2014年第6期。

⑤ “自檀石槐后，诸大人遂世相传袭。”《后汉书》卷90《乌桓鲜卑列传》，第2994页。

建元二年（344）慕容晃攻打宇文部，至迟于代国建国八年（345）宇文部为慕容部所破[①]，从此散灭。其中，库莫奚、契丹等宇文部遗落者逃匿于松漠之间。北魏登国三年（388）五月，即北魏复国的第三年，道武帝拓跋珪以包括库莫奚－契丹在内的“东北群狄”不服管制、互相侵犯劫掠，影响北魏统治为由，带领长孙肥、尉古真、丑善等自濡水（今河北省东北部的滦河）之源北征东北诸部。库莫奚首当其冲，六月被拓跋珪追至弱洛水（今内蒙古自治区赤峰市西拉木伦河）南，大败；七月库莫部首领纠集溃败的部众，夜间偷袭拓跋珪行宫，被拓跋珪派遣骑兵尽数追杀。至此契丹与库莫奚“分背”，契丹在东，库莫奚在西。此后契丹作为一个独立的活动群体，为中原史书所记载。

契丹与库莫奚分离之后，活动于潢河、土河流域。其活动范围西邻库莫奚，往北有室韦诸部，东接高句丽，南边先后与后燕、北燕、北魏等政权接壤。由于各自利益的驱使，相邻民族或政权之间的矛盾也就会不时发生，甚至激化。从388年到437年约50年的时间里，契丹部落的劫掠行为不时发生，对周边部族和政权造成一定影响。契丹亦时常为其他政权所侵犯。比如：后燕长乐三年（400）契丹和高句丽被后燕中宗慕容盛（398—401年在位）征伐；后燕光始五年（405）契丹被后燕高宗慕容熙（401—407年在位）攻袭；光始六年（406）慕容熙欲袭击契丹，因见契丹兵强势众而欲撤军返还；北燕太平六年（414）契丹等在北燕太祖冯跋（409—430年在位）的招抚下，归降北燕，其大人被冯跋署任为归善王。至5世纪中叶，北魏太平真君年间（440—451）契丹向北魏朝廷请求朝觐贡献，每年进献名马。北魏显祖献文帝拓跋弘（466—471年在位）时期，契丹使者莫弗纥何辰入朝进献。契丹与北魏的友好关系，为其拓展了生存和发展的空间。北魏太和三年（479）契丹因惧被高句丽与柔然所侵犯，其莫弗贺勿于请求率部依附于北魏，迁徙到白狼水（今辽宁省大凌河）东，保全了部族，并在北魏孝文皇帝时期（471—499）曾因饥荒，进入北魏购买粮食。契丹和北魏这种和

① 慕容部破宇文部的时间，《魏书》记载为代国建国八年（345）（《魏书》卷103《匈奴宇文莫槐传》，第2305页），《资治通鉴》系年为东晋建元二年（344）（《资治通鉴》卷97《晋纪》康帝建元二年，第3058页）。

平稳定的状态一直保持到534年北魏分裂，并在东魏期间（534—550）亦维持着这种安定局面，这一生产发展环境，有利于契丹的发展繁衍。渐有实力的契丹于北齐天保四年（553）杀死柔然国主铁伐，又因侵犯北齐边塞而被北齐文宣帝高洋亲自率军讨伐，此役契丹大败。加之，在553—555年，蒙古高原上柔然衰落、突厥强盛，契丹“为突厥所逼，又以万家寄于高丽”[①]。此后，损失惨重的契丹为恢复生机，与北齐修好，在576—577年北齐被北周灭亡之际，契丹骑兵亦曾欲随北齐营州刺史前往救援。北周建德六年（577）高宝宁反抗北周、隋朝，契丹亦或随之。到隋开皇三年（583）隋军大败高宝宁于黄龙。四年（584）契丹主莫贺弗遣使请降于隋，五年（585）款塞于隋。后有契丹别部出伏背高句丽依附于隋。到大业四年（608）至九年（613）年突厥始毕可汗即位，隋朝内部叛乱不断，各地起义风起云涌，契丹开始附属于强盛起来的突厥[②]。

从宇文部败亡，库莫奚－契丹窜匿松漠之间，到契丹与库莫奚“分背”走上独立的发展道路，随着部族的壮大和部落的增加，契丹各部虽然没有形成联盟，但也具有相应的联动机制——酋帅相与议。

二、7世纪20年代至10世纪初的契丹

契丹在臣服于突厥期间，各部之间的联系日益加强，随着“酋帅相与议”这一机制的不断发展，逐渐形成了部落联盟，出现了统一领导各部的君长——大贺氏[③]。

（一）大贺氏君长时期的契丹

大贺氏契丹有八部，分为十州，后加入孙敖曹－孙万荣部的归诚州，

① 《隋书》卷84《契丹传》，第1881页。

② “始毕可汗咄吉者，启民可汗子也。隋大业中嗣位，值天下大乱，中国人奔之者众。其族强盛，东自契丹、室韦，西尽吐谷浑、高昌诸国，皆臣属焉。”引自《旧唐书》卷194上《突厥列传上》，第5153页。

③ “其君长姓大贺氏。胜兵四万三千人，分为八部，若有征发，诸部皆须议合，不得独举。猎则别部，战则同行。本臣突厥，好与奚斗，不利则保入青山及鲜卑山。”引自《旧唐书》卷199下《契丹传》，第5349、5350页。

形成了契丹的第一个部落联盟。

大贺氏君长之所以能够统领所有契丹部族，一方面是由于大贺氏八部是契丹的主体，其君长是八部大人之主，为八部的代表；另一方面是大贺氏因与唐朝关系亲近，受到唐政权的扶持。早在唐武德六年（623）其君长咄罗遣使向唐贡名马丰貂，到贞观二年（628）契丹君长摩会率其部落降于唐。约在贞观十八年（644）、十九年（645）唐太宗征高句丽期间授予契丹君长窟哥为左武卫将军，到二十二年（648）“窟哥等部咸请内属，乃置松漠都督府，以窟哥为左领军将军兼松漠都督府、无极县男，赐姓李氏”[①]，并以窟哥为使持节十州诸军事。到万岁通天元年（696）李尽忠举兵反唐，自号无上可汗，以孙万荣为大将。以大贺氏八部为主体，包含孙万荣部等九个部族的大贺氏契丹联盟遂正式形成。契丹在唐朝几度调军的打击下，中间虽有胜利，但损失亦大。九月李尽忠死后，契丹又被突厥默啜可汗击破，后由孙万荣带领部众继续反唐，万岁通天二年（697）六月契丹在唐军和奚的联合打击下溃败，孙万荣亦被家奴杀害。契丹余部依附突厥[②]。开元三年（715）契丹“首领李失活以默啜政衰，率种落内附。失活即尽忠之从父弟也。于是复置松漠都督府，封失活为松漠郡王，拜左金吾卫大将军兼松漠都督。其所统八部落，各因旧帅拜为刺史”[③]，五年（717）李失活与唐永乐公主联姻。六年（718）失活死，其“从父弟娑固代统其众，遣使册立，仍令袭其兄官爵”[④]。后娑固被契丹统军副将可突于[⑤]杀害，娑固从父弟郁于被奉为契丹君长，十年（722）郁于入唐请婚，唐妻以燕郡公主，并封松漠郡王，授左金吾卫员外大将军兼静析军经略大使。十一年（723）“郁于

① 《旧唐书》卷199下《契丹传》，第5350页。

② “初，默啜景云中率兵西击娑葛，破灭之。契丹及奚自神功（697—698）之后，常受其征役，其地东西万余里，控弦四十万，自颉利之后最为强盛，自恃兵威，虐用其众。”引自《旧唐书》卷194上《突厥列传上》，第5172页。

③ 《旧唐书》卷199下《契丹传》，第5351页。

④ 《旧唐书》卷199下《契丹传》，第5352页。

⑤ 《新唐书》记“有可突于者，为静析军副使”（《新唐书》卷219《契丹传》，第6170页），静析军乃是为契丹松漠都督府所置，契丹首领松漠都督为静析军经略大使，如李失活、郁于、邵固等，则知副使或是静析军之次于契丹首领者。

病死，弟吐于代统其众，袭兄官爵，复以燕郡公主为妻。吐于与可突于复相猜阻。十三年（725），携公主来奔，便不敢还，改封辽阳郡王，因留宿卫。可突于立李尽忠弟邵固为主”[①]，其冬，邵固拜为左羽林军员外大将军、静析军经略大使。十四年（726）正月“改封契丹松漠郡王召固（即邵固）为广化王（或即广化郡王）”[②]，三月以又东华公主妻之。十八年（730）可突于杀害邵固，屈烈为王，率领契丹依附突厥。之后契丹连犯唐朝边界，此际契丹统兵之权归可突于和李过折[③]，然二人不和。二十二年（734）李过折联合唐将张守珪杀屈烈和可突于，二十三年（735）拜为唐北平郡王、松漠都督，然是年又被可突于余党泥礼所杀。至此大贺氏联盟瓦解，契丹式微。2001 年在西安东郊唐墓中出土有 1 方墓志，记载了李过折的事迹（图一）。

契丹大贺氏部落联盟是以大贺氏八部为主体，在唐朝的支持下曾以唐松漠都督等职统领契丹十州，鼎盛时期正式形成以可汗为首包含九个部族的部落联盟，在其与唐关系和睦时则联盟君长制稳定有序，当与唐关系不和而受唐打击时，则联盟开始走向衰落。虽然大贺氏契丹君长在与唐关系和平友好的时候，以得到唐朝册封、和亲维持其联盟长的地位，但是随着外部形势和内部斗争的变化，契丹内部权力中心也发生着倾斜，导致大贺氏契丹君长有虚位而无实权。735 年李过折实为大贺氏契丹末代君长，此后契丹“迭剌部长涅里立迪辇组里为阻午可汗，更号遥辇氏”[④]，契丹进入遥辇氏为可汗的时代。

（二）遥辇氏可汗时期的契丹

契丹遥辇氏部落联盟的首任可汗虽然是阻午可汗，但此前却已有遥辇氏洼可汗或即大贺氏部落联盟君长屈烈（《辽史》记作屈列）[⑤]。

---

① 《旧唐书》卷 199 下《契丹传》，第 5352 页。

② 《旧唐书》卷 8《玄宗本纪上》，第 189 页。

③ “时契丹衙官李过折与可突于分掌兵马。”引自《旧唐书》卷 199 下《契丹传》，第 5353 页。

④ 《辽史》卷 63《世表》，第 950 页。

⑤ “萧韩家奴有言，先世遥辇可汗洼之后，国祚中绝，自夷离堇雅里立阻午可汗，大位始定。”“唐史称泥里为可突于余党，则洼可汗者，殆为屈列耶？”引自《辽史》卷 63《世表》，第 956、957 页。

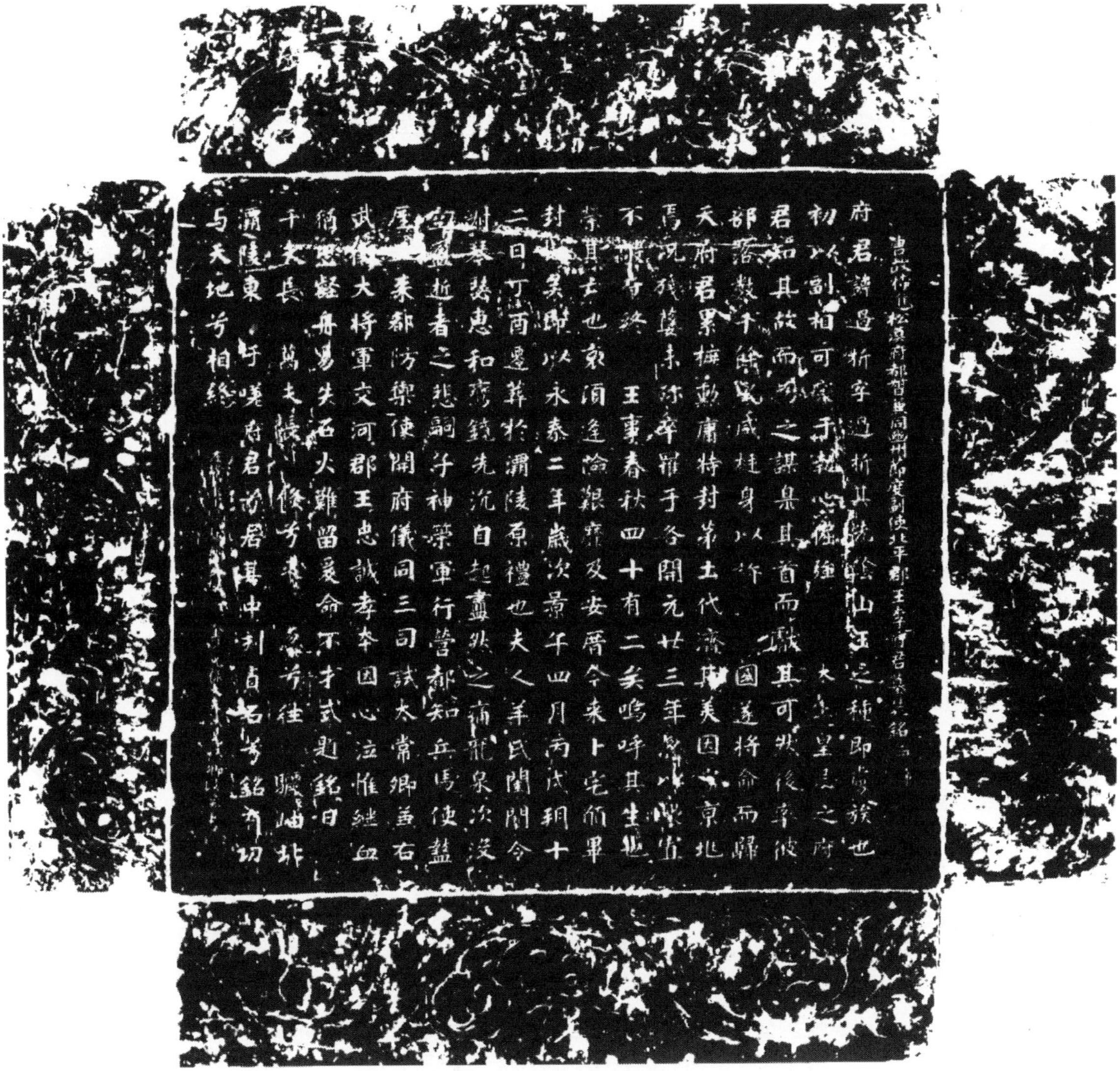

图一 《契丹王李过折墓志》拓片[①]

（葛承雍：《对西安市东郊唐墓出土契丹王墓志的解读》，《考古》2003 年第 9 期）

① 墓志为西安市文物保护考古所抢救性发掘于西安市东郊洪庆原向阳公司新厂区内 1 座已被盗的唐墓中。墓志主人为契丹大贺氏联盟首领李过折，曾杀其王屈列和可突于，被唐授予检校松漠府（州）都督，后为可突于余党泥礼所杀。

自734年洼可汗被李过折所杀，到735年泥礼杀过折，契丹称之为国祚中绝。735—745年迭剌部长泥礼（也作涅里、雅里）立遥辇氏契丹首君阻午可汗。唐天宝四年（745）有契丹大酋李怀秀[①]降唐，拜为松漠都督，封为崇顺王，妻静乐公主，九月杀静乐公主，举部落叛唐，被唐范阳节度使安禄山讨破，唐“更封其酋楷落为恭仁王，代松漠都督”[②]。天宝十年（751）契丹迭剌部夷离堇耨里思（泥礼重孙）大败安禄山于潢水。约在8世纪中叶前后，蒙古高原上突厥衰败，回鹘兴起。此际，契丹内部以迭剌部为权力重心，外附属于回鹘，回鹘授契丹以印，并派有监护使以督岁贡。直到唐会昌二年（842）前后，回鹘破裂，契丹联合唐幽州节度使张仲武斩杀回鹘监护使，并以唐赐“奉国契丹印”替换旧回鹘印。之后契丹可汗遥辇氏习尔（《旧五代史》作习尔之,《辽史》作习尔）于唐咸通年间（860—874）曾遣使朝贡于唐,契丹亦“部落寖强”[③]，“土宇始大”[④]。习尔死后，契丹遥辇氏钦德为王，称痕德堇可汗。钦德在位，正值唐光启年间（885—888）天下大乱，契丹趁机崛起，“乃钞奚、室韦，小小部种皆役服之”[⑤]，亦有南下幽、蓟及河东地区的对外掠夺之举。在痕德堇可汗时期，契丹知国政者亦是迭剌部释鲁等人[⑥]，迭剌部耶律（世里氏）阿保机（泥礼七世孙、耨里思玄孙、释鲁侄）也开始以挞马狘沙里的身份讨伐小黄室韦、越兀及乌古、六奚、比沙狘诸部。到唐天复元年（901）以阿保机“为本部夷离堇，专征讨，连破室韦、于厥及奚帅辖剌哥，俘获甚众。冬十月，授大迭烈府夷离堇”。二年（902）七月阿保机“以兵四十万伐河东代北，攻下九郡，获生口九万五千，驼、马、牛、羊不可胜纪。九月，城龙化州于潢河之南”，三年（903）拜为

① 李怀秀或即阻午可汗。《辽史》称：“李怀秀，唐赐姓名，契丹名迪辇俎里，本八部大帅。天宝四年降唐，拜松漠都督。……则怀秀固遥辇氏之首君，为阻午可汗明矣。”引自《辽史》卷63《世表》，第955、956页。

② 《新唐书》卷219《契丹传》，第6172页。

③ 《新唐书》卷219《契丹传》，第6172页。

④ （宋）叶隆礼撰，贾敬颜、林荣贵点校：《契丹国志》卷1《太祖大圣皇帝》，中华书局点校本，2014年，第1页。

⑤ 《新唐书》卷219《契丹传》，第6172页。

⑥ “遥辇痕德堇可汗时，异母兄罨古只为迭剌部夷离堇。……与于越耶律释鲁同知国政。”引自《辽史》卷112《耶律辖底传》，第1498页。

"于越、总知军国事"[1]。唐天祐三年（906），痕德堇可汗殂，阿保机继为新的契丹可汗，至此契丹可汗之位从遥辇氏转到世里氏。

遥辇氏自730年洼可汗屈烈被立时起，契丹权力重心就不为其所有；到735—745年迭剌部"雅里（泥礼）虽推戴者众"[2]，但"以不当立而辞"[3]，而立阻午可汗，是为遥辇氏契丹联盟首君。此后泥礼后世子孙世为迭剌部长（迭剌部夷离堇），并掌握契丹国政。可以说遥辇氏可汗契丹联盟一个主要特征就是遥辇氏为君、迭剌部当国。先是迭剌部长泥礼立可汗，之后有泥礼三世孙迭剌部夷离堇耨里思败唐军，再后来有泥礼六世孙迭剌部人释鲁以于越当国，最终到泥礼七世孙曾为迭剌部夷离堇—大迭烈府夷离堇的阿保机以于越即可汗位。遥辇氏契丹联盟宣告结束[4]，契丹开启世里氏天皇王时代。

（三）世里氏天皇王时期的契丹

据《辽史》记载，906年"十二月，痕德堇可汗殂，群臣奉遗命请立太祖。曷鲁等劝进。太祖三让，从之"[5]。辽太祖元年（907）正月阿保机行柴册礼、即皇帝位。且不论阿保机即位是奉遗命而立，还是众推为主，亦或自代为王；但可以肯定即使是奉遗命，痕德堇可汗（或称钦德王）的遗命也是即可汗位（或王位），而不是皇帝位。

除《辽史》外，《旧五代史》亦称"天祐末，阿保机乃自称皇帝，署中国官号"。又称"其国人号阿保机为天皇王"[6]，此"王"称与前称契丹可汗习尔之和钦德为王的记载一脉相承的。可见，契丹人所称可汗，在《旧五代史》中被记为王。"天皇王"或是契丹部落联盟首领位由遥辇氏转至世里氏阿保机后而采用的称谓，以区别于原联盟首领——"可汗（王）"称号。阿保机"天皇王"的称号兼具皇（皇帝）的名号

---

① 《辽史》卷1《太祖本纪上》，第1、2页。

② 《辽史》卷73《耶律曷鲁传》，第1221页。

③ 《辽史》卷73《耶律曷鲁传》，第1220页。

④ 唯有《新唐书》是将遥辇氏诸可汗亦作为大贺氏君长契丹联盟的延续。"钦德晚节政不竞。其八部大人法常三岁代，时耶律阿保机建鼓旗为一部，不肯代，自号为王而有国，大贺氏遂亡。"引自《新唐书》卷219《契丹传》，第6173页。

⑤ 《辽史》卷1《太祖本纪上》，第2页。

⑥ 《旧五代史》卷137《契丹传》，第1830页。

和联盟首领——王（汗）的属性[①]，表明阿保机907年即的是契丹部落联盟首领之位。根据遥辇氏部落联盟是从遥辇九营中选立可汗，遥辇九帐亦非指遥辇氏部落联盟只历九世可汗[②]，可以看出遥辇氏契丹可汗非世袭，而是世选自遥辇九营。故，承接自遥辇氏的世里氏契丹联盟的“天皇王”，亦应是从世里氏之二院皇族和四帐皇族中选立。是以在“制度未讲”之际，按遥辇氏旧制，世里氏很多子弟皆有资格成为联盟长人选，尤其是阿保机“诸弟剌葛等往往觊非望”[③]。因此，在三年之后阿保机没有遵循“三年代立”的传统，继续为联盟长的时候，“诸弟之乱”因之而起。

太祖五年（911）“五月，皇弟剌葛、迭剌、寅底石、安端谋反”。六年[④]（912）“冬十月戊寅，剌葛破平州，还，复与迭剌、寅底石、安端等反”。七年（913）正月“王师次赤水城，弟剌葛等乞降”，三月“弟迭剌哥图为奚王，与安端拥千余骑而至，绐称入觐”，“剌葛引其众至乙室堇淀，具天子旗鼓，将自立”，未及立，天子旗鼓却又被述律后派人夺回。随着叛乱被平息，是年“十二月戊子，燔柴于莲花泺”[⑤]，再次确认阿保机的部落联盟首领之位。虽然，在太祖八年（914）叛乱终被平定，也杀了“预诸弟之乱”的耶律滑哥（化哥[⑥]）；但是，此次叛乱多涉宗室[⑦]，其中

---

① 契丹小字《耶律宗教墓志铭》也称景宗为“[illegible]”，被释读为“第五（代）汗景宗皇帝”（刘凤翥：《契丹小字〈耶律宗教墓志铭〉考释》，《文史》2010年第4辑），说明契丹－辽皇帝亦兼有汗的身份。

② 耶律曷鲁在劝进阿保机时说“且遥辇九营棋布，非无可立者，小大臣民属心于越”，并称“在昔夷离堇雅里虽推戴者众，辞之，而立阻午为可汗。相传十余世”。《辽史》卷73《耶律曷鲁传》，第1221页。

③《辽史》卷73《耶律曷鲁传》，第1221页。

④《辽史》卷1《太祖本纪上》，第5页。

⑤《辽史》卷1《太祖本纪上》，第8页。

⑥ 滑哥即化哥。“滑哥预诸弟之乱。事平，群臣议其罪，皆谓滑哥不可释，于是与其子痕只俱陵迟而死，敕军士恣取其产”（《辽史》卷112《耶律滑哥传》，第1503页）；“于越率懒之子化哥屡蓄奸谋，上每优容之，而反覆不悛，召父老群臣正其罪，并其子戮之，分其财以给卫士”（《辽史》卷1《太祖本纪上》，第9页）。

⑦ 太祖八年（914）正月“于骨里部人特离敏执逆党怖胡、亚里只等十七人来献，上亲鞫之。辞多连宗室及有胁从者”。《辽史》卷1《太祖本纪上》，第9页。

主要叛变者均是世里氏中有地位有势力者。除去阿保机诸弟，还有耶律滑哥（化哥）是仲父房释鲁（释鲁字述澜，述澜即率懒[①]）之子，释鲁曾在遥辇时期就以于越当国；耶律辖底是二院皇族六院司怗剌（即帖剌[②]）之子，帖剌曾九任迭剌部夷离堇，子孙被呼为夷离堇房，其一子罨古只亦曾为夷离堇，耶律辖底更是骗行柴册礼，自立为夷离堇，与于越释鲁同知国政，后阿保机即位，命之为于越，拜其子迭栗底（即迭里特[③]）为

① “释鲁，字述澜。”“子滑哥”（《辽史》卷64《皇子表》，第964页），率懒有子化哥，化哥即滑哥（见前注），故述澜即率懒。按：述，食聿切，床术合三。澜，a. 落干切，来寒开一；b. 郎旰切，来翰开一。率，a. 所类切，审至合三；b. 所律切，审术合三。懒，落旱切，来旱开一。则，“述澜”宋—元代的音值演变为：*tɕʻi̯uit-lan—tɕʻuəi-lan或*ɕi̯uit-lan—ɕuəi-lan（自宋代已是“床母平声并入了照穿两母；床神禅并入了穿审两母”，故宋元时期“述”的声母为穿母［tɕʻ］或审母［ɕ］。元代“入声韵部全部消失了，并入了阴声韵部”，其中“宋代的质职并入元代的齐微”；故“述”的韵母在宋代为入声韵部“质职”〔合三［i̯uit］切韵术等〕，而在元代为阴声韵部“齐微”〔合口［uəi］〕。参见，王力：《汉语语音史》，中国社会科学出版社，1985年，第261、384、385、296、335页），“率懒”宋—元代的音值演变为：*ɕi̯ui-lan—ɕyi-lan或*ɕi̯uit-lan—ɕuəi-lan。比较二者音值可以看出，“述澜”和“率懒”宋—元时期有一相同读音：*ɕi̯uit-lan—ɕuəi-lan；因此，“述澜”和“率懒”是属于同音异写。

② 根据辖底是“肃祖孙夷离堇怗剌之子”，是罨古只异母弟，有子迭里特（《辽史》卷112《耶律辖底传》，第1498页）；以及《皇子表》称帖剌为肃祖子懿祖第二子（《辽史》卷64《皇子表》，第962页），《皇族表》记帖剌为出自懿祖的六院夷离堇房一世，夷离堇罨古只和于越辖底为二世，迭里特为三世（《辽史》卷66《皇族表》，第1014页），可判断怗剌即帖剌。按：“怗”和“帖”，均为“他协切”，透怗开四。剌，卢达切，来曷开一。“怗剌”和“帖剌”为同音异写，其宋—元时期的音值可构拟为：*tʻi̯æp-lat—tʻi̯æ-lɔ（元代“入声韵部全部消失了，并入了阴声韵部”，其中“宋代的业叶也并入元代的车遮”，宋代“曷末韵字并入歌戈”；故“怗”和“帖”的韵母在宋代为入声韵部“业叶”〔开四［i̯æp］切韵怗〕，而在元代为阴声韵部“车遮”〔齐齿［i̯æ］切韵怗等〕，“剌”的韵母在宋代为入声韵部“曷黠”〔开一［at］切韵曷〕，而在元代为阴声韵部“歌戈”〔开口［ɔ］切韵曷等〕。参见，王力：《汉语语音史》，第384、385、384、285、368、274、361页）。

③ 根据太祖元年（907）“二月戊午，以从弟迭栗底为迭烈府夷离堇”（《辽史》卷1《太祖本纪上》，第3页），“太祖在潜，已加眷遇，及即位，（迭里特）拜迭剌部夷离堇”（《辽史》卷112《迭里特传》，第1499页），迭里特（迭栗底）和阿保

迭剌部夷离堇，父子二人俱参与诸弟之乱。《辽史》称“辖底诱剌葛等乱，不从者杀之”①，可以说耶律辖底是诸弟之乱的主谋者。诸弟之乱实际上是，具备世里氏契丹联盟长候选人资格和实力的耶律辖底父子②，为

机俱为懿祖之曾孙，二人曾祖同而父不同故为从兄弟。按：迭，徒结切，定屑开四。里，良士切，来止开三。特，徒得切，定德开一。栗，力质切，来质开三。底，都礼切，端荠开四。则，“迭里特”宋—元代的音值演变为：*t（t‘）i̯æt-li-t（t‘）ək—t（t‘）i̯æ-li-t（t‘）ai 或*t（t‘）i̯æt-li-t（t‘）ək—t（t‘）i̯æ-li-t（t‘）əi（自宋代起“定母并入了端透两母”，故“迭”和“特”的宋元时期声母为端母［t］或透母［t‘］。元代“入声韵部全部消失了，并入了阴声韵部”，其中“宋代的月薛并入元代的车遮”，“宋代的麦德并入元代的皆来，少数字（‘贼则黑勒肋’）入齐微”。故“迭”的韵母在宋代为入声韵部“月薛”〔开四［i̯æt］切韵屑〕，而在元代为阴声韵部“车遮”〔齐齿［i̯æ］切韵屑等〕；“特”的韵母在宋代为入声韵部“麦德”〔开一［ək］切韵德〕，而在元代为阴声韵部“皆来”〔开口［ai］切韵德（少数）等〕或“齐微”〔开口［əi］切韵德等〕。参见，王力：《汉语语音史》，第 261、384、385、284、368、289、344、335 页），“迭栗底”宋—元代的音值演变为：*t（t‘）i̯æt-lit-ti—t（t‘）i̯æ-li-ti。（元代“入声韵部全部消失了，并入了阴声韵部”，其中“宋代的质职并入元代的齐微”，“宋代的灰堆、支齐和资思三个韵部，到元代合并为齐微（支齐一部分照庄系字转入元代的支思）”。故“栗”的韵母在宋代为入声韵部“质职”〔开三［it］切韵质等〕，而在元代为阴声韵部“齐微”〔齐齿［i］切韵质等〕；“底”的韵母在宋代为入声韵部“支齐”〔开四［i］切韵荠等〕，而在元代为阴声韵部“齐微”〔齐齿［i］切韵荠等〕。参见，王力：《汉语语音史》，第 384、385、296、335、292、335 页）。可以发现，在元代“迭里特”*t（t‘）i̯æ-li-t（t‘）ai 或 t（t‘）i̯æ-li-t（t‘）əi 和“迭栗底”*t（t‘）i̯æ-li-ti 音值基本相同，虽然“特”音 *t（t‘）ai 或 t（t‘）əi 和“底”音 *ti 因元音的复合化或单化致韵母构成有异，但是实际发音中二者区别基本不大，尤其是韵母［əi］（特）和［i］（底），同属“齐微”韵部，一为开口呼，一为齐齿呼。是以元代修《辽史》时，以“迭里特”和“迭栗底”译写同一人名。

① 《辽史》卷 112《耶律辖底传》，第 1498 页。

② 太祖元年（907）正月阿保机即位之前曾“让辖底，辖底曰：‘皇帝圣人，由天所命，臣岂敢当！’太祖命为于越”（《辽史》卷 112《耶律辖底传》，第 1498 页），二月以其子迭栗底（迭里特）为迭烈府夷离堇。父子二人一为于越，一为迭烈府夷离堇，可以说是契丹可汗之下最为显赫、最有权势之职（阿保机就是由大迭烈府夷离堇升任于越而即位）。从契丹可汗即位传统来说，阿保机的这一安排使辖底父子具备了汗位候选人的资格，这也是辖底父子所代表的实力使然。

维护契丹选汗传统，争取联盟长位置的一场行动[①]。然而，辖底父子最终失败的一个原因就是阿保机所即位的天皇帝（天皇王）已不仅仅相当于遥辇时代的契丹可汗。907年也只有阿保机既具备代表迭剌部的身份和实力，又有改汗权为皇权的观念。当然阿保机这一观念此际是不彻底的，汗位的世选制和皇位继承制之间的矛盾在这一时期阿保机的观念里表现得尤为突出：按汗位世选制只能被世选而不是继承；然按皇位继承制则可指定继承人，阿保机任命最符合推举条件的辖底父子分别为于越和大迭烈府夷离堇，就是调和两种制度的结果，这样既照顾到汗位世选的条件又体现了可以指定继承人的皇权意志。此外，契丹社会内部构成的变化也是辖底父子及诸弟失败的根源。世里氏契丹联盟在继承遥辇氏部落联盟阻午可汗所析分八部的基础上，又新置突吕不室韦部和涅剌拏古部、奚迭剌部、迭剌迭达部、奚王府五部等。这些部族或是阿保机所置，或是因阿保机之力而置[②]，属于阿保机个人势力，有助于阿保机政权的稳定。再加上依附于阿保机的大量汉人、汉官以及属于其的汉城，使得阿保机能够依靠个人势力平定叛乱。

阿保机平息叛乱的过程，也打击了以“代立之约”为代表的汗权观念等契丹传统。在这个过程中阿保机采用了汉人建议、依靠了汉城之利自立为王，平复叛乱[③]。到神册元年（916）阿保机称“大圣大明天皇帝”，建元

① 耶律辖底在失败后曾对阿保机说：“度陛下英武，必不可取；诸弟懦弱，得则易图也。事若成，岂容诸弟乎。”《辽史》卷112《耶律辖底传》，第1498页。

② 903年阿保机为大迭烈府夷离堇时，以其父德祖俘奚七千户置奚迭剌部；907年阿保机即位，以鲜质可汗所俘奚七百户，置迭剌迭达部；911年阿保机平东西部奚，尽有奚、霫之地，凡五部，咸入版籍，有奚王府五部；另有突吕不室韦部和涅剌拏古部是阿保机为挞马狘沙里时，以计降之而置。

③《新五代史》云：“汉人教阿保机曰：‘中国之王无代立者。’由是阿保机益以威制诸部而不肯代。其立九年，诸部以其久不代，共责诮之。阿保机不得已，传其旗鼓，而谓诸部曰：‘吾立九年，所得汉人多矣，吾欲自为一部以治汉城，可乎？’诸部许之。汉城在炭山东南滦河上，有盐铁之利，乃后魏滑盐县也。其地可植五谷，阿保机率汉人耕种，为治城郭邑屋廛市如幽州制度，汉人安之，不复思归。阿保机知众可用，用其妻述律策，使人告诸部大人曰：‘我有盐池，诸部所食。然诸部知食盐之利，而不知盐有主人，可乎？当来犒我。’诸部以为然，共以牛酒会盐池。阿保机伏兵其旁，酒酣伏发，尽杀诸部大人，遂立，不复代。”《新五代史》卷72《契丹传》，第886、887页。

神册，册封皇后，立皇太子，正式建立契丹－辽政权。同时也宣告世里氏契丹部落联盟的结束，从此契丹族从部落联盟时代进入民族政权时代。

第二节　10世纪初以后的契丹

自916年阿保机建元称帝，到辽保大五年（1125）天祚帝耶律延禧为金人所俘，契丹－辽政权共存在二百余年。保大四年（1124）契丹贵族耶律大石率众西迁，建立新的契丹政权，史称西辽；1213年西辽末帝直鲁古死，西辽亦亡。此后，契丹人再未建立强大的政权。进入金元两朝的契丹人逐渐融入其他民族，虽然契丹族消亡于民族融合的历史长河中，但其后裔却传承着契丹族的血脉和文化因子。

一、契丹－辽政权始末

（一）太祖太宗开拓基业

契丹族在辽太祖阿保机的带领下建立民族政权之后，开始了政权建设和对外扩张。辽神册三年（918），建皇都临潢府（今内蒙古自治区赤峰市巴林左旗南的波罗城）。五年（920），以汉字“隶书之半增损之”[①]制契丹大字，颁诏推行。后来又命皇弟迭剌参照回鹘文，创制契丹小字。天赞元年（922），封耶律德光为天下兵马大元帅，析分迭剌部为二部。三年（924）西征，“遣兵踰流沙，拔浮图城，尽取西鄙诸部”[②]。四年（925），辽太祖举兵亲征渤海，“改渤海国为东丹，忽汗城为天福，册皇太子倍为人皇王以主之”[③]。阿保机通过西征东讨，使契丹势力范围“东自海，西至于流沙，北绝大漠，信威万里”[④]。虽然阿保机也实行称帝、册后、建都、立皇太子等一系列的制度使汗权皇权化，以及析分迭剌部为五院部和六院部，分别以宗室和后族为南北府宰相等方式分化、弱化契丹内部的强大势力，以实现政权的稳定、统一、有序，但是由于契丹内

① 《新五代史》卷72《契丹传》，第888页。

② 《辽史》卷2《太祖本纪下》，第20页。

③ 《辽史》卷2《太祖本纪下》，第22页。

④ 《辽史》卷2《太祖本纪下》，第24页。

部对传统的维护，在阿保机去世之后，天显二年（927）在摄国政的述律后主持下，人皇王耶律倍率群臣推举耶律德光为天皇王，即皇帝位。并于五年（930）立耶律李胡为皇太弟，兼天下兵马大元帅。阿保机死后葬祖陵，旁有奉陵邑——祖州城（图二）。

耶律德光以天下兵马大元帅继承大统之后，积极推行对外扩张的战略。十一年（936），德光助后唐河东节度使石敬瑭击败后唐军队并册封其为大晋皇帝。会同元年（938）契丹从后晋获取燕云十六州，并升幽州为南京（府曰析津，今北京市境内），原南京为东京（府曰辽阳，今辽宁省辽阳市境内），以皇都为上京（府曰临潢，今内蒙古自治区赤峰市巴林左旗辽上京遗址）。太宗得燕云是契丹治理汉地的开始，也是“因俗而治”全面施于汉人群体的开始。《辽史》说“至于太宗，兼制中国，官分南、北，以国制治契丹，以汉制待汉人”①。自此，燕云十六州成为契丹进一步南下的基地。大同元年（947），契丹灭后晋，太宗入汴，建国号大辽。后由于“纵兵掠刍粟”“括民私财”“不遽遣诸节度还镇”等原因，无法继续统治，被迫引军北返，德光病逝于途中。契丹经过太祖太宗两朝的努力，奠定了后世版图的基本轮廓，也初步开创了“因俗而治”统治方针指导下的政权。

（二）两系皇族轮替皇位

947年，耶律德光去世于回师途中，诸军拥立耶律倍子耶律阮即位于太宗灵柩前。耶律阮在与述律后支持的耶律李胡争位中获胜，是为辽世宗。世宗在位期间始置北院枢密使、建政事省（中书省）等，“官分南北”的政权机构设置继续完善。天禄五年（951）世宗在谋乱中被弑，太宗子耶律璟等率兵平息谋乱，被立为帝，是为穆宗。穆宗一朝对内排斥异己，贵族谋反时有发生；对外援助北汉，却常败于后周、北宋。穆宗晚年荒耽于酒、赏罚无章、滥杀无辜，应历十九年（969）遇弑。世宗子耶律贤率众人赶至行在，被拥立为帝，是为景宗。景宗勤于政事，“任人不疑，信赏必罚”，重用诸多蕃汉贤臣，内部政治清明、社会稳定；对外仍采取援助北汉抗击宋朝，但不主动南伐中原。乾亨元年（979）高梁河（今北京市境内）一战，大败宋军。

---

① 《辽史》卷45《百官志一》，第685页。

1

2

3

图二　辽祖州、石房子、祖陵[①]

1. 辽祖州城遗址　2. 祖州城内石房子　3. 辽祖陵陵园正面

（塔拉、陈永志、曹建恩:《考古揽胜：内蒙古自治区文物考古研究所60年重大考古发现》，文物出版社，2014年，第155—158页）

① 辽祖州城、祖陵遗址位于内蒙古自治区赤峰市巴林左旗查干哈达苏木石房子嘎查石房子村西1千米的深阔山谷中。祖州城平面略呈长方形，由外城、内城两重城组成。石房子为祖州城内城北部一奇特建筑，坐西朝东，由七块巨大花岗岩支盖而成，房内铺有一块巨石板。祖州城西北2千米处即辽祖陵，陵园为一口袋形山谷，内有多座辽代墓葬，其中辽太祖耶律阿保机陵墓位于陵园里侧西山坡一处凸起的山脊下。

世宗、穆宗、景宗三朝皇位的继承在太宗耶律德光系和义宗耶律倍系中交替轮换，显示了辽朝初期皇位继承的不稳定性。其实，自太宗即位，就显示了契丹传统的汗位推举在皇位继承中的影响，之后三朝皇位轮替现象也是汗位推举传统下贵族对皇权的制约。无论是世宗被北、南院大王耶律洼、耶律吼等拥立，还是穆宗被耶律屋质等迎立，抑或萧思温等立景宗，虽然皆是于乱世即皇帝位，依靠一定的武力支持，但也都是因有众多支持而得以立①，且有继承皇位的资格②。然而，此际的皇权毕竟已经不同于汗权，皇位继承自有其规则。例如，在阿保机已经立耶律倍为皇太子的情况下，虽然德光最终被立为皇帝，但述律后却是托言“立嗣圣者，太祖遗旨”，即便如此，依然被认为是“枉授神器”，德光之立“尚以为非”③。再如，耶律安抟等立世宗时尚言“先帝尝欲以永康王为储贰”④；景宗即位，亦以穆宗曾说过“吾儿已成人，可付以政”⑤，作为即位合法性的重要依据。由此可见，皇位继承中，先帝意志的重要作用，也是皇权不受约束、至高无上的体现。

到乾亨四年（982），景宗去世，“遗诏梁王隆绪嗣位，军国大事听皇后命”⑥，显示了皇权的有序传递。世宗朝承接前代，继续契丹－辽政权的建设；穆宗朝虽然步履维艰，但也保持着契丹传统和汉化变革的并行不悖⑦；景宗一朝谋求变革，扭转了穆宗以来的弊政，为辽代圣宗时期走向鼎盛打开了局面。

---

① 世宗是“万口一辞，愿立永康王（世宗即位前王号）”（《辽史》卷77《耶律屋质传》，第1257页），穆宗是“诸部奉述律（穆宗小字述律）”（《资治通鉴》卷290《后周纪》太祖广顺元年，第9463页），景宗是“君臣劝进”（《辽史》卷8《景宗本纪上》，第89页）。

② 世宗为“人皇王之嫡长”（《辽史》卷77《耶律洼传》，第1261页），穆宗因“嗣圣子”而贵（《辽史》卷77《耶律屋质传》，第1257、1258页），景宗为世宗次子、穆宗养子（《辽史》卷8《景宗本纪上》，第89页）。

③《辽史》卷77《耶律屋质传》，第1256、1257页。

④《辽史》卷77《耶律安抟传》，第1260页。

⑤《辽史》卷9《景宗本纪下》，第89页。

⑥《辽史》卷9《景宗本纪下》，第105页。

⑦ 应历元年（951）“乙亥，诏朝会依嗣圣皇帝故事，用汉礼”（《辽史》卷6《穆宗本纪上》第69页），应历二年（952）“始用旧制行拜日礼”（《辽史》卷6《穆宗本纪上》第71页）。

（三）圣宗时期国势极盛

辽圣宗耶律隆绪即位之初，由承天太后萧绰摄政，重用韩德让等汉官励精图治，注重农桑，整顿吏治，进行一系列的封建化变革，使百姓富裕，国势强盛。早在保宁八年（976）二月景宗“谕史馆学士，书皇后言亦称‘朕’暨‘予’”[①]，萧绰的后权已然与皇权一体，主持着契丹－辽政权的国政。之后982年景宗崩，耶律隆绪顺利即位，并没有改变皇权的实际掌控者。这既是皇位能够顺利继承的重要因素之一，又是圣宗朝封建化变革有序推进的保障。也就是说976年已经揭开了圣宗朝鼎盛的序幕，到太平十一年（1031）圣宗去世，有56年的历史，经历了以耶律贤和萧绰—萧绰和耶律隆绪—耶律隆绪为最高统治者的变化过程。

圣宗朝不但国力达到鼎盛，而且政权组织形式、社会组织结构随着封建化变革渐趋完善和稳定。圣宗时期，通过澶渊之盟和对高丽战争，营造了稳定的周边局势；通过投下郡县化、保留皇室投下等方式，加强中央集权，强化皇权统治；通过建中京（府曰大定，今内蒙古自治区赤峰市宁城县大名城），调整奚部构成及其隶属关系，以强化对奚族的统治。稳定而繁荣的社会形势，为境内各部族的繁衍壮大提供了有利环境，形成圣宗三十四部，这里面不仅有契丹族，也有其他游牧民族。由于各部长期统一在契丹－辽政权之内，因此不可避免地有许多人口和部族融合进契丹族之中。例如，奚迭剌部本是903年以奚户所置，后因平定诸弟之乱，曾以突吕不部人耶律欲稳为奚迭剌部夷离堇，景宗、圣宗时期又有奚迭剌部人耶律斡腊；然而却不见于圣宗三十四部，这或是因为奚迭剌部已经融入迭剌部中[②]。

由于圣宗朝的封建化变革多是通过引进汉法来实现的，因此对契丹本族的经济、政治、文化等造成了一定冲击。比如，政治上南面官机构

---

① 《辽史》卷8《景宗本纪上》，第95页。

② “耶律胡吕，字苏撒，弘义宫分人。其先欲稳，佐太祖有功，为迭烈部夷离堇”（《辽史》卷98《耶律胡吕》，第1417页），由此可知，耶律欲稳所任奚迭剌部夷离堇也称迭烈部夷离堇，又因迭剌部夷离堇也称迭烈部夷离堇（如迭烈部夷离堇耶律曷鲁，太祖为迭烈部夷离堇均是指迭剌部夷离堇），故奚迭剌部或已属迭剌部。

中书省地位的提高和韩德让等汉官权力的提升，一定程度上冲击了政权中契丹人的主导地位；经济上的重农，在西北诸部中所形成的定居农耕的生产生活方式影响了正常的游牧生产生活；文化上倡导妇女守“节”等儒家文化，与契丹本俗里妇女有再嫁的自由相矛盾。虽然圣宗朝的封建化变革对契丹传统造成了一定的冲击，但是由于这一冲突的可控性和可调节性，反而有利于圣宗朝的稳定和发展，进而影响到兴宗朝的政策[①]。

（四）积弱与衰亡的三朝

太平十一年（1031）皇太子耶律宗真即位，是为兴宗。兴宗在位二十五年，先是其母法天太后专政，贼杀无辜，致使“先朝所行法度变更殆尽”[②]；后兴宗亲政，并未能扭转颓败的趋势，反而在封建化变革的道路上趋于保守。由于圣宗朝以汉官为主导的变革部分地冲击了契丹人的权力和利益，因此到兴宗朝则改变了这一趋势。原先由汉人为主官的南枢密院到兴宗时期再无见一个汉官为南院枢密使。重熙十三年（1044）“置契丹警巡院”[③]，十五年（1046）“禁契丹以奴婢鬻与汉人”[④]，契汉异法、契汉有别的思想再度兴起。

兴宗朝在法律上优厚契丹的政策与耶律重元有莫大关系，“先是契丹人犯法，例须汉人禁勘，受枉者多。重元奏请五京各置契丹警巡使，诏从之”[⑤]。因在挫败法天太后密谋废兴宗、立重元一事上，耶律重元有功于兴宗，是以被兴宗封为皇太弟，并在重熙七年（1038）“以皇太弟重元判北南院枢密使事”[⑥]。然兴宗又于重熙十三年（1044）以子耶律洪基总北南院枢密使事，并于二十一年（1052）为天下兵马大元帅，这一安排显

---

① 冯科：《辽圣宗朝统治阶层中的契汉矛盾》，内蒙古大学硕士学位论文，2014年。

② 《契丹国志》卷13《圣宗萧皇后》，第164页。

③ 《辽史》卷19《兴宗本纪二》，第230页。

④ 《辽史》卷19《兴宗本纪二》，第233页。

⑤ 《辽史》卷112《耶律重元传》，第1502页。

⑥ 《辽史》卷18《兴宗本纪一》，第221页。按，辽代曾判北南院枢密使事者除耶律重元外，有耶律宗真、耶律洪基、耶律延禧和耶律濬曾总（或知或领）北南院枢密使事，这是立储过程的一个重要内容。另，大丞相韩德让也曾总二枢府事。

然是将皇位继承权一分为二：一方面按照皇位继承制，皇太弟有继承资格；另一方面遵照契丹传统，天下兵马大元帅亦有继承权[①]。兴宗朝的这一现象是契丹传统再度兴起，在权力分配方面的表现。兴宗朝在契丹传统的影响下，面对日益衰落的国势，不以内修国政为重，反而对外连年征战，多次用兵西夏，逼迫宋朝增纳岁币。此外，兴宗还沉溺佛法，穷途奢极，造成辽朝内部百姓怨声载道。重熙二十四年（1055）兴宗驾崩，道宗即位，更册封耶律重元为皇太叔，并加天下兵马大元帅。如此，则加重了耶律重元皇位继承人的身份。清宁九年（1063）重元父子作乱，是从兴宗以来这一矛盾累积的总爆发。虽然，咸雍元年（1065）耶律濬被立为皇太子，并于大康元年（1075）兼领北南枢密院事；但是，道宗重用的耶律乙辛等奸佞，进谗言陷害耶律濬母子，大康三年（1077）六月皇太子被废为庶人，十一月被杀害。道宗本人腐朽奢侈，不理朝政，奸党横行，土地兼并严重，百姓痛苦不堪，朝政腐败，国势更加衰落。西北诸部纷纷起来反抗契丹－辽政权的统治，消耗了辽朝大量人力、物力，国力进一步削弱。

寿昌七年（1101）道宗死前遗诏耶律濬子耶律延禧嗣位，辽朝进入末代天祚帝统治时期。此期，天祚帝崇信奸回，官吏结党营私，政治黑暗达到极点；经济凋敝，百姓穷困，民怨沸腾。群下离心，各族各地反抗不断。天庆四年（1114），女真完颜阿骨打起兵反辽。十年（1120），金攻克辽上京。保大二年（1122），中京亦失陷，是年天祚帝被金兵所迫，流亡夹山（今内蒙古自治区呼和浩特市大青山乡水磨沟—井儿沟一带）。兴宗孙耶律淳在南京被李处温、回离保和耶律大石等人拥立为皇帝，是为宣宗，世号为北辽。及耶律淳死，其妻德妃称制，德妃在金军的侵逼下，带着随从的官员投靠天祚帝，被天祚帝诛杀。北辽亡后，保大三年（1123）正月“奚王回离保僭号，称天复元年”[②]；五月天祚帝子梁王雅里奔西北部被立为帝，是月回离保亦为众所杀；十月雅里殁，耶律术烈继之，十一月术烈亦为众所杀。保大四年（1124）耶律大石“置

① 耶律德光以天下兵马大元帅即位，耶律李胡亦以皇太弟和天下兵马大元帅的资格而与世宗争夺皇位继承权。

② 《辽史》卷29《天祚皇帝三》，第345页。

北南面官属,自立为王,率所部西去”[①]。保大五年（1125）天祚帝为金军所俘，后被“降封海滨王”，“以疾终”[②]。至此，契丹－辽政权灭亡。

契丹－辽政权共历时210年，历经9位帝王。太祖太宗建开拓之功，统治范围东极于海、西至流沙、北越大漠、南含燕云。后世诸君以契丹族和契丹传统为国本，采用因俗而治的策略统治境内不同群体。虽然在重熙十三年（1044）兴宗升有西京（府曰大同，今山西省大同市境内），五京备焉；但是契丹－辽政权统治中心依然是位于皇帝捺钵地——行在。契丹皇帝“居有宫卫,谓之斡鲁朵；出有行营,谓之捺钵”[③]。有辽一代，九帝、两后和皇太弟耶律隆庆、大丞相韩德让共有十三个宫卫，作为皇室投下的重要组成部分，以固皇权。四时捺钵则是春水秋山，多行渔猎之事，冬夏违寒避暑，召集南北大臣会议国事。“皇帝四时巡守，契丹大小内外臣僚并应役次人,及汉人宣徽院所管百司皆从。”[④]南面官各机构亦选派人员随驾至行在，共同构成契丹－辽政权中的最高决策机构——南北臣僚会议。是以，天祚末年在五京皆失的情况下，只要君尚在，北南大臣尚在，就能组织政权。故有辽亡之际，耶律大石置北南面官属，自立为王，率众西迁，重建契丹政权。

二、契丹－辽政权灭亡之后的契丹人

1125年契丹－辽政权灭亡之后，除一部分契丹人随耶律大石西迁，大部分在金朝的统治下生活。蒙古人灭西辽、灭金之后，契丹人继而生活在蒙古人的统治下，最后融入其他民族。

（一）西辽政权

1124年，耶律大石自立为王，率二百铁骑从夹山（今内蒙古自治区呼和浩特市大青山乡水磨沟—井儿沟一带）出发北行三日，渡过黑水（今爱毕哈河，即艾卜盖河），得白达达部所献马、驼、羊。又西行至可敦城（一说今蒙古国布尔干省达新齐楞苏木青陶勒盖古城，一说今蒙古

① 《辽史》卷29《天祚皇帝三》，第349页。
② 《辽史》卷29《天祚皇帝四》，第351页。
③ 《辽史》卷31《营卫志上》，第361页。
④ 《辽史》卷32《营卫志下》，第375页。

国中央省扎马尔苏木图拉河北岸的和日木登吉古城），召集七州和十八部开会，动员复国，遂得精兵万余，群牧御马数十万匹，置官吏，立排甲，具器仗。政权粗具规模，又经过几年的休养生息，实力渐强。于是在1130年以青牛白马祭天地、祖宗，整军西征。然而，耶律大石西征中被喀喇汗王朝打败，西征虽然受挫，但是在东线却大败金朝，势力范围东起土兀剌河（今蒙古国土拉河），西至也迷里河（今额敏河）。并及时调整策略，与民休息，在叶密里（今新疆维吾尔自治区塔城地区额敏县境内）得到当地突厥语各部族的拥戴，同时也修建了一座新城[①]。

1132年[②]（西辽延庆元年）耶律大石在叶密里即位，称菊儿汗（汉译为葛儿汗），群臣又上汉尊号天祐皇帝，改元延庆，正式建立西辽政权（穆斯林和西方史籍称之为哈剌契丹 Qara Khitay）。之后，大石用十年的时间东征西讨，先后征服高昌回鹘、东西部喀喇汗国和花剌子模等政权。在征服东部喀喇汗国后，延庆三年（1134）耶律大石进入巴拉沙衮（今吉尔吉斯斯坦楚河州布拉纳遗址）地区，决定在此建都，称虎思斡鲁朵，改元康国。并于是年派六院司大王萧斡里剌为兵马都元帅，远征金朝，以图光复太祖太宗开创的大辽。此次东征虽因“牛马多死，勒兵而还”[③]，但却显示了西辽君臣对先祖基业的念念不忘。到康国十年（1143）西辽德宗耶律大石去世之际，西辽东部边境一直控制着辽代的镇、防、维、招四州，与金朝相连；东北至谦河（今叶尼塞河上游），正北越过达林库尔（今巴尔喀什湖），西达咸海，南以阿姆河为界，东南与西夏为邻。大石遗命皇后萧塔不烟权国，七年后子耶律夷列即位，是为西辽仁宗。西辽绍兴十三年（1163）夷列去世，遗诏以妹普速完权国，后因普速完杀驸马萧朵鲁，导致萧朵鲁父萧斡里剌于西辽崇福十五年（1178）发动政变杀普速完，仁宗子耶律直鲁古即位。直鲁古在位

---

① “他们从那里征进，直到他们来到叶密里，在这里他们建筑了一座其基址至今尚存的城市。这儿有很多突厥人和部落大量集合在菊儿汗身边，以致他们达到四万户。”〔伊朗〕志费尼著，何高济译，翁独健校订：《世界征服者史》（上册），内蒙古人民出版社，1980年，第417页。

② 耶律大石称帝时间。参见，魏良弢：《西辽史纲》，人民出版社，1991年，第40、41页。

③ 《辽史》卷29《天祚皇帝四》，第357页。

期间，花剌子模渐强，脱离西辽统治，并灭亡西部喀喇汗国；高昌回鹘、葛逻禄等也归服蒙古；唯一剩有的附庸东部喀喇汗国也曾起兵反抗西辽政权。随着蒙古的兴起，消灭乃蛮，西辽天禧三十一年（1208）乃蛮王子逃入西辽，并于三十四年（1211）趁直鲁古出猎之时，攫取西辽政权，尊直鲁古为太上皇。屈出律统治西辽，境内外反抗、起义、入侵此起彼伏。到1217年蒙古大军进入西辽，官员起兵响应；屈出律出逃，第二年被蒙古大将哲别捕杀。

西辽灭亡之后，原被花剌子模俘虏的西辽人八剌黑哈只不[①]乘蒙古西征，灭亡花剌子模之机，在起儿漫（今伊朗克尔曼省）建立了一个历时80年的哈剌契丹政权（1224—1303），也称之为后西辽。自耶律大石建立西辽政权，契丹人就开始了在中亚等地区与其他民族的交流、融合，之后在蒙古人统治下，原西辽、后西辽地区的契丹人逐渐融入当地各族和蒙古人中。

（二）金元两朝的契丹人

女真兴起，辽亡之际，有大量契丹人或不满天祚帝统治，或迫于形势而叛辽降金。其中耶律余睹率众降金对辽亡影响较大，金天辅五年（1121）辽南京统军耶律余睹率部族三千户、车五千辆、畜产数万投降女真人。之后协助金军攻取中京、追击天祚帝和耶律大石等。金朝不但依靠降金契丹人灭辽，而且利用他们灭亡北宋、攻打南宋。天会三年（1125），金朝“大举伐宋，余睹为元帅右都监”[②]，十二月“耶律余睹破宋河东、陕西援兵于汾河北”[③]。天会年间（1123—1138），降金契丹人移剌成“与宋人战于楚（今江苏省淮安市）、泗（今安徽省宿州市泗县）之间，成以所部先登，大破宋军，功最诸将”[④]。金朝既重用契丹降将，又提防契丹人谋反[⑤]。正是金朝的猜忌和压迫，激起了契丹人的反金、复国活动。天

① “八剌黑哈只不及其弟哈米的不儿，是哈喇契丹人。”〔伊朗〕志费尼，何高济译:《世界征服者》（下册），第572页。

② 《金史》卷133《耶律余睹传》，第2849页。

③ 《金史》卷3《太宗本纪》，第54页。

④ 《金史》卷91《移剌成传》，第2015页。

⑤ “余睹在军中屡乞侍妾及子，太祖疑之，诏咸州路都统司曰：‘余睹家属，善监护之。’复诏曰：‘余睹降时，其民多强率而来者，恐在边生变，宜徙之内地。’”《金史》卷133《耶律余睹传》，第2848页。

会十年（1132）耶律余睹反，约所统之兵皆是契丹人的燕京统军，以及云中、河东、河北等郡守之契丹人、汉人，而令诛杀在官在军的女真人。贞元二年（1154）尚书右丞相奚人萧裕与前真定尹萧冯家奴、前御史中丞萧招折、博州同知遥设等谋立亡辽豫王[①]耶律延禧之孙。正隆五年（1160）金主海陵王完颜亮强征西北契丹诸部伐宋，引发契丹人大规模反金斗争。六年（1161），契丹诸部群起响应撒八反金，亦谋立耶律延禧子孙[②]，后撒八被部下六院节度使移剌窝斡等杀害，窝斡自为都元帅，并于是年在临潢府称帝，改元天正。大定三年（1163）金平定窝斡之乱后，“诏罢契丹猛安谋克，其户分隶女直猛安谋克”[③]，契丹原有的部族隶属关系遭到破坏，生活在金朝的契丹人愈加分散。在平定叛乱的过程中，有不少契丹人拥护金朝统治，参与对本族叛金势力的镇压，显示了政治态度对立的契丹人日益分化。承安元年（1196）群牧契丹德寿等据信州叛，建元曰身圣。贞祐元年（1213）“耶律留哥自立为辽王，改元元统”[④]，建国号辽。此际正值蒙古兴起，金朝衰败之际。后耶律留哥依附蒙古，被成吉思汗“赐金虎符，仍辽王”。然其部下耶厮不等人却不主张依附蒙古，于是耶厮不称帝，国号辽，改元天威。后耶厮不为部下所杀，丞相乞奴监国，留哥又引入蒙古势力平息内部之乱，“乞奴走高丽，为金山所杀，金山又自称国王，改元天德。统古与复杀金山而自立，喊舍又杀之，亦自立”[⑤]。金兴定三年（1219）喊舍自缢身亡。虽然，契丹人建立政权的努力再告失败；但是，契丹人的反抗活动，沉重打击了金朝统治，有力地配合了蒙古灭金。

契丹人投效蒙古，在助蒙灭金等过程中扮演了重要角色。其中，耶

---

① 耶律延禧被金人俘获之后，先是降封海滨王，又改封豫王。皇统元年（1141）二月“乙酉，改封海滨王耶律延禧为豫王”（《金史》卷4《熙宗本纪》，第76页）。

② “契丹闻男丁当尽起，于是撒八、孛特补与部众杀招讨使完颜沃侧及燥合，而执耶律娜、没荅涅合，取招讨司贮甲三千，遂反。议立豫王延禧子孙，众推都监老和尚为招讨使，山后四群牧、山前诸群牧皆应之。”引自《金史》卷133《移剌窝斡传》，第2849页。

③ 《金史》卷6《世宗本纪》，第132页。

④ 《元史》卷1《太祖本纪》，第16页。

⑤ 《元史》卷149《耶律留哥传》，第3513页。

律阿海、耶律秃花兄弟是较早归服蒙古的契丹将领。早在1206年蒙古政权建立之前，耶律阿海兄弟就已经投附成吉思汗，并与成吉思汗共饮班朱尼河水为盟，之后蒙古伐金、西征，阿海兄弟皆发挥了重要作用，立有大功。成吉思汗时期，除木华黎外，唯有耶律阿海、耶律秃花和石抹明安被封为三公，充分显示了契丹人在蒙古政权早期的重要性。后耶律阿海于西征中病逝，耶律秃花则统万户扎剌儿、刘黑马、史天泽伐金，其名声在伐金蒙古军队中仅次于木华黎。后其“子朱哥嗣，仍统刘黑马等七万户，与都元帅塔海绀卜同征四川，卒于军。子宝童嗣，以疾不任事”[①]。元世祖时期（1260—1294），宝童子忙古带“袭父职，为随路新军总管，统领山西两路新军”[②]。忙古带在元中统元年（1260）拜怀远大将军，从征四川等地，以功升万户，后至云南并长期驻扎于云贵川一代的边陲地区。契丹人投附蒙古，不仅在军事方面有卓越贡献，而且在蒙元政权的建设方面也功不可没。其中大辽人皇王耶律倍八世孙耶律楚材是杰出代表。耶律楚材于蒙古成吉思汗十年（1215）蒙古人攻陷金中都（今北京市金中都遗址）时被俘，并为成吉思汗所赏识，后随军西征，并成功说服成吉思汗从印度河班师。窝阔台汗时期（1229—1241）拜为中书令，主持大蒙古国政务，在中原地区推行汉法，尽可能地恢复中原的社会生活秩序，为忽必烈行汉法，建立大元，探索了道路。耶律楚才也因其卓越的才能和功绩，享有岁赐特权而晋身蒙古勋贵之列，成为契丹人中除耶律秃花之外，享有此特权的另一人。随着契丹人的汉化和大元朝的建立，经忽必烈裁撤世侯权力，汉军（包括契丹军）中的契丹人被进一步分散。元灭南宋之后，实行四等人制，除部分契丹权贵同蒙古人外，多数契丹人被归于第三等——汉人（又称汉儿）。如此，则使金朝以来因政治态度而日益分化的契丹人，又以蒙古化和汉化的方式继续分化，再加上居住地更加分散，契丹人逐渐丧失了自身的民族属性，而融入其他民族之中。

金元时代的契丹人并不是一个行动一致的活动群体，有归附者，也有反抗者；有普通百姓，也有中上层统治者；有留居契丹腹地的，也有迁徙

---

① 《元史》卷149《耶律秃花传》，第3532页。

② 《元史》卷149《耶律秃花传》，第3533页。

各地的。然而，无论是选择了什么样的生存发展路径，也不管是生活在哪里，契丹人在金元之后，就如同其来源民族——东胡和鲜卑那样消失在历史的长河之中，或融入其他民族，进而演变为其他民族的主要来源之一。

（三）契丹后裔

金元之后，契丹人的流向，主要是汉化和蒙古化；此外，西辽契丹人则多融入中亚、西亚当地穆斯林；另有，金末随耶律留哥叛乱的契丹人，有一部分进入朝鲜半岛融入高丽民族。今天，虽然契丹族作为一个民族消失于历史长河之中，但契丹人却早已加入民族融合这一历史进程之中。

契丹人不仅与蒙古族、汉族等民族的血脉发生交融，而且也成为达斡尔族和云南“本人”在民族探源方面的主要对象。例如，陈述在《契丹政治史稿》中认为辽亡之后，曾有一部分以库烈儿（也记作库烈而）为首的契丹部众向北迁徙，退出女真人的统治范围，到达现在内蒙古东北部的根河北岸山地。成吉思汗时期投附蒙古，元代曾组织一支兵力随蒙古军南下，而留守的库烈儿部落则发展成达斡尔人，并指出达斡尔人供奉的菩萨库烈儿佛就是契丹人首领库烈儿[①]。书中还提到：“现在云南保山地区如施甸、保山、龙陵等县有蒋姓人，即‘阿莽蒋’姓之人，故老相传，系来自耶律氏，在族谱里也有同样记载。”并认为“这些契丹耶律氏，显然是从军南来，以后就留驻著籍的”[②]。杨毓骧、孟志东等认为“元、明以后，契丹后裔即落籍云南。据调查，至今契丹后裔多分布于大理、保山、临沧和德宏、西双版纳等地、州一带，而聚居于施甸及邻近的保山、腾冲、龙陵、昌宁、永德各县，人口共15万人。其中居山区部分已归属布朗、佤、德昂、彝、基诺等族，此外，另一部分居于坝区的‘本人’，则纯属契丹血统”[③]。孟志东认为“在研究达斡尔族源问题方面，蒙古分支说的产生要比契丹后裔说约晚二百余年，提出的论据，主要是语言，有的论据又经不起考证。而主张契丹后裔说的学者提出的论据，则是比较全面和充分的，具有与达斡尔族多方面史实相符的说服力”[④]。持

① 陈述：《契丹政治史稿》，第172—184页。

② 陈述：《契丹政治史稿》，第175页。

③ 杨毓骧：《云南契丹后裔考说》，《思想战线》1994年第2期。

④ 孟志东：《达斡尔族源研究述评》，《黑龙江民族丛刊》2000年第2期。

达斡尔族和云南“本人”是契丹后裔者认为：①“达斡尔”一词与契丹“大贺氏”有渊源关系，并从经济生活、社会组织、风俗信仰、传说古谣、语言及地理等诸方面论证了达斡尔族源于契丹；②云南“本人”（也称蒲人）中姓阿、莽、蒋、杨等自称契丹后裔者认为其先祖是投奔蒙古成吉思汗的契丹人耶律秃花，其曾孙忙古带率部随蒙古征云南，并驻守当地。后代渐以阿为姓，由阿而莽，由莽而蒋等。同时，研究者也从分子考古学的角度研究认为“契丹与达斡尔具有最近的亲缘关系”[①]，“而云南‘本人’与达斡尔族有相似的父系起源，因而也确有可能是契丹的后裔”[②]。虽然，在寻找契丹后裔的过程中，相关研究表明达斡尔族和云南“本人”与契丹人有着一定的渊源关系；但是，也有研究结论并不支持达斡尔族和云南“本人”为契丹后裔的说法[③]。

因此，与其说契丹人的后裔是达斡尔族和云南“本人”，不如说达斡尔族和云南“本人”传承着一定的契丹元素。契丹－辽政权灭亡之后，契丹人或不断地被迫迁徙，或随女真人征战中原，或随蒙古人向外扩张，从而被分散到各地，最终融于他族之中。总之，契丹作为一个民族虽然已经消失了，但是其文化和血脉却已融入不同的人群当中。

---

① 吴东颖、马素参、刘春芸等：《契丹古尸分子考古学研究》，《云南大学学报》（自然科学版）1999年第S3期。

② 吴东颖：《契丹古尸分子考古学研究》，中国协和医科大学博士学位论文，1999年。

③ 许月等人通过对比分析契丹与达斡尔人群的线粒体DNA（mtDNA）第一高可变区（HVRⅠ）序列，发现二者在突变位点和突变率上存在较大差异；并构建契丹、达斡尔及对比人群的系统发育树，表明契丹与达斡尔的遗传关系并非最近，因而“只能说明达斡尔族与契丹族之间存在一定的亲缘关系，而不能支持达斡尔族就是契丹族直接后裔的说法”。许月等：《古代契丹与现代达斡尔遗传关系分析》，《吉林大学学报》（理学版）2006年第6期。郝露萍等人通过“用4个红细胞血型系统的基因频率，对‘本人’与9个南方少数民族及8个北方的少数民族和汉族人群进行遗传距离和聚类分析，结果表明，‘本人’与南方几个少数民族遗传距离较近，并最先聚合，而与几个北方的少数民族和黑龙江汉族的遗传距离较远”，“调查结果并没有为‘本人’是契丹后裔提供什么新的证据，相反，证明‘本人’（尤其是山区的‘本人’）中可能已融入了布朗、佤、德昂等民族的大量血缘”，并认为“今天被认为是契丹后裔的‘本人’中已融入了大量的云南当地真正土著的血缘”。郝露萍、肖春杰、张卫红等：《云南“本人”的红细胞血型分布及其与契丹人血缘关系的探讨》，《人类学学报》1995年第3期。

第四章　契丹早期的政治军事

早期契丹是以部族为主体，后有部落联盟。社会结构有部、有落（户）等，政治和军事方面的组织、制度也是以部族和部落联盟为中心形成和发展起来的。以各部和部落联盟首领为核心，以部族军为主体，构成其军政合一的政治军事体制。《辽史》称："居有宫卫，谓之斡鲁朵；出有行营，谓之捺钵；分镇边圉，谓之部族。"[①] 反映了契丹族政权的主要特色，以宫卫和捺钵相结合的行国政治与以部族为主体的军政合一体制在契丹族早期历史中就已经粗具形态。

第一节　部族与部落联盟

现存史书对于契丹部族的记载，有"古八部"说，并以八部为构架，发展成大贺氏八部、遥辇氏八部等。然而，契丹部族的发展演变还是比较复杂的。相比契丹部族的出现，部落联盟形成较晚。大贺氏契丹联盟是第一个正式形成的契丹部落联盟，之后有遥辇氏契丹联盟、世里氏契丹联盟。

一、部族与部落联盟的演变

（一）契丹"古八部"的形成及演变

《辽史》中契丹古八部的说法以及八部的名称，源于《魏书·契丹传》中有关东北群狄朝献北魏的记载。所谓契丹古八部主要是指北魏时期的契丹部族，然而悉万丹部、何大何部、伏弗郁部、羽陵部、日连部、匹絜部、黎部、吐六于部等是以与契丹并列的身份作为"东北群狄"朝

---

① 《辽史》卷31《营卫志上》，第361页。

贡于北魏[①]。显然，直到北魏献文帝（466—471年在位）时期悉万丹等“古八部”尚不被视为契丹内部一分子。可以说，《辽史》契丹古八部的脉络，是以北魏时期契丹为核心，包含东北群狄中与契丹关系密切的部族，并追溯到奇首可汗，形成了自奇首以来的八部框架。

奇首可汗作为契丹民族认同的祖先，其所领导的部众及其后裔是构成契丹族的基础。奇首可汗率部迁徙，是否为八部之数，难以判断，即使是因八子而有八部亦可能是传说与历史记载的结合。被称为古八部的悉万丹部、何大何部、伏弗郁部、羽陵部、日连部、匹絜部、黎部、吐六于部，亦有可能是《辽史》据《魏书》而附会。根据《魏书·契丹传》和《魏书·显祖纪》的记载，显然在“古八部”（《显祖记》记为七部）之外另有契丹。不管是八部还是七部，都说明契丹与东北群狄中的悉万丹等是同等的族称，不存在包含与被包含的关系。也就是说，在北魏显祖皇兴二年（468），悉万丹等尚不被称为契丹部族。悉万丹等古八部融入契丹的时间或是在太和三年（479）契丹依附北魏，迁于白狼水（今辽宁省大凌河）流域之后。至晚于北齐天保四年（553）高洋征讨契丹时，“古八部”已经融为契丹，此际史书有“契丹别部”的记载说明契丹已非单一部族。这一时期契丹的外部环境相对宽松，部族繁衍生息，实力渐渐强大起来。东北群狄各部实力经过发展变化，弱小部落或是实质上或是名义上逐渐依附于强大的部族。在553—555年契丹万家因突厥侵逼寄于高句丽[②]，也说明契丹已经形成了内有多个部落的群体。此际，突厥开始强盛，契丹和库莫奚俱臣服于突厥，相互之间多有攻击。根据此期库

---

① 北魏皇兴二年（468）四月“高丽、库莫奚、契丹、具伏弗、郁羽陵、日连、匹黎尔、叱六手、悉万丹、阿大何、羽真侯、于阗、波斯国各遣使朝献”。《魏书》卷6《显祖献文帝纪》，第128页。此记与《契丹传》所记朝贡的“东北群狄”中的个别名称虽有差异，但所指应是相同的。

② 《隋书·契丹传》称“其后为突厥所逼，又以万家寄于高丽（高句丽）”。此语与《隋书·突厥传》：“木杆勇而多智，遂击茹茹（即柔然），灭之，西破挹怛，东走契丹，北方戎狄悉归之，抗衡中夏。”（《隋书》卷84《突厥传》，第1864页）和《周书·突厥传》：“俟斤（即木杆可汗）又西破嚈哒，东走契丹，北并契骨，威服塞外诸国。”（《周书》卷50《突厥传》，第909页）相对应。考《周书·突厥传》和《北史·蠕蠕传》，俟斤于西魏废帝二年（553）三月立为可汗，柔然最终被破于西魏恭帝二年（555）。则契丹为突厥所逼或在553—555年。

莫奚已经有五部，或于同期契丹部族亦有一定规模。到584—586年《隋书》已经称契丹有诸莫弗贺、诸部，并记载“部落渐众……依讬纥臣水而居。……分为十部。……突厥沙钵略可汗（581—587年在位）遣吐屯潘垤统之”[①]。在586—598年契丹别部出伏等背高句丽依附于隋[②]，此出伏部或即因突厥侵逼依附于高句丽的契丹万家。

综上可知，《辽史》中契丹“古八部”的记载来源是《魏书》中的“东北群狄”，起初东北群狄中的悉万丹等并不属于契丹，后随着契丹势力和影响力的扩大，也因与之有着较为密切的关系而成为“契丹”的成员。虽然说《魏书·契丹传》所记的悉万丹等八部与契丹关系较为密切，但也不能据此判定契丹“古八部”是一成不变的。契丹从最初不包含悉万丹等八部，到后来有十部之数，都说明了契丹部族的分合变化。所谓“古八部”反映的只能是与契丹关系较近的八个部落融为契丹的历史事实。契丹“古八部”的形成时间，上限可以根据契丹称谓起初不包含悉万丹等而定在5世纪六七十年代，其下限应不晚于6世纪中叶，此际契丹已有别部，显示内部已有不同的部族，且至迟于6世纪80年代契丹已有“依讬纥臣水而居”的十部，另有先依附高句丽后附于隋的出伏等契丹别部。

（二）松漠契丹部落的演变

在583—585年之际，契丹等争相内附[③]，或于此际契丹李去闾部内附于

---

① 《隋书》卷84《契丹传》，第1882页。

② 《隋书》载：开皇十七年（597）隋文帝在赐高丽（高句丽）王汤的玺书中言“王既人臣，须同朕德，而乃驱逼靺鞨，固禁契丹”（《隋书》卷81《高丽传》，第1815页），此“固禁契丹”或是指寄于高句丽的契丹万家，也即后背弃高句丽的契丹别部出伏等；又记于开皇十八年（598）高丽王“元率靺鞨之众万余骑寇辽西”（《隋书》卷81《高丽传，第1816页》），此际只有靺鞨被高句丽所驱逼，却没有契丹别部。是以，出伏等或在598年之前背弃高句丽依附隋朝。

③ “开皇三年（583），（李崇）除幽州总管。突厥犯塞，崇辄破之。奚、霫、契丹等慑其威略，争来内附”（《隋书》卷37《李崇列传》，第1123页），开皇四年（584）九月“庚午，契丹内附”（《隋书》卷1《高祖纪上》，第22页），开皇“五年（585），悉其众款塞，高祖纳之，听居其故地”（《隋书》卷84《契丹传》，第1881页）。

隋，隋置玄州安置，并于唐贞观二十年（646）再次被置为玄州①。曲据（去闾）部或于开皇初归附于隋，隋置玄州安置，隋亡之后，再次被唐置玄州以安置；或是隋朝虽已置有玄州，但曲据部内附的时间在唐代，唐朝始在玄州安置曲据部。然而无论哪种情况，646 年唐于玄州置曲据部是确定的，或是在 644—645 年唐太宗征高句丽于营州会契丹君长及老人后，做出的决定。此部的来源或与窟哥—李尽忠所领契丹一样，均属松漠部落②。

贞观二年（628）契丹有君摩会率部降附于唐③，或即唐置昌州所领之松漠部落④。《旧唐书·契丹传》称契丹君长姓大贺氏，分为八部，本臣突厥，当是指 629—630 年唐派李靖破突厥之前。摩会部降附唐时，突厥曾欲以梁师都易之，也说明了摩会部原与大贺氏八部曾一起臣服突厥，因

---

① “玄州 隋开皇（581—600）初置，处契丹李去闾部落”（《旧唐书》卷 39《地理志二》，第 1522 页），“玄州 贞观二十年（646）以纥主曲据部落置”（《新唐书》卷 43 下《地理志七》，第 1126 页）。按：去，a. 羌举切，溪语合三；b. 丘据切，溪御合三。闾，力居切，来鱼合三。曲，丘玉切，溪烛合三。据，居御切，见御合三。则，“去闾”隋－中唐—晚唐－五代—宋代—元代音值可构拟为：*k‘i̯o-li̯o—k‘i̯u-li̯u—k‘i̯u-li̯u—k‘i̯u-li̯u，“曲据”隋－中唐—晚唐－五代—宋代—元代音值为：*k‘i̯uk-ki̯o—k‘i̯uk-ki̯u—k‘i̯uk-ki̯u—k‘i̯u-ki̯u（元代“入声韵部全部消失了，并入了阴声韵部”，其中“宋代的屋烛并入了元代的鱼模”。故“曲”的韵母在宋代为入声韵部“屋烛”〔合三［i̯uk］切韵烛等〕，而在元代为阴声韵部“鱼模”〔撮口［i̯u］切韵烛等〕。参见，王力：《汉语语音史》，第 384、267、341 页）。可见“去闾”与“曲据”，二者从隋代到元代语音基本相同。元代之前“去”为阴声字，“曲”为入声字，二者声母和主要元音相同，只是韵尾不同，元代之后入声韵部消失，二者读音完全一致。“闾”和“据”韵母相同，唯有声母不同，一为来母［l］，一为见母［k］。根据见母字和来母字常常共用一个声旁的特点（如：“格”和“落”，“槛”和“蓝”，“惊”和“凉”，“检”和“敛”以及“筥”“莒”和“闾”等。参见，王力：《王力古汉语字典》，中华书局，2000 年），表明见母和来母有着密切的关系，虽然关于其原因尚无确说，但却表明［l］和［k］在发音上存在着相互转化的可能，另有些方言中上古来母字今读如见母（如甘谷话中的“吕”“侣”“脸”“敛”等，详见，马建东：《甘谷方言与〈说文解字〉同声字说明的问题——古音见母、来母或同纽系列文章之二》，《天水师范学院学报》2010 年第 1 期）。因此，“去闾”和“曲据”应是同音异写。

② “默啜乃引兵击契丹，会尽忠死，袭松漠部落，尽得孙万荣妻子辎重，酋长崩溃。”《新唐书》卷 215 上《突厥传上》，第 6045 页。

③ “贞观二年，其君摩会率其部落来降。”《旧唐书》卷 199 下《契丹传》，第 5350 页。

④ “昌州 贞观二年置，领契丹松漠部落。”《旧唐书》卷 39《地理志二》，第 1525 页。

共同生活于讫纥臣水（今老哈河）流域，属于松漠之间，故均称之为松漠部落。新旧《唐书》以首领名记玄州曲据部和昌州摩会部，反映了此二部契丹相对独立。虽然二部具有相对的独立性，但二部的松漠部落性质却与大贺氏八部相同。

契丹大贺氏八部蕃长窟哥于贞观二十二年（648）率众附属于唐，唐"置松漠都督府，以窟哥为使持节十州诸军事、松漠都督"[①]。《新唐书》称"其别帅七部分置峭落等八州"[②]，当是指以达稽部为峭落州，独活部为无逢州，芬问部为羽陵州，突便部为日连州，芮奚部为徒河州，坠斤部为万丹州，伏部为匹黎、赤山二州。另有析分大贺氏八部之纥便部[③]而置的弹汗州和松漠府（州），共十州之数，后孙敖曹－孙万荣部[④]的归诚州亦加入松漠都督李尽忠所领的契丹主体部落。大贺氏八部中七别部：达稽部之峭落州，独活部之无逢州，芬问部之羽陵州，突便部之日连州，芮奚部之徒河州，坠斤部之万丹州，伏部之匹黎、赤山二州的部名或州名，又与北魏时期东北群狄中的何大何、伏弗郁、羽陵、日连、吐六于、悉万丹、匹絜、黎等名称基本有对应关系[⑤]。可以说，契丹大贺氏八部似源于契丹"古八

① 《新唐书》卷 219《契丹传》，第 6168 页。

② 《新唐书》卷 43 下《地理志七》，第 1127 页。

③ 纥便部即大贺氏窟哥本部。《新唐书》称"窟哥有二孙：曰枯莫离，为左卫将军、弹汗州刺史，封归顺郡王；曰尽忠，为武卫大将军、松漠都督"（《新唐书》卷 219《契丹传》，第 6168 页）。或也说明了窟哥以松漠都督亲领本部——纥便部，另析分出一部分为弹汗州以子孙领之。

④ 孙敖曹部或由出伏等部契丹别部发展而来。出伏等部原依附于高句丽，与靺鞨俱为高句丽所固禁驱使，后投附于隋；而契丹别部孙敖曹也曾"初仕隋为金紫光禄大夫"，隋亡之后，于"武德四年，与靺鞨酋长突地稽俱遣使内附"（《旧唐书》卷 199 下《契丹传》，第 5350 页）。似表明契丹别部出伏等背高句丽投隋，其部首领曾以金紫光禄大夫仕于隋，隋亡后，该部因与靺鞨有相对密切的关系或联系，因而共同内附于唐。

⑤ 其中，芬问部之羽陵州、突便部之日连州与东北群狄中的羽陵、日连名称完全一样，当有渊源；坠斤部之万丹州、伏部之匹黎与悉万丹、匹絜、黎基本一样，"悉万丹"首音或首字脱落而为"万丹"，"匹絜、黎"在《魏书》中也作"匹黎尔"（《魏书》卷 6《显祖纪第六》，第 128 页；《魏书》卷 100《勿吉传》，第 2221 页），故"万丹州"名称与"悉万丹"，"匹黎州"名称与"匹絜、黎"或"匹黎尔"似有渊源。

部”，这也表明唐代松漠契丹部落的主体延续自契丹“古八部”。

因此，按照这种情况，奇首可汗之后，称之为契丹的主体部落在北魏时期是指莫弗纥何辰－莫弗贺勿于所领部族，在5世纪六七十年代之后，东北群狄中的悉万丹等融为契丹。6世纪中叶契丹曾因与北齐、突厥的矛盾，而有部众离散，或为北齐所俘，或别依于高句丽，但主体部落依然活动在松漠之间并臣服于突厥。至迟于6世纪80年代讫纥臣水（今老哈河）流域的契丹主体部落已有十部，也称为松漠部落，后来发展为玄州曲据部和昌州摩会松漠部以及大贺氏八部[①]。

（三）契丹部落联盟的形成及其部族演变

隋唐之际，松漠十部中相继有曲据部、摩会部内附于中原政权，原与莫弗纥何辰－莫弗贺勿于契丹关系密切的何大何、伏弗郁、羽陵、日连、吐六于、悉万丹、匹絜、黎等部，则以纥便部（或即原莫弗纥何辰－莫弗贺勿于契丹）为中心形成大贺氏八部。

大贺氏契丹附唐之后，其蕃长被唐任命为松漠都督，节制以大贺氏契丹部落而置的十州和后来加入的孙万荣部的归诚州。唐时以契丹部落所置州郡，除上述之外，还有武德二年（619）以内稽部所置辽州，贞观三年（629）以契丹室韦部落所置师州，贞观十九年（645）以乙失革部所置带州[②]，万岁通天元年（696）以失活部（《新唐书》作乙失活部）所置信州。其中内稽部或即达稽部[③]，应是达稽部中有部分部众附唐而置辽

---

① 《辽史》亦称：“唐世大贺氏仍为八部，而松漠、玄州别出，亦十部也。”《辽史》卷32《营卫志中》，第376页。

② “带州 贞观十九年，于营州境内置，处契丹乙失革部落”（《旧唐书》卷39《地理志二》，第1524页），《新唐书》作贞观十年（《新唐书》卷43下《地理志七》，第1127页），或误。644—645年唐太宗征高句丽时，曾会契丹君长及老人等，或于此际松漠契丹中有部众依附于唐，置带州以处之。

③ 达，唐割切，定曷开一。纳，奴荅切，泥合开一。则“达”在魏晋南北朝—隋－中唐—晚唐－五代—宋代的音值演变为：*dɑt—dɑt—dɑt—t‘（t）at，“纳”在魏晋南北朝—隋－中唐—晚唐－五代—宋代的音值演变为：*nɑp—nɑp—nɑp—nap。可见“达”和“纳”的声母均为齿音，只是在发音方法上一为塞音，一为鼻音；二字均属入声韵部，韵腹相同，韵尾［t］和［p］发音方法相同均属不送气的清塞音，只是发音部位一为齿音，一为双唇音。因此，在实际发音中，因声母发音方法的变化，韵尾发音部位的转移，故存在以“达稽”和“纳稽”译写同音的可能。

州；乙失革部和失活部或源于纥便部，应与大贺氏首领纥便部李失活有一定关系[①]。此三州的契丹部落均不明记其首领名号，或说明三州所安置契丹并不是独立且紧密的部族，应属契丹部族中的散众，师州契丹室韦部落亦属类似情况。以上四州契丹后侨寄内地，迁至青州、幽州等地，逐渐成为中原政权编户，进而融入其他民族。然而，契丹主体部落大贺氏八部和孙万荣部，经过唐朝的册封、羁縻等过程，部落联盟进一步发展，李尽忠以无上可汗的称号反唐，实现了大贺氏契丹联盟的最终确立。后李尽忠、孙万荣反唐失败，部落损失惨重，孙万荣部基本散落，“大贺氏中衰，仅存五部。有耶律雅里者，分五部为八”[②]。

雅里所分为八部者即《辽史》所记遥辇氏八部，即旦利皆部、乙室活部、频没部、纳尾部、奚嗢部、实活部、纳会鸡部、集解部，此八部应与《辽史》阻午可汗时契丹八部的迭剌部和乙室部、品部、乌隗部和涅剌部、楮特部、突吕不部和突举部有一定的对应关系。又迭剌部和乙室部、乌隗部和涅剌部、突吕不部和突举部又分别为同一来

据《新五代史·契丹传》之“内会鸡部”，《辽史·地理志》作“内会鸡部”，《辽史·部族志》作“纳会鸡部”，则内稽部或作纳稽部。而“纳稽”又与“达稽”音相通，故内稽部或即达稽部。

① 革，古核切，见麦开二。活，a. 古活切，见末合一；b. 乎括切，匣末合一。则“革”在隋－中唐—晚唐－五代—宋代的音值演变为：*kɐk—kək—kək，“活”一个读音的音值在隋－中唐—晚唐－五代—宋代演变为：*kuɑt—kuɑt—kuat。可见，二者声母相同，又同属入声韵部；主要元音［ɐ］和［ə］分别为半高和介于半低与低之间的央元音，［ɑ］和［a］分别为后低元音和前低元音，发音上存在央化或后（前）化的可能，尤其是［ə］与［ɑ］、［a］发音时舌面高低接近，且因受声母牙音［k］的影响，合口呼［uɑ］、［ua］有可能读开口呼［ɐ］或［ə］（现代北京话里，切韵歌戈韵字中的喉牙字一律读开口呼，且元音由［ɑ］变［ə］，参见，王力：《汉语语音史》，第576—578页）；韵尾［k］和［t］分别为舌根不送气清塞音和舌尖不送气清塞音，发音部位有相互转化的可能。故“革”与“活”或是同音异写。

因此，“乙失革部”和“乙失活部（失活部）”或同出一部，当与曾为大贺氏联盟首领的李失活所在部落有一定渊源。按，爱宕松男将乙失革部称作大失活部，析纥便部（即弹汗州）称作小失活部，二者原为一部，李失活的出身是失活部即小失活部（参见，爱宕松男：《契丹古代史研究》，第134、135页）。

② 《辽史》卷34《兵卫志上》，第395页。

源[①]，故而大贺氏仅存的五部为迭剌－乙室部、乌隗－涅剌部、突吕不－突举部以及频没部和实活部。阿保机的世里氏契丹联盟继承了遥辇氏八部，并通过对外征服，将突吕不室韦部和涅剌拏古部、奚迭剌部、奚王府五部等纳入契丹部族管理。

综上，在2—3世纪，自奇首可汗徙潢水之滨，契丹部族开始形成。到4世纪后半叶成为独立的契丹部落，莫弗纥何辰和莫弗贺勿于曾为部落首领，单一的部落构成或持续到5世纪后半叶。此后，与契丹部落联系紧密的悉万丹部、何大何部、伏弗郁部、羽陵部、日连部、匹絜部、黎部、吐六于部等融为契丹，至晚到6世纪中叶契丹已有别部，中叶之后活动于松漠之间的契丹分为十部，另有万家寄于高句丽。从7世纪初叶起，作为契丹主体的松漠部落，以原契丹部落——莫弗纥何辰—莫弗贺勿于所领契丹（或即纥便部）为中心开始形成较为松散的联盟，称大贺氏契丹；到后半叶正式形成大贺氏契丹联盟，包含纥便部、坠斤部（悉万丹）、达稽部、独活部、芬问部（羽陵）、突便部（日连）、伏部（匹絜、黎）、芮奚部等大贺氏八部以及原寄于高句丽后附属于隋唐的孙敖曹—孙万荣部。从7世纪末开始，大贺氏契丹联盟衰败，孙万荣部散灭，到8世纪中叶前后大贺氏八部只剩五部，代之而起的是遥辇氏契丹联盟，析分五部为八部：迭剌部、乙室部、乌隗部、涅剌部、突吕不部、突举部以及频没部、实活部，其中迭剌部是部落联盟的核心力量。约在10世纪初，迭剌部耶律（世里氏）阿保机取代遥辇氏成为契丹部落联盟首领，联盟内除契丹原有部族外，也有奚、室韦等其他民族成员构成的部族。后来，这些部族构成了契丹－辽政权的核心力量。

二、部族与部落联盟组织管理体制

契丹早期的部族和部落联盟的组织架构经历了由简到繁的过程。起

① 根据《辽史》记载，太祖二十部中的契丹部族，皆由阻午可汗析分原部族而成。分别是：五院部、六院部来源于迭剌部，而迭剌部和乙室部为阻午可汗时益古和撒里本兄弟分营领之；品部，其先曰拏女，阻午可汗以其营为部；楮特部，其先曰洼，阻午可汗以其营为部；乌隗部和涅剌部亦为阻午可汗析分而成，由撒里卜和涅勒兄弟领之；突吕不部和突举部为分营置部，由塔古里和航斡兄弟领之。参见，《辽史》卷33《营卫志下》，第384—387页。

初的契丹首领有称莫弗,《魏书》所见契丹莫弗分别有纥何辰、贺勿于[①]等,指的是单个部落的首领。隋代,契丹有十部,其莫贺弗也就有了多位[②],诸莫贺弗之上并无大统领,以“酋帅相与议之”的机制协调各部。

大贺氏联盟早期内部的组织形式,史书记载有“君长”“君”“蕃长”“长”“帅”等称谓,这些当是中原对其首领的称呼,不是契丹本族的官号。《新唐书》记大贺氏八部因臣于突厥,以君长为俟斤,各部首领则称辱纥主[③]。俟斤为突厥所授官职,而辱纥主或与莫贺弗相似,亦是一般部落的首领。说明大贺氏八部早期的联盟组织粗具形态,各部有辱纥主,八部君长为纥便部大贺氏,被突厥授以俟斤称号。大贺氏八部之外的契丹部落亦有辱纥主,如曲据部等。契丹依附唐朝后,各部辱纥主被唐授以刺史,由纥便部析分而成的弹汗州首领亦以刺史称之,原被突厥授予俟斤的大贺氏君长则授予松漠都督。似表明此际大贺氏本部之纥便部的首领亦是辱纥主,作为大贺氏八部的君长并没有本族称号,其所谓君长或是借助突厥、唐等政权授予俟斤、松漠都督而实现的。也就是说,大贺氏联盟的形成有外力促成的因素,其早期组织具有双重特点:其一,于契丹族内部,八部各有辱纥主,八部地位平等,保持着松漠契丹十部时期各部酋帅协商的机制;其二,纥便部大贺氏或因地位、实力相对优势,而被突厥、唐授以俟斤、松漠都督的称号作为君长,代表契丹与外部交往。后来,随着契丹各部辱纥主被唐授以诸州刺史,松漠都督节制十州,大贺氏君长的权力得以加强;到李尽忠联合孙万荣反唐,依靠大贺氏本部力量,借助孙万荣部的势力和反唐的时机,强化了对八部的控

---

① 《北史·契丹传》记“莫弗贺勿于”为“莫贺弗勿干”(《北史》卷94《契丹传》,第3127页)。按,“莫弗”为中国古代北方民族部落首领称谓,《魏书》记柔然、高车-敕勒、乌洛侯等皆有莫弗,可见《魏书》之“莫弗”称谓广泛为北方民族各部首领所使用(《魏书》记乌洛侯“无大君长,部落莫弗皆世为之”。《魏书》卷100《乌洛侯传》,第2224页),因此应以“莫弗/纥何辰”“莫弗/贺勿于”理解《魏书》所记,而《北史》改“莫弗贺勿于”为“莫贺弗勿干”,并不能反映《魏书》的本义。

② “开皇四年,率诸莫贺弗来谒。”引自《隋书》卷84《契丹传》,第1881页。

③ 契丹“其君大贺氏,有胜兵四万,析八部,臣于突厥,以为俟斤”,大贺氏八部“俱隶松漠府,即以辱纥主为之刺史”。引自《新唐书》卷219《契丹传》,第6167、6168页。

制，及其自号无上可汗，大贺氏契丹联盟正式确立。李尽忠死，孙万荣代领其众，表明孙万荣并未称汗；待万荣死，契丹降突厥，契丹首领为李尽忠从父弟，大贺氏的契丹君长地位并没有改变。虽然大贺氏依然保留有部落联盟首领的身份，但是大贺氏契丹经历李尽忠、孙万荣之败，纥便部又经多次析分，实力大弱。然而，一方面由于突厥、唐等政权对大贺氏的支持，使得大贺氏契丹联盟依然能够维持；另一方面由于八部地位平等，在大贺氏衰弱的情况下，使得八部中强盛者具备挑战大贺氏联盟首领地位的条件。这是由大贺氏契丹联盟本身的双重特性所决定的。因此，大贺氏契丹联盟后期，一方面联盟组织的维持需借助外部的突厥和唐朝支持，另一方面内部权力分配则与之不完全一致。虽然大贺氏首领李失活等仍以唐松漠都督、静析军大使等节制八部部长（刺史），但是静析军副使可突于则是八部中强盛者，其曾几度废立大贺氏首领，并为唐所接受。可见，此期联盟双重性中契丹自身内部的属性起主导作用，外部的册封附属于契丹内部势力的斗争变化。从某种程度上来说，由外部势力促成的大贺氏契丹联盟已经名存实亡。契丹联盟自身的组织结构却开始完善，大贺氏首领下有衙官李过折与可突于分掌兵马，说明在部落联盟一级组织建构中除联盟首领外，已经设有官员分工掌事。可突于杀大贺氏邵固，另从八部中择立屈烈，屈烈、可突于所领契丹与唐对立，屈烈未曾为唐松漠都督或静析军大使等职，也正式宣告了大贺氏契丹联盟双重属性中外部册封这一“名”亦已结束。李过折杀屈烈和可突于，重新为唐所授予检校松漠州都督，也只是昙花一现，是年即被可突于余党泥礼所杀，大贺氏契丹联盟至此不复存在。大贺氏契丹联盟向遥辇氏契丹联盟转变的过程，也是契丹摆脱外部因素，部落联盟自身组织发展完善的过程。

阻午可汗立，遥辇氏契丹联盟的八部各有部长，立二府以总之，后有南北府宰相分理各部。其中迭剌部长泥礼因拥立之功，被命为夷离堇。泥礼家族即“世为契丹遥辇氏之夷离堇”[①]。迭剌部夷离堇在部落联盟一级的组织架构中称之为迭烈府夷离堇，如同后世的五院部、六院部等在朝曰北大王院、南大王院等大王府。后自释鲁为于越当国，阿保

① 《辽史》卷2《太祖纪下》，第24页。

机亦以于越受禅，表明在迭烈府夷离堇之上又有于越一职。《辽史》记遥辇痕德堇可汗时期耶律辖底“自立为夷离堇。与于越耶律释鲁同知国政”[1]。又有挞马狘沙里为管率众人之官，有扈从的职责，可参与部族事务，且阿保机曾以挞马狘沙里“奉痕德堇可汗命，案于越释鲁遇害事”[2]。表明在迭烈府夷离堇下有挞马狘沙里等扈从官供职于部落联盟，又有悔落、阿札割只、拽剌等职以及瓦里等机构。及世里氏契丹联盟时期，阿保机置惕隐，典族属，用汉官，改汗权为皇权。虽然此期部落联盟体制渐呈瓦解之势，但是部落和部落联盟的诸多组织机构、职官等却保留并得以继续发展。比如，各部夷离堇继续领有本部，部族内有石烈、弥里等基层社会组织，南北府宰相渐开始在宗室和后族中世选，于越和迭烈府（迭剌部）夷离堇依然是部落联盟首领之下最为重要的两个职官，并具有部落联盟首领的候选人资格，夷离毕总政务等。世里氏契丹削弱部族势力、强化联盟中央权威的不断深入，为部落联盟转型为民族政权奠定了基础。

契丹由单一部落到多部落，外界的认同与内部的同化均是不可忽视的因素。在经历由部落向部落联盟过渡的历程中，突厥、唐等外部力量起了较大推动作用。大贺氏契丹部落联盟的双重属性中的外部促成因素在其形成、发展过程中起主导作用。遥辇氏契丹部落联盟则是在反抗大贺氏时期的外部干预因素中建立起来的，是部落和部落联盟不断增强的实力使然，在部落联盟建设过程中迭剌部等内部部族一直起决定作用，尤其是世里氏的泥礼—阿保机家族。世里氏契丹部落联盟组织过渡为民族政权，既继承了契丹部落和部落联盟的主体，又延续和发展了其组织制度等。

三、部落联盟长和部族长的更替

契丹早期的部族长和三个联盟时期的部落联盟长的更替，基本遵循世选制。世选制是早期契丹在部落和部落联盟中，采取的一种世袭与选能相结合的职位更替制度。这种广泛应用于替换内部各级、各类执事者的任选方式，后被契丹－辽政权所继承用来选官，比如南北府宰相、节

---

① 《辽史》卷112《耶律辖底传》，第1498页。

② 《辽史》卷61《刑法志上》，第936页。

度使等职官。

契丹早期的部族首领，从北朝时期的莫弗纥何辰、莫弗贺勿于，到隋唐时期的辱纥主曲据、大酋孙敖曹—孙万荣、君长咄罗、君长摩会等；虽然可考者甚少，但也可看出世选的特点，如孙敖曹—孙万荣祖孙世为部落酋帅。大贺氏部落联盟长可考者有窟哥、阿不固（也作阿卜固）、窟哥曾孙（或孙）李尽忠、尽忠从父弟失活、失活从父弟娑固、娑固从父弟郁于、郁于弟吐于、尽忠弟邵固、屈烈、李过折等。窟哥为首任联盟长，李过折为大贺氏末任，实际上在邵固后大贺氏即已衰亡。从窟哥到李尽忠之间的世系和继承关系不得而知，但从尽忠到邵固却完整地反映了大贺氏契丹部落联盟长兄终弟及的世选特点。

遥辇氏部落联盟长的世系，由于记载较少，故难以明晰其相互之间的关系。然而，遥辇氏契丹部落联盟长出自同一部族，则是可以确知的。《辽史》说阿保机“初受命，属籍比局萌觊觎，而遥辇故族尤觖望”[①]。表明遥辇氏故族同属一个特定的部族。《新唐书》称：“习尔之死，族人钦德嗣。”[②]可见遥辇氏族人相继为部落联盟长。遥辇氏可汗有九帐（九营），《辽史》记之为洼可汗、阻午可汗、胡剌可汗、苏可汗、鲜质可汗、昭古可汗[③]、耶澜可汗、巴剌可汗、痕德堇可汗。由于遥辇氏相传十余世，因此所谓遥辇氏九帐应是指具有候选部落联盟长资格的九个遥辇氏支系。《辽史·太祖纪》称遥辇末君痕德堇可汗立于唐天复元年（901）[④]，

---

① 《辽史》卷 73《耶律海里传》，第 1227 页。

② 《新唐书》卷 219《契丹传》，第 6172 页。《辽史》亦称：“契丹王钦德，习尔之族也。”（《辽史》卷 63《世表》，第 956 页）。

③ 另，《辽史》记有嘲古可汗或即昭古可汗。如“耶律阿没里，字蒲邻，遥辇嘲古可汗之四世孙”（《辽史》卷 79《耶律阿没里传》，第 1274 页），“萧达鲁古，遥辇嘲古可汗宫分人”（《辽史》卷 111《萧达鲁古传》，第 1493 页）。按：嘲，陟交切，知肴开二；昭，止遥切，照宵开三。则“嘲”和“昭”宋代音值分别可构拟为：*tɕeæu 和 *tɕi̯æu；可见二者声母相同，韵母同属阴声韵“萧肴”韵部，韵腹和韵尾相同，韵头略有差异，发音时舌面［i̯］略高于［e］，故“嘲”和“昭”应是因元音的高化或低化而导致的同音异译。

④ “唐天复元年，岁辛酉，痕德堇可汗立，以太祖为本部夷离堇，专征讨，连破室韦、于厥及奚帅辖剌哥，俘获甚众。冬十月，授大迭烈府夷离堇。”《辽史》卷 1《太祖纪上》，第 1 页。

然《辽史·兵卫志》又称901年为耶澜可汗十年[①]。《辽史·校勘记》认为遥辇耶澜可汗十年岁在辛酉当为天复元年，与《辽史·世表》所记“耶澜可汗在唐会昌间，次巴剌可汗在咸通间，又次痕德堇可汗在光启间”不合，并认为《辽史·太祖纪》所记较近实际[②]。然，若“纪”是而“志”非，则天复元年痕德堇可汗立亦不在光启年间（885—888）。故，不能以痕德堇可汗在光启间，而废“纪”“志”所记。若以901年为耶澜可汗十年[③]，则耶澜可汗元年在892年。892—900年为9年时间，或是耶澜可汗在位；901—906年为6年时间，或是痕德堇可汗在位；二者皆为3的倍数，符合契丹可汗三年代立的传统。据《辽史·刑法志》记载，痕德堇可汗命为挞马狘沙里的阿保机“案于越释鲁遇害事”，而《辽史·太祖纪》称阿保机为挞马狘沙里在901年痕德堇可汗立之前，故据此可判断，或在901年之前亦有痕德堇可汗为政。《旧五代史》记咸通（860—874）末有习尔之为王，习尔之后光启（885—888）中有钦德为王，《辽史》称习尔（即习尔之）为巴剌可汗、钦德为痕德堇可汗。据此可推测不早于咸通（860—874）末，且最迟于光启末年（888）已有痕德堇可汗。或是钦德曾先后两次为汗中间隔有耶澜可汗，或是钦德一系（也称痕德堇可汗系）曾在耶澜可汗之前和之后两次有人为汗。如此则既可通顺史书所记的矛盾之处，又符合三年代立传统。据会昌二年（842）有新立耶澜可汗屈戌附唐，以901年为痕德堇可汗立为基准，以3的倍数上推，则知屈戌或立于841年（841—900年为60年亦合3的倍数）。841年立的屈戌和892立的耶澜可汗或皆属耶澜可汗系（即屈戌一系）。根据735年大贺氏末君李过折被杀，745年记有遥辇氏大酋李怀秀降唐，若以三年

① “遥辇耶澜可汗十年，岁在辛酉，太祖授钺专征，破室韦、于厥、奚三国，俘获庐帐，不可胜纪。十月，授大迭烈府夷离堇。”《辽史》卷34《兵卫志上》，第396页。

② 《辽史》卷34《兵卫志上》校勘记〔一〕，第400页。

③ 《辽史·兵卫志》分别以遥辇耶澜可汗十年（901）、十一年（902）、十二年（903）、十五年（906）记阿保机于唐天复元年（901）破室韦等事、明年伐代北事、明年奚七千户事、后三年遥辇可汗卒事（参见，《辽史》卷34《兵卫志上》，第396页；《辽史》卷1《太祖纪上》，第1、2页）。此或透露编撰《辽史》时所参考文献中有以遥辇可汗纪年的形式，《辽史·太祖纪》则换以“唐天复元年”“明年……”“明年……”记之。这也表明了《辽史》史源记事、纪年的连续性和原始性。

代立的传统，向上推算遥辇氏首君阻午可汗所立时间，大致应在736、739、742、745这四个年份。其中以736年可能性最大，泥礼或是在杀李过折后的第二年立遥辇氏阻午可汗。

遥辇氏部落联盟时期的迭剌部夷离堇也是世选。据《辽史》所载，自迭剌部长泥礼三世孙耨里思（辽肃祖）为迭剌部夷离堇后，先后曾任夷离堇的有：肃祖子洽昚、萨剌德（辽懿祖），懿祖子蒲古只（再为夷离堇）、帖剌（九任夷离堇）和匀德实（辽玄祖），帖剌子罨古只、辖底及侄偶思，玄祖子岩木（三任夷离堇）和撒剌的（辽德祖），岩木子胡古只、末掇和楚不鲁，德祖子阿保机（辽太祖）等。世里氏契丹部落联盟时期，先后有辖底子迭里特、阿保机弟剌葛、偶思子耶律曷鲁等相继为迭剌部夷离堇。

契丹部族长和部落联盟长具有世袭的特征，而又不完全取决于血缘关系的亲疏远近。大贺氏联盟长多以从兄弟相继，遥辇氏联盟长则是择立九营子弟，世里氏契丹联盟长[①]和迭剌部长则出自泥礼—耨里思—阿保机家族。依传统契丹王（可汗）的选立，有八部推举，建旗鼓，三年更替和迎十二神纛等机制和程序[②]；联盟可汗和迭剌部夷离堇等选立后还需行柴册礼等仪式，方成为“法理”上的联盟长或部族长。契丹部落联盟长最初具有突厥俟斤的身份，到大贺氏窟哥则是以唐松漠都督的身份领有诸部，再到李尽忠自号（无上）可汗为后世所继承，大贺氏、遥辇氏诸可汗史书亦以“王”记之，至耶律（世里氏）阿保机称天皇王（天皇汗），皇帝称号渐为契丹首领所使用。契丹部族长则曾有莫弗、莫弗贺、辱纥主、夷离堇等称号。

早期契丹是部落社会，社会组织机构亦主要是部落和部落联盟组织。在契丹社会由单一部族发展到诸多部族的过程中，内外部因素促进部落间的联系和结合，从而形成部落联盟。部落联盟经过内部势力整合和组织机构完善，在世里氏联盟时期过渡成为契丹－辽政权，契丹－辽政权同时也继承并发展了其政治军事制度。

---

① 世里氏契丹部落联盟虽然只有阿保机一人曾为联盟长，但据前文分析，世里氏皇族成员具有候选人资格。

② “其八族长皆号大人，称刺史，内推一人为王，建旗鼓以尊之。每三年，第其名以代之”（《五代会要》卷29《契丹》，第455页）；“遥辇末主遗制，迎十二神纛、天子旗鼓置太祖帐前”（《辽史》卷58《仪卫志四》，第918页）。

第二节　行国政治与军政制度

早期契丹的部落联盟具有民族政权的初级阶段形态，尤其是依靠民族自身统合而成的遥辇氏联盟和世里氏联盟，基本具备了游牧民族政权的一些主要特征，比如行国政治、军政合一等特点。契丹族的行国政治主要体现在捺钵制度和斡鲁朵法，二者互为表里，行营以经理四方，宫卫以集权中央，“无日不营，无在不卫”。军政合一则主要体现在部族是政权的根本，以部族分镇边圉，部族军成为主要军事力量，“有事则以攻战为务，闲暇则以畋渔为生”[①]。

一、形成中的斡鲁朵与捺钵

阿保机以世里氏受禅，始立斡鲁朵法[②]；阿保机营建四楼，构成辽初捺钵制度的核心内容[③]。虽然世里氏契丹联盟是斡鲁朵和捺钵制度化的关键时期，但也不能说明此前并无宫卫和行营。

宫卫有三大主要特点：一曰裂州县，割户丁，以强干弱枝；二曰入则居守，出则扈从，葬则守陵；三曰置侍卫亲军以备兵事。概括讲，三大职责：居守、扈从、守陵；两大目的：强干弱枝和防备突变。契丹第一个正式的宫卫是算斡鲁朵，“算”语解为心腹、腹心之义[④]，最初是以阿保机的心腹之卫置，后才有俘户等，守陵职责更是阿保机死后的事情。因此，宫卫之初只有扈从守卫的职责，并无守陵之责。阿保机的心腹之卫主要有耶律曷鲁、萧敌鲁、萧阿古只等[⑤]，后组成腹心部，先后以曷鲁和敌鲁、敌鲁和阿古只、耶律斜涅赤等总腹心部，腹心部后发展为侍卫

---

① 《辽史》卷31《营卫志上》，第361页。

② “太祖以迭剌部受禅，分本部为五院、六院，统以皇族，而亲卫缺然。乃立斡鲁朵法。”《辽史》卷35《兵卫志中》，第402页。

③ 陈晓伟：《捺钵与行国政治中心论——辽初“四楼”问题真相发覆》，《历史研究》2016年第6期。

④ “国语心腹曰‘算’”（《辽史》卷31《营卫志上》，第362页），“算，腹心拽剌也”（《辽史》卷116《国语解》，第1544页）。

⑤ 此三人，分别被阿保机以心、手、耳喻之。见，《辽史》卷73《列传第三》，第1222—1224页。

军之皮室军。由心腹之卫到腹心部，再到皮室军，是在防变平叛的过程中形成发展起来的，起初有“曷鲁常佩刀从太祖，以备不虞”，继而“诸弟剌葛等往往觊非望”，“太祖宫行营始置腹心部”[①]，再后来耶律老古因控뽑以防剌葛变之功，而授右皮室详稳。由此可知，宫卫之侍卫军的形成和防备突变的功能，均是在阿保机时代完善的。之外，通过裂州县等达到强干弱枝的目的，更是后有之事。可以说宫卫的原始功能只有居守扈从，是以“卫”的形式存在的，遥辇氏部落联盟时期的职官——挞马狘沙里就是扈从之官。《辽史》称：“遥辇九帐大常衮司。掌遥辇洼可汗、阻午可汗、胡剌可汗、苏可汗、鲜质可汗、昭古可汗、耶澜可汗、巴剌可汗、痕德堇可汗九世宫分之事。”[②]可见遥辇氏可汗皆有宫卫，《辽史》记有洼可汗宫分人萧得里特、萧特烈，嘲古可汗宫分人萧达鲁古等。由于，此宫卫并不是设于遥辇时期，而是907年之后世里氏联盟阿保机初以行营为宫[③]，并因受位于遥辇故而尊崇之，置遥辇九帐，始有遥辇各宫卫；因此，遥辇氏各可汗只是“卫”而无“宫”，其所谓的“宫”只是行营而已，并无户丁、州县等。“太祖宫行营始置腹心部”和“以行营为宫”，均说明最初行营和宫卫二者一体的性质，并且先有行营后有宫卫，其中“心腹之卫”一直是宫卫和行营的中坚力量。

契丹“无在不卫”的扈卫形式，其目的恰是为了适应“无日不营”的捺钵制度。捺钵的核心是“四时巡守”和“会议国事”，因游牧经济和游牧生活的流动性，决定了契丹的统治核心需要通过四时巡守的方式，掌控四方、处理政事。这既是游牧民族政权体制的客观存在形式，同时也是统治者的日常生产、生活方式。早期契丹“冬月时，向阳食；夏月时，向阴食”[④]。从某种程度上来说，即反映了契丹部落随着时季的变化，变换生产、生活环境。带领族人“逐寒暑，随水草畜牧”[⑤]，寻找适宜的环境是部族长

① 《辽史》卷73《耶律曷鲁传》，第1221页。

② 《辽史》卷45《百官志一》，第711页。

③ “初，太祖以行营为宫”（《辽史》卷46《百官志二》，第738页）；《耶律欲稳传》亦称“太祖始置宫分以自卫”（《辽史》卷73《耶律欲稳传》，第1226页）。可知“始置宫分”始于阿保机时期。

④ 《通典》卷200《契丹》，第5485页。

⑤ 《隋书》卷84《契丹传》，第1882页。

和部落联盟长的义务。后来随着部族的强大、部落联盟组织的成熟，虽然部族长和联盟长逐渐脱离生产，但却延续着逐寒暑、随水草的生活传统，并有了相对固定的四时营地。遥辇氏时期有“虞人”①一职，说明此际已经有专门的苑囿之地，以供联盟长等畋牧。遥辇氏契丹在唐天复二年（902）“作西楼于世没里”，三年（903）“作东楼于龙化州”②，又有木叶山之南楼，以及北楼地，“岁时游猎，常在四楼间”③。及阿保机成立世里氏契丹联盟，四楼亦成为四时游猎、巡狩之地。“四楼诸地，应该是一个相对固定的游牧地域，太祖往返于四地之间，符合北族游猎传统，其实质为四季营地，乃是契丹捺钵制度的最初创制。”“北楼为纳凉行在，南楼为坐冬行在，两地要举办多种政治活动，国家大政决议形成于此”④。虽然说在遥辇氏后期已经有了捺钵制度的最初形态，但是四楼巡守、四时游猎的源头——“逐寒暑、随水草”的主要内容和目的起初并不是处理政事、经营四方，行营的政治意义是随着联盟中央组织的完善和权力的强化而丰富起来的。

因此，契丹早期的行国政治形态是基于游牧的生产、生活方式自然形成的，起初只是在游牧的生产中遇事而议，后有了脱离生产的政治机构，才形成游牧生活中的巡狩而治。随着政治机构和巡狩制度的完善，行国政治日趋成熟。伴随着行国政治的步步发展，行营中的扈卫愈加重要，进而演化成正规的侍卫亲军，为使其得以持续并能稳定发展，从而产生政治、军事、经济一体的宫卫斡鲁朵。捺钵和斡鲁朵制度的这一特点，与契丹军政合一、兵民不分的军政制度和管理体制密切相关，均是由契丹族游牧的生产、生活方式所决定的。

二、军政合一与寓兵于民

军政合一和兵民不分是中国古代北方草原民族具有共性的政治制度。

---

① “萧塔列葛，字雄隐，五院部人。八世祖只鲁，遥辇氏时尝为虞人。”《辽史》卷85《萧塔列葛传》，第1318页。

② （元）陈桱：《通鉴续编》卷2，《文渊阁四库全书》（第332册），（台北）商务印书馆影印本，1986年，第447页。

③ 《辽史》卷116《国语解》，第1535页。

④ 陈晓伟：《捺钵与行国政治中心论——辽初“四楼”问题真相发覆》，《历史研究》2016年第6期。

就早期契丹来说，主要是指部族长与部落联盟长兼为军事长官或首领，重要职官文武不分，部族军为主要军事力量，行军打仗兼营生产等。

早期契丹的部族长，无论是莫弗、莫贺弗，还是辱纥主、夷离堇等，都是兼统部族政治军事。比如，莫弗纥何辰、莫弗贺勿于平时主持部族内政外事，遇有兵事则带领部族或战或避；大酋孙万荣为唐刺史，反唐时则为无上可汗李尽忠麾下大将；迭剌部夷离堇耨里思率部与安禄山战于潢水；阿保机以迭剌部夷离堇授钺专征等。部落联盟长亦如是，大贺氏联盟君长既为唐松漠都督，又为静析军大使，节制十州军事；遥辇氏联盟可汗统领八部，与外争夺利益；世里氏联盟天皇王阿保机逢战多亲征。此外，像大贺氏联盟的衙官，遥辇氏联盟、世里氏联盟的于越、挞马狘沙里等职官皆有文武不分的特点。契丹别帅李过折、酋长可突于兼任大贺氏衙官（或即知契丹兵马中郎、静析军副使），耶律释鲁、阿保机、曷鲁等以于越当国主持军国事，阿保机曾作为扈从官以武职挞马狘沙里“参预部族事”[①]并按察于越释鲁遇害事。世里氏联盟时期阿保机的扈卫官耶律曷鲁、萧敌鲁等皆是既总领腹心部，又总军国事，最能显示草原侍卫亲军的“文武不分，侍卫官兼掌文职”[②]的特色。

契丹的军事力量主要是部族军，尤其是早期在没有产生正规的皮室军和宫卫骑军之前，基本上是全民皆兵，部族成员上马则为兵，下马则为民，“猎则别部，战则同行”[③]。这种兵民一体的特点与早期契丹的用兵缘起有一定关系，初期契丹部族的战事多是起于寇盗或为求避战，寇盗则是部民抢夺生产、生活资料，避战则难免举部奋起自保。可见兵民一体是契丹早期在生产力相对较低的情况下，为求生存、生活而采取的一种方式。虽然契丹实行全民皆兵、兵民合一的体制；但是遇有战事，亦有“征发”，于部族中征调户丁为军。在征调部族人力物力上，《辽史》记载：“辽国兵制，凡民年十五以上，五十以下，隶兵籍。每正军一名，马三匹，打草谷、守营铺家丁各一人。”[④]表明所征调的部族军有“正军”

---

① 《辽史》卷 73《耶律曷鲁传》，第 1220 页。

② 晓克：《北方草原民族侍卫亲军制探析》，《内蒙古社会科学》（汉文版）2007 年第 5 期。

③ 《旧唐书》卷 199 下《契丹传》，第 5350 页。

④ 《辽史》卷 34《兵卫志上》，第 397 页。

和“家丁”，正军为作战人员，家丁为后勤人员。史书称大贺氏有胜兵四万三千，或指的是“正军”数目[①]。大贺氏联盟形成之前，内附于北魏白狼水（今辽宁省大凌河）的契丹，其部落万余口，车三千乘，或表明其有三千胜兵，与松漠十部时期“兵多者三千，少者千余”[②]相合。由松漠十部一到三万胜兵发展到大贺氏契丹四万三千胜兵，显示了契丹力量的不断壮大。到遥辇氏联盟后期，契丹有胜兵七到十万[③]。世里氏联盟时期在遥辇氏的基础上又有发展，阿保机于部族军外另成侍卫亲军，“选诸部豪健千余人，置为腹心部”[④]，后发展为国家常备军——皮室军；又有阿保机后述律平“俘掠有伎艺者多归帐下”[⑤]，置为属珊军。早期的皮室军诸部豪健是否从事生产不得而知，但有技艺的属珊成员是应从事相关生产的；可以说属珊军虽多是俘虏，但却同契丹部族军一样兵民不分，平时劳作，战则从军。契丹部族军行军打仗，武器装备皆自备，粮草以打草谷的方式抢掠为主。“有征伐，则酋帅相与议之，兴兵动众合符契”[⑥]。说明早在松漠十部时期，契丹已经使用符契以调兵，军事行动有统一指挥。遥辇氏联盟时期阿保机“授钺专征”，表明此际用兵，已有授斧钺以象征兵权。世里氏联盟时期阿保机讨伐诸弟之乱，“问诸弟面木叶山射鬼箭厌

---

① 《旧唐书》记载“有都伦纥斤部落四万户，胜兵万余人。贞观三年，其君长遣使贡方物”（《旧唐书》卷199下《霫传》，第5363页）。由此可知，三到四户有一胜兵。以每户出一人计，则应是三到四户产生一名“正军”、二到三名“家丁”，与《辽史》所记暗合。若此论为是，则“胜兵”指的即是作战之“正军”。

② 《隋书》卷84《契丹传》，第1882页。

③ “梁将篡唐，晋王李克用使人聘于契丹，阿保机以兵三十万会克用于云州东城”（《新五代史》卷72《契丹传》，第887页），《辽史》记之为唐天祐五年（905）“唐河东节度使李克用遣通事康令德乞盟。冬十月，太祖以骑兵七万会克用于云州”（《辽史》卷1《太祖纪上》，第2页）。二史书，一记有兵三十万，一记七万，差数之大原因或是《辽史》七万骑兵为正军，《新五代史》三十万包括“家丁”等，约合一名正军、三名家丁之数。《辽史》又记阿保机曾于902年，总兵四十万伐河东代北，可见遥辇氏联盟后期，契丹可动员总兵力，已有30万—40万，其中胜兵（正军、骑兵）为7万—10万。

④ 《辽史》卷46《百官志二》，第738页。

⑤ 《辽史》卷37《地理志一》，第446页。

⑥ 《隋书》卷84《契丹传》，第1882页。

禳，乃执叛人解里向彼，亦以其法厌之”[①]，可见“皇帝亲征仪”中的“射鬼箭”[②]之俗已经形成。

行国政治和军政合一的政治军事制度，普遍存在于中国古代北方草原民族社会。这一具有共性的制度是由游牧的经济形式和生活方式所决定，契丹族也不例外。在游牧经济的支配下，契丹早期的军政制度，以部落社会的组织形式为载体，服务于部落社会的发展。契丹松漠十部时期，尚无形成部落联盟，其政治军事协调机制是：各酋帅遇兵事则相与议，平时各部族长自行政事。大贺氏契丹联盟时期，联盟首领多依仗外部册封，对内约束力有限，政事时常出于衙官，多数情况亦是“猎则别部，战则同行”。遥辇氏契丹联盟以迭剌部–迭烈府为中坚的权力运行模式，保证了联盟中央的权力实施。直至世里氏联盟时期，方形成联盟核心与权力重心一体化的格局，依靠强有力的联盟中央和不断完善的联盟组织，从而过渡到契丹–辽政权。

① 《辽史》卷1《太祖纪上》，第7页。

② 《辽史》曰：“射鬼箭 凡帝亲征，服介胄，祭诸先帝，出则取死囚一人，置所向之方，乱矢射之，名‘射鬼箭’，以祓不祥。及班师，则射所俘。”（《辽史》卷116《国语解》，第1535页）；《辽史·礼志》记皇帝亲征仪，“出师以死囚，还师以一谍者，植柱缚其上，于所向之方乱射之，矢集如猬，谓之‘射鬼箭’”（《辽史》卷51《礼志三》，第845页）。

第五章　契丹早期的经济生活

经济生产和社会生活的发展程度既是衡量一个民族发展程度的重要方面，更是一个民族进行政治、军事、文化等各方面建设的基础。契丹早期的社会生活方式与其经济类型是紧密联系的，比如以食肉饮酪为主的饮食习惯是由占主导地位的畜牧业所决定的，皮毛为衣、车马为家亦是如此。

第一节　契丹早期的经济类型

契丹早期的经济类型以畜牧业为主兼营渔猎业和农业，并有一定的手工业和商业。其中畜牧业是契丹的立国之本，渔猎则是在其逐水草而居的生活方式下的补充活动，农业主要是在遥辇氏后期和阿保机时代开始发展起来，并在草原地区适合农耕的地带推广，商业交换行为虽然由来已久，但商业发展的各个要素则至阿保机时期方得以完善。

一、畜牧业

畜牧业是契丹的主要经济生产类型，388年拓跋珪大败库莫奚、契丹等东北群狄，致使契丹与库莫奚“分背”，并俘获四部的马、牛、羊、猪十余万。这说明早在二者“分背”之前，库莫奚－契丹的畜牧业已经有了很好的发展，且牲畜种类多样。“分背”之后，契丹时常向北魏进贡名马，且因忧惧高句丽等的侵犯而驱赶着各种牲畜依附北魏，这些也说明了契丹单独活动之后，畜牧业是其生产生活的根本。北齐时期，文宣帝高洋曾俘获契丹“杂畜数十万头”[①]，表明契丹的畜牧业已经有了一定的规模。到隋代，契丹形成十个部落，其随水草畜牧的范围依托纥臣水

① 《北史》卷94《契丹传》，第3128页。

（今老哈河）“东西亘五百里，南北三百里”[①]。此后，契丹畜牧业继续发展，到唐末，契丹因镇守幽州的刘仁恭“燔塞下野草以困之，马多饥死，即以良马赂仁恭，以市牧地”[②]，表明此际契丹的畜牧范围已经扩大到唐政权边塞附近。唐天祐四年（907）阿保机与李克用会盟，曾一次性“留马三千匹以答贶”[③]，说明契丹蓄养马匹已经形成相当规模。这应是得益于契丹的群牧制度，契丹的群牧属于官营牧场，《辽史》称“始太祖为迭烈府夷离堇也……群牧蓄（蕃）息，上下给足”[④]。契丹群牧主要是以牧马为主，亦有牛群。其牲畜来源除契丹内部的牲畜繁衍之外，还有对外征战掠夺而来的以及外部每年进贡的马匹（多者万计、少者百计）等。例如，阿保机在为大迭烈府夷离堇之际，曾于唐天复二年（902）攻伐河东、代北的郡县，掠夺获得的驼、马、牛、羊十余万，不可胜计。这些对外征伐所获得的牲畜，数量较大，应有相当一部分收归群牧所养。群牧牲畜的用途包括军用战马和内外赏赐等。契丹设有专门官员管理群牧事宜，有马群官和牛群官等，以群为单位，放牧于不同的地方。在阿保机为官迭剌部夷离堇时，群牧就已经有了一定的发展[⑤]，表明契丹的官方群牧于916年契丹－辽政权建元之前是应当存在的，只是此期的契丹政权以及群牧发展处于初始阶段，各群牧司和群牧场尚没有正式形成。

契丹人的畜牧生产主要是以游牧的形式进行，多是纵马于野，各分水草便利的地方放牧；其人员、牲畜根据四时气候变化，追逐丰茂的水草而辗转迁徙流动，这既是草原人民的生活方式，又是其生产方式。契丹人在长期的畜牧发展中，积累了丰富的经验和技术。数千计的马群，二三人就能够牧养；采用不设栅栏、不修剪蹄毛和“一分喂、十分骑”等方式方法；按季节变化，每年的4—8月放牧于野外的草地，8月末开始圈拢饲养[⑥]。曾做过契丹大迭烈府夷离堇的匀德实（阿保机的祖父）就

① 《隋书》卷84《契丹传》，第1882页。

② 《旧五代史》卷137《契丹传》，第1827页。

③ 《旧五代史》卷137《契丹传》，第1828页。

④ 《辽史》卷60《食货志下》，第931页。

⑤ 耶澜可汗十年（901）十月阿保机“授大迭烈府夷离堇，明赏罚，缮甲兵，休息民庶，滋蕃群牧，务在戢兵”。《辽史》卷34《兵卫志上》，第396页。

⑥ 陈述：《契丹社会经济史稿》，第31页。

以善于畜牧而闻名。契丹人的游牧生产受自然环境影响较大，草原是畜牧业的重要生产资料，若草原的生长受到破坏，则畜牧生产将会受到重大影响。前文提到契丹奉献良马于刘仁恭以换求放牧之地，就说明了草场对于契丹游牧生产生活方式的重要性，直至辽朝建立之后契丹人尚言：契丹的牛马养殖，如同中原汉地养蚕一样，也有丰收和不丰收的时候。若降雪量正合适，草露出雪面大约一寸的时候，牛马养殖等畜业生产就会大丰收；如果没有降雪或降雪量过大覆盖过了草，如此畜牧生产就会受到影响[①]。由此可见，契丹人在畜牧生产方面虽然总结出来了一套经验，但是并无有效的办法来防范和应对自然灾害对畜牧业的影响。

契丹畜牧以马、羊居多，并以此作为财富的象征。阿保机的述律皇后曾说："吾有西楼羊马之富"[②]，又是国家政权强盛的基础。契丹人建立辽朝政权后尚有以羊等作为官员俸禄的习惯，被称作"俸羊"等。除羊、马之外，契丹还蓄养橐驼、牛、猪等；契丹人虽然饲养猪，但依然有向来使索要猪肉及其胃脏等的现象[③]，这说明了契丹饲养的猪还是比较少的，而牛、马、驼、羊等作为契丹人的生产生活资料，在日常生活中的饮食和出行等方面扮演了重要角色。

二、渔猎业和农业

逐水草而居的生活习性，为契丹人在畜牧业之外，进行渔猎生产提供了相应的条件。从始徙潢水之滨，到北魏时期曾徙迁白狼水（今辽宁省大凌河），再到隋代依讬纥臣水（今老哈河）而居，渔猎业在契丹人的生活中占有重要地位。《隋书》记载契丹人丧葬礼上的祝词曰："冬月时，向阳食。若我射猎时，使我多得猪鹿。"[④]可见射猎在早期契丹的经济生活中的重要性，尤其是冬季畜牧生产相对萎缩，渔猎则可作为重要的补充形式，野猪和鹿则是其主要的狩猎对象。契丹－辽建立政权后，射猎习俗依然是契丹人生产生活中的重要内容，在辽墓壁画中多有反映（图三）。

---

① 《东斋记事》卷 5，第 43、44 页。

② 《资治通鉴》卷 271《后梁纪》均王龙德元年，第 8870 页。

③ （宋）韩元吉：《桐荫旧话》，《说郛》卷 20，中国书店，1986 年 7 月据涵芬楼 1927 年 11 月版影印。

④ 《隋书》卷 84《契丹传》，第 1881 页。

1

2

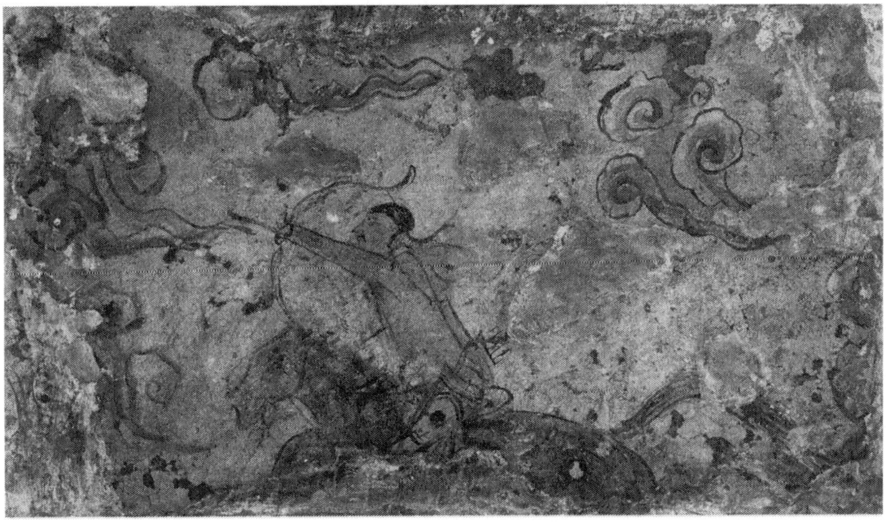

3

图三　辽墓壁画备猎、射猎图 ①

1、2. 辽墓壁画“备猎图”及其局部　3.“骑射图”（“射猎图”局部）

（孙建华:《内蒙古辽代壁画》，文物出版社，2009 年，第 188、189、181 页）

---

① “备猎图”壁画绘于喇嘛沟辽墓墓室西壁，画面有五名契丹侍仆，分别怀抱高筒靴，手拿着弓箭，双手拿琴，腰挂扁鼓，擎着海东青。画面表现的是辽代契丹人春季出猎前的场景。“骑射图”壁画绘于七家子村 1 号辽墓墓室顶部，画中一虎五骑，此为其中一骑士，腰带挂有弓囊，正弯弓搭箭，准备射击猎物。辽代契丹人“备猎图”和“射猎图”所反映的狩猎习俗应延续有契丹早期渔猎的生产生活方式。

此外，契丹早期的种植业也有了一定的发展。《辽史》记载："初，皇祖匀德实为大迭烈府夷离堇，喜稼穑，善畜牧，相地利以教民耕。仲父述澜为于越，饬国人树桑麻，习组织。太祖平诸弟之乱，弭兵轻赋，专意于农。尝以户口滋繁，糺辖疏远，分北大浓兀为二部，程以树艺，诸部效之。"[①] 可见，从阿保机祖父匀德实时期，契丹的种植业就已经有所发展，并能够根据地理环境，择取利于耕种的地方，提倡并推广种植业。到阿保机时代，在种植业的推广上树立了规范，以供各部效仿。从呼斯淖契丹墓出土的铁锸、铁铲等工具来看[②]，早期契丹的农业生产已经使用铁制农具。另外，还可以看出早期契丹种植有桑[③]、麻等作物，并有赋税制度。《辽史》称："夫赋税之制，自太祖任韩延徽，始制国用。"[④] 韩延徽入辽时间约在 911 年[⑤]，表明契丹始有赋税制度，不早于 911 年；又据太祖在 912 年平诸弟之乱后"弭兵轻赋，专意于农"，则知契丹赋税之制产生于 911—912 年。

史书还有契丹人从回纥那里引种西瓜的记载，《胡峤陷北记》中记："遂入平川，多草木，始食西瓜。云契丹破回纥得此种。"[⑥] 契丹联合唐幽州节度使张仲武斩杀回鹘监护使的时间约在 842 年回鹘破裂前后，天赞三年（924）年阿保机西征"次古回鹘城，勒石纪功"[⑦]；依上述所记，则契丹从回鹘（回纥）引种西瓜的时间不早于 842 年，不晚于 924 年。然而，契丹人并不一定是因破回鹘而得引种西瓜，事实上契丹人或是在积累了一定的种植技术之后，而得以从回鹘那里引种西瓜。

---

① 《辽史》卷 59《食货志上》，第 923、924 页。另《辽史》称匀德实"始教民稼穑"（《辽史》卷 2《太祖本纪下》，第 24 页），或说明契丹种植业在此际才有初步发展。

② 张柏忠：《科左后旗呼斯淖契丹墓》，《文物》1983 年第 9 期。

③ 契丹种植桑树，并能织出"朝霞锦"（详见后文），也显示了其桑蚕养殖业的发达程度。

④ 《辽史》卷 59《食货志上》，第 926 页。

⑤ 《资治通鉴考异》推断或在乾化元年（911）刘守光攻易定，为晋王遣周德威所伐而派韩延徽入辽求援。参见，《资治通鉴》卷 269《后梁纪》均王贞明二年，第 8810 页。

⑥ 《契丹国志》卷 25《胡峤陷北记》，第 266 页。

⑦ 《辽史》卷 2《太祖本纪下》，第 20 页。

三、手工业和商业

契丹的手工业和商业，应有较早的历史。在北魏时期，契丹人已经能够以青毡为服装[①]，青毡是一种用兽之细毛为原料搓捻加工而成的毡类。契丹人以此作为婚嫁服装材料，表明“青毡”既属于贵重物品，同时也是社会上婚嫁通用之物。“贵重”是指青毡的价值和使用价值较高，所蕴含的社会必要劳动时间较多，说明其工艺较为复杂；“通用”是指此际的契丹人婚嫁时需使用青毡，能在社会上广泛流行的婚嫁必需品应是契丹自己能够生产的物品。“青毡”的使用，表明了契丹人的手工生产早在北魏时期就已经具有较高的水平[②]。此外，从早期契丹墓出土的陶器中有大口罐、鼓腹罐、鼓形罐、长颈罐、瓜棱壶、长颈壶、束颈壶、小口壶、鸡冠壶（图四）、扁壶、碗、砚等不同种类[③]，可以看出早期契丹在陶器制造上已经能够生产出不同用途、不同类型的器物。另外，根据契丹早期有“酹酒而祝”的习俗，可以判断此际应该具备一定的酿酒技术。

辽太祖二年（908）契丹曾向后梁贡献“金花鞍辔，貂鼠皮裘并冠”，以及“朝霞锦”等[④]。契丹向后梁进贡的物品，当然反映出契丹的工艺制造水平。其中，“金花鞍辔”反映的是金属饰品工艺[⑤]和车马具制造水平，“貂鼠皮裘并冠”则显示了契丹特色的皮毛类衣物的制作工艺；“朝霞锦”说明了契丹在桑麻种植业和桑蚕养殖业发展的基础上，通过引进吸收中原的丝织品制造工艺，所织造的锦缎不但能够媲美中原的丝织品，而且能够用来作为民族特色物品朝贡中原。释鲁为于越时，契丹就已经“树桑麻，习组织”，可见其丝织业和麻纺织业的发展程度。

《辽史》称“玄祖生撒剌的，仁民爱物，始置铁冶，教民鼓铸，是为

---

① 契丹人“嫁娶之际，以青毡为上服”。《魏书》卷100《契丹传》，第2224页。

② 《魏书·契丹传》还记悉万丹等东北群狄向北魏进贡“名马文皮”，其中“文皮”也反映了契丹等在动物皮毛加工方面的工艺水平。

③ 毕德广、魏坚：《契丹早期墓葬研究》，《考古学报》2016年第2期。

④ 《五代会要》卷29《契丹》，第456页。

⑤ 年代大体在十六国到北朝较早阶段的苏泗汰鲜卑墓除出土有与早期契丹同类陶罐十分接近的侈口鼓腹陶罐外，还出土有三鹿纹金饰牌；根据契丹与鲜卑的关系，不难理解契丹人的金属饰品工艺水平。参见，乔梁：《契丹陶器的编年》，《北方文物》2007年第1期。

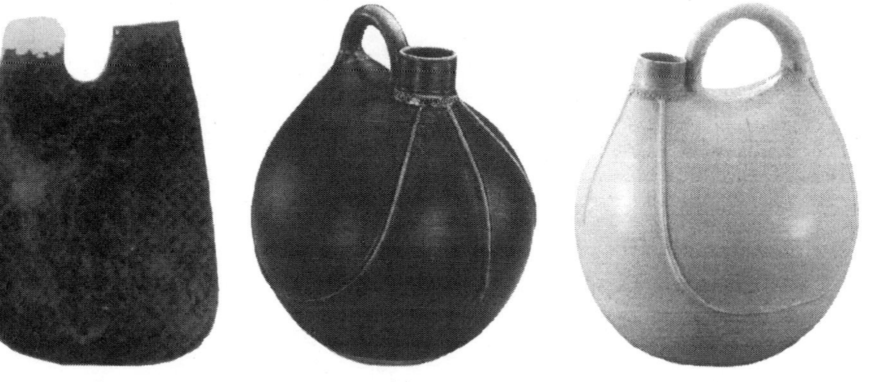

1　　2　　3

图四　鸡冠壶[①]

1. 陶鸡冠壶　2. 褐釉瓷鸡冠壶　3. 白釉瓷鸡冠壶

（1. 张柏忠:《科左后旗呼斯淖契丹墓》,《文物》1983 年第 9 期；2、3. 塔拉、陈永志、曹建恩：《考古揽胜：内蒙古自治区文物考古研究所 60 年重大考古发现》，文物出版社，2014 年，第 188 页）

德祖，即太祖之父也”[②]，可见契丹冶铁业始于阿保机之父时代。到阿保机时期以室韦、曷术等部所在地产铜、铁等金属且善于制作金属器物，而利用这一优势，发展金属的开采和冶炼[③]。约相当于唐末的契丹早期墓葬——呼斯淖契丹墓出土有多种类型和功用的金属器物，如铁锸、铁铲、铁剑、铁矛、铁匕、铁镞、铁马镫、铁马衔、铁釜以及铜镜、铜铃、鎏金或鋈银饰件等[④]。契丹人的鎏金等工艺品，发展至辽代，愈加精美（图五）。此外，契丹还利用前代盐池之利，进行食盐生产供八部之用[⑤]，

① 陶鸡冠壶出土于内蒙古科尔沁左翼后旗呼斯淖公社所在地以北沙丘中的一座较早的契丹墓葬，瓷鸡冠壶出土于耶律羽之墓。辽代墓葬中多见鸡冠壶，但均为瓷质或釉陶质，呼斯淖契丹墓出土的陶质鸡冠壶形制较为原始，与唐开元天宝时期的瓷制仿皮囊壶比较相似，其时代应早于辽，反映了契丹早期的工艺水平。

② 《辽史》卷 2《太祖本纪下》，第 24 页。

③ “坑冶，则自太祖始并室韦，其地产铜、铁、金、银，其人善作铜、铁器。又有曷术部者多铁；‘曷术’，国语铁也。部置三冶：曰柳湿河，曰三黜古斯，曰手山”（《辽史》卷 60《食货志下》，第 930 页）；《辽史》记载太祖五年（911）“冬十月戊午，置铁冶”（《辽史》卷 1《太祖本纪上》，第 5 页）。

④ 张柏忠:《科左后旗呼斯淖契丹墓》,《文物》1983 年第 9 期。

⑤ “盐筴之法，则自太祖以所得汉民数多，即八部中分古汉城别为一部治之。城在炭山南，有盐池之利，即后魏滑盐县也，八部皆取食之。”《辽史》卷 60《食货志下》，第 930 页。

图五　嵌宝石鎏金包银漆盒[①]

（塔拉、陈永志、曹建恩：《文物华章：内蒙古自治区文物考古研究所60年重要出土文物》，文物出版社，2014年，第174页）

阿保机也因控制盐铁之利而得以“自立，不复代”。

阿保机父撒剌的不仅开创了契丹的冶铁业，而且也因冶铁技术的发展而开始铸造钱币，到阿保机时代沿袭并发展商品贸易而致富强[②]，太祖三年（909）“置羊城于炭山之北以通市易”[③]，开创契丹的“征商之法”[④]。虽然契丹自己的“征商之法”所行较晚，但契丹人的商业行为却由来已久，早在北朝时期就已经从北魏买进粮食以抗饥荒，这一时期契丹等部落能够与北魏在和龙、密云（今河北省承德市境内）一带进行交市。契丹早期的商业交换，虽然也使用钱币，但也应该有物物交换或者使用布帛作为一般等价物的现象[⑤]。然而，随着契丹商业发展的成熟，到阿保机为可汗时期契丹的商业税收和商品、货币、市场等各要素得以全面发展。

---

① 该器物出土于吐尔基山辽墓，盒子内部为黑色漆胎，木胎，外以鎏金嵌宝石錾金花银片包装，整体略呈倭角四方体，圈足，内置“李家供奉铜镜”，盒盖呈箓顶形，主体装饰可以分为六层。契丹早期手工艺已有所发展，至辽代此漆盒可见一斑。

② “鼓铸之法，先代撒剌的为夷离堇，以土产多铜，始造钱币。太祖其子，袭而用之，遂致富强，以开帝业。”《辽史》卷60《食货志下》，第930、931页。

③ 《辽史》卷1《太祖本纪上》，第4页。

④ “征商之法，则自太祖置羊城于炭山北，起榷务以通诸道市易。”《辽史》卷60《食货志下》，第929页。

⑤ 契丹－辽政权时期胡峤尚记有“西楼有邑屋市肆，交易无钱而用布”（《契丹国志》卷25《胡峤陷北记》，第266页），《辽史》中也有“布帛短狭不中尺度者，不鬻于市”（《辽史》卷60《食货志》，第929页）的记载，可见契丹人有以布帛作为交换媒介的传统。

《辽史》称“辽始祖涅里究心农工之事，太祖尤拳拳焉，畜牧畋渔固俗尚也”[①]。又记“自涅里教耕织而后盐铁诸利日以滋殖”[②]。可见契丹农业、手工业等，与畜牧渔猎一样，早在阿保机始祖泥礼之际就已经多有发展，并受到契丹统治者的重视。

第二节　契丹早期的生活方式

契丹人的衣食住行既有相对稳定性，也有发展变化。比如，发式即继承自来源民族——鲜卑的髡发习俗，早期衣皮毛的衣着方式也为契丹-辽政权时期的契丹人所沿袭。契丹早期也通过与外交流的方式，吸收其他民族的生产、生活文化，以为己用，如学习黑车子室韦人的车帐之法等。

一、服饰和发式

北魏时期契丹人婚嫁以青毡为上服，说明皮毛制品是契丹衣物的主要材料。根据《隋书·室韦传》记载“其俗丈夫皆被发，妇人盘发，衣服与契丹同”[③]，可以判断契丹丈夫不披发，妇人不盘发，而衣服应与室韦“男女悉衣白鹿皮襦袴”[④]，“冠以狐狢，衣以鱼皮”[⑤]等类似，直到阿保机时代亦曾向后梁贡献的“貂鼠皮裘并冠”，也说明了契丹人的皮毛衣冠。悉万丹等东北群狄在北魏时期就具有“文皮”加工技术，亦表明在北朝隋代之际动物毛皮是契丹人衣物的主要原材料之一[⑥]。同时也可以看出，契丹人或在平时穿的上衣是直接用动物皮做的“襦”等，而在婚嫁之时方是细加工的毡类衣物。及契丹桑麻种植、蚕桑养殖、纺织技术有所发

① 《辽史》卷46《百官志二》，第730页。

② 《辽史》卷48《百官志四》，第822页。

③ 《隋书》卷84《室韦传》，第1882页。

④ 《魏书》卷100《失韦传》，第2221页。

⑤ 《隋书》卷84《室韦传》，第1883页。

⑥ “室韦人除用兽皮做衣冠外，文献记载表明他们还以猪狗皮为原料，制作衣服”（参见，张久和：《原蒙古人的历史：室韦—达怛研究》，第96页）。契丹人渔猎生产中多以猪、鹿等为获取对象，《契丹国志》记载契丹有一主“号曰喎呵，载野猪头，披猪皮”（《契丹国志·契丹国初兴本末》，第4页），可见契丹或也如同室韦一样以鹿皮和猪皮等作为衣服原料。

展之后，麻织品、丝织品应与动物毛皮等共同构成其衣物材料的主要品类。契丹人的衣着服饰到辽代依然延续着早期的衣皮毛、左衽的习俗①。

契丹人的发式不同于室韦男子披发、女子束发，而是男女皆髡发②。“契丹人的髡发，应是直接承继鲜卑人的社会习俗”③，因此契丹早期的髡发样式应与鲜卑人相近。史书记载鲜卑乌桓同俗，且髡发习俗都与婚姻有关，只是乌桓“以髡头为轻便”，“妇人至嫁时乃养发”④，而鲜卑人则“唯婚姻先髡头”。到辽代，契丹男女老幼髡发式样多种，辽代壁画中髡发的契丹人形象（图六）以及辽代墓葬中髡发的契丹人遗体⑤，均为研究辽代契丹人乃至早期的髡发式样，提供了实例和参照。《契丹髡发礼俗述略》一文对辽代契丹人的发式做了较全面的研究，指出“综合契丹男女老幼的发式特征，有一点十分明显，即追求轻便实用。与中原地区较为守旧的发式相比，契丹发式更具有灵活多变性，这里面体现着中国古代北方民族文化的勃勃生机和充沛活力”⑥。

---

① “蕃汉诸司使以上并戎装，衣皆左衽”（《辽史》卷56《仪卫志二》，第907页）；又据《契丹国志》记载，契丹“贵者被貂裘，貂以紫黑色为贵，青色为次，又有银鼠，尤洁白；贱者被貂毛、羊、鼠、沙狐裘”（《契丹国志》卷23《衣服制度》，第252页）。

② 契丹髡发习俗，广见于史书记载；辽代壁画亦多见契丹男子髡发形象，契丹女子髡发实例可参见豪欠营辽墓契丹女尸及相关壁画。参见，李逸友：《契丹的髡发习俗——从豪欠营辽墓契丹女尸的发式谈起》，《文物》1983年第5期；田广林：《契丹髡发礼俗述略》，《北方文物》1998年第4期。

③ 田广林：《契丹髡发礼俗述略》，《北方文物》1998年第4期。

④ 《后汉书》卷90《乌桓鲜卑列传》，第2979页。

⑤ 反映契丹人髡发形象的考古资料，除了较多的辽代壁画，还有墓葬中保存较好的契丹人遗体，比如豪欠营辽墓的契丹女尸。契丹女尸“前额边沿部分剃去，而保留了其余头发；经剃过的部分又长出了一点短发，从短发的等齐长度看，原来是剃光而不是剪短的；保留的头发，颅顶一部分用绢带结扎，带结位于颅顶偏后；另在左侧分出一小绺，编结成一条小辫，绕经前额上方再盘回颅顶，压在束发上面，和束发结扎在一起；耳后及脑后的长发向身后下披，垂过颈部。这样的女式发型，是考古工作中的首次发现，显示了契丹族妇女所特有的一种髡发习俗，不同于其他民族和契丹族男子的髡发习俗。”李逸友：《契丹的髡发习俗——从豪欠营辽墓契丹女尸的发式谈起》，《文物》1983年第5期。

⑥ 田广林：《契丹髡发礼俗述略》，《北方文物》1998年第4期。

图六　辽墓壁画侍卫图[①]

（孙建华：《内蒙古辽代壁画》，文物出版社，2009 年，第 170、171 页）

二、饮食和器具

契丹所具有的畜牧、渔猎、农业等不同经济类型，为其饮食的多样性提供了条件。其中畜牧生产中的羊、马等当是其主要的食物来源，其次还有橐驼、牛、猪等，其奶制品和肉制品应是主要食品。辽墓壁画中反映有契丹人煮肉等烹饪场景（图七）。《契丹国志》记载契丹有一主"号曰昼里昏呵，惟养羊二十口，日食十九，留其一焉，次日复有二十口，日如之"[②]，此传说表明昼里昏呵因在养羊方面有神异功能而为族人和后世所崇拜。由此也可以看出，羊作为食物来源对于契丹人的重要性。

① 该侍卫图壁画分别绘于北羊山辽墓 3 号墓墓门西壁和东壁。图中契丹侍卫髡发，腰佩长剑，手执骨朵。辽代契丹人发式延续了契丹早期的髡发习俗。

② 《契丹国志·契丹国初兴本末》，第 3、4 页。

图七　辽墓壁画备饮、烹饪图[①]

1、2. 辽墓壁画“备饮图”及其局部　3、4.“烹饪图”及其局部

（孙建华:《内蒙古辽代壁画》，文物出版社，2009 年，第 167、168、176、177 页）

---

① “备饮图”壁画绘于北羊山 1 号辽墓墓室东南壁，画面中有七人，桌后准备食物者是三名汉人侍仆，两侧为契丹侍仆，桌前一名契丹男童伏在竹箱上酣睡，旁有一女童，头扎双髻，在拨火温酒。“烹饪图”壁画绘于北羊山 3 号辽墓天井西壁，画面中凉亭下有四人，其中三名契丹仆人，一仆口衔小刀，撸挽衣袖准备切肉，一仆侍立，右手指着衔刀仆人，还有一仆正蹲着备柴烧火煮肉。辽代契丹人的备饮、烹饪场景，延续有契丹早期游牧民族的食肉饮酪等习俗。

之后由渔猎生产所供应的猪、鹿和鱼类等野生动物，作为羊、马之外的补充，丰富其饮食种类。《辽史》记载阿保机 907 年即汗位后，曾因“思鹿醢解酲”而向耶律迭里特“问能取者”[①]，可见鹿肉亦是契丹人的食物种类之一，并能做成肉酱食用。

在北魏到隋代之际，还有契丹从中原地区获取谷物作为食物来源的记载；比如北魏时期因饥荒而入关市籴，隋朝主动给粮以安置归附的契丹部众等。到遥辇氏末期，契丹农业种植技术得以不断推广，从 912 年阿保机为恢复因诸弟之乱后的生产而减轻赋税、发展农业来看，契丹的谷物种植业已经有较大规模的发展。即使契丹本族的谷物种植规模有限，契丹统治下的汉人、奚人等所开垦的插花田等所生产的谷物[②]，亦应成为其重要的粮食来源。此外，从契丹早期的丧葬礼上“酹酒而祝”，可以看出酒作为饮品在契丹人的生活中扮演了重要角色。阿保机不肯代立，就是计诱诸部大人“共以牛酒会盐池”，并以伏兵趁酒酣之际杀之[③]。史书也记载了契丹早期饮食中的瓜果之类，比如太祖二年（908）幽州所进“合欢瓜”[④]，以及契丹从回鹘那里所引种的西瓜等。

根据早期契丹墓葬出土的铁釜，以及大口罐陶器中有“个别器表上留有烟炱，是契丹人日常所用炊器”[⑤]，可表明契丹人早期炊具既有铁制，也有陶制。陶壶、陶碗和陶瓶等种类多样，也说明早期契丹的日常饮食器具中陶器占有较大比重。

三、居住和环境

《辽史》引耶律俨旧《志》称：“契丹之初，草居野次，靡有定所。至涅里始制部族，各有分地。”可见，契丹初期的游牧生活逐水草迁徙，

---

① 《辽史》卷 113《迭里特传》，第 1499 页。

② “迭剌部的初有农业和对农业的重视，并不代表契丹人已经普遍地参加农业生产。随着投下城的增多，农业成分的比重也加大，在汉、渤海俘户的垦种以前，室韦、奚也有一些粗放的数量不多的耕种。”参见，陈述：《契丹社会经济史稿》，第 34 页。

③ 《新五代史》卷 72《契丹传》，第 886、887 页。

④ 《辽史》卷 1《太祖纪上》，第 3 页。

⑤ 毕德广、魏坚：《契丹早期墓葬研究》，《考古学报》2016 年第 2 期。

没有固定的生活居住区域，居住条件比较原始。即使到涅里时期，契丹也依然有“穴地为牢”的记载[①]。根据遥辇氏可汗等有营帐，则知早期契丹亦搭帐而居。《辽史》称“辽之先世，未有城郭、沟池、宫室之固，毡车为营，硬寨为宫”[②]，可见契丹早期没有城池宫殿，居住房屋多为移动式，“毡车为营”描述的是契丹人车马为家的传统。根据气候变化，“冬月时，向阳食；夏月时，向阴食”[③]，冬季违寒，夏季避暑。

到遥辇氏后期及世里氏契丹联盟时期，契丹在房屋建筑、城池建设方面，得到了快速发展，比如营建楼居式建筑，有四楼、明王楼等。此外，这一时期也营建了城池宫殿，比如唐天复二年（902）“城龙化州于潢河之南”[④]，辽太祖二年（908）阿保机曾“御正殿”，三年（909）置羊城，八年（914）“建开皇殿”等。契丹定居式建筑的快速发展，与境内生产发展有关，也与日益频繁密切的对外联系分不开，尤其是对定居的生产生活方式和文化更加熟悉。遥辇氏后期及世里氏联盟时期，契丹在对外扩张中俘虏的大量汉民，带去了筑城建屋技术和定居的生活文化。辽朝建立后，筑城辽上京（图八），进一步反映了契丹人的城居生活。

契丹“大聚会、视国事，皆以东向为尊，四楼门屋皆东向”[⑤]。早期亦如是，无论是毡车为营还是建筑房屋宫殿，门屋皆东向。《旧五代史》记之曰：“其俗旧随畜牧，素无邑屋，得燕人所教，乃为城郭宫室之制于漠北，距幽州三千里，名其邑曰西楼邑，屋门皆东向，如车帐之法。”[⑥]

四、出行和交通

契丹畜牧业发展较早，相对发达。早期的出行方式应主要是徒步或依靠马、牛、驼等畜力。契丹向北魏等政权贡献名马，说明契丹马品种

---

① “传至雅里，始立制度，置官属，刻木为契，穴地为牢。”参见，《辽史》卷2《太祖本纪下》，第24页。

② 《辽史》卷45《百官志一》，第679页。

③ 《通典》卷200《契丹》，第5485页。

④ 《辽史》卷1《太祖本纪上》，第2页。

⑤ 《新五代史》卷72《契丹传》，第888页。

⑥ 《旧五代史》卷137《契丹传》，第1830页。

1

2

图八　辽上京遗址[①]

1. 辽上京古城遗址鸟瞰图　2. 辽上京城墙

（塔拉、陈永志、曹建恩：《考古揽胜：内蒙古自治区文物考古研究所60年重大考古发现》，文物出版社，2014年，第142、144页）

① 辽上京遗址位于内蒙古自治区赤峰市巴林左旗林东镇东南，辽上京平面略呈“日”字形，分为北南两城，北城为契丹统治者和贵族居住皇城，南城为汉人聚居的汉城。皇城平面呈不规则六边形，汉城略呈长方形。辽上京遗址是中国北方草原地带保存最完好的辽代都城遗址，为契丹族最为重要的都城，其规模宏大、形制特殊，是辽代政治、经济、文化中心。契丹人建辽上京进一步发展了龙化州等定居的生产生活方式。

较好。到阿保机时代，亦曾赠送马三千匹于李克用，也送名马于朱温。良好而数量较多的马、牛等为契丹人提供了便捷的出行动力，既可直接作为代步工具①，又可作为交通工具的动力用来牵引车辆等。契丹使用车辆的时间较早，太和三年（479）契丹部落依附北魏，迁徙至白狼水（今辽宁省大凌河）东，史料记载其“车三千乘、众万余口”，可以看出早在北魏时期，契丹出行就已用车辆。《旧唐书》记载契丹人死后，“以马驾车送入大山”②,《辽史》在记载契丹祖先青牛白马传说和阿保机淳钦皇后述律平神异事迹时，皆记有青牛车③，都表明契丹早期亦用牛马等牵引车辆。契丹人的造车技术或来源于黑车子室韦，《新五代史》记载，“契丹之先，常役回纥，后背之走黑车子，始学作车帐”④。此外，擅长造“奚车”的奚人⑤，也应是契丹车辆及其技术的来源之一。契丹车辆的种类较多，有毡车、大车、小车等⑥。其中，毡车在出行中可以作为交通工具使用，安居时则“毡车为营，硬寨为宫”，大车载重，小车或可载人。至辽代，契丹人的出行场景和车辆等出行工具，在辽墓壁画中亦有反映（图九）。

契丹人的经济类型和生活方式具有浓厚的游牧民族色彩，以畜牧业为主的经济类型决定了契丹人食肉饮酪为主的生活方式，游牧的生产方式也决定了契丹人毡帐为营、车马为家的居住形式和以马代步、以马驾车的出行方式。

---

① 呼斯淖等契丹早期墓葬出土有铁马镫、铁马衔等马具，也表明乘马应是契丹早期的重要出行方式。

② 《旧唐书》卷199下《契丹传》，第5350页。

③ “相传有神人乘白马，自马盂山浮土河而东，有天女驾青牛车由平地松林泛潢河而下。至木叶山，二水合流，相遇为配偶，生八子。其后族属渐盛，分为八部”（《辽史》卷37《地理志一》，第445、446页）；“后简重果断，有雄略。尝至辽、土二河之会，有女子乘青牛车，仓卒避路，忽不见。未几，童谣曰：‘青牛妪，曾避路。’盖谚谓地祇为青牛妪云”（《辽史》卷71《后妃传》，第1199页）。

④ 《新五代史》卷73《四夷附录第二·兀欲》，第907页；《辽史·国语解》在解释《太祖纪》中的黑车子室韦时称：“黑车子 国也。以善制车帐得名。契丹之先，尝遣人往学之。”《辽史》卷116《国语解》，第1534页。

⑤ “奚车，契丹塞外用之。”《旧唐书》卷45《舆服志》，第1957页。

⑥ “契丹故俗，便于鞍马。随水草迁徙，则有毡车，任载有大车，妇人乘马，亦有小车，贵富者加之华饰。”《辽史》卷55《仪卫志一》，第900页。

1

2

3

图九　辽墓壁画出行图[①]

1. 辽墓壁画“双驼图”（“出行图”局部）
2.“侍从牵马图”局部　3.“侍从牵马图”（“出行图”局部）
（孙建华：《内蒙古辽代壁画》，文物出版社，2009 年，第 206、90、187 页）

① “双驼图”壁画绘于韩家窝铺村辽墓 3 号墓墓道西壁，画面中有一驼车，车旁并排卧有两双峰驼，反映了契丹人出行所用车的形制，以及有以驼拉车的现象。“侍从牵马图”壁画绘于辽陈国公主和驸马合葬墓墓道东壁，画面中一侍从牵着一匹黄色的牡马站在廊下等待主人出行。“侍从牵马图”（“出行图”局部）壁画绘于喇嘛沟辽墓墓室东壁，画面中契丹男侍左手拿鞭，右手牵着主人的马，一只猎犬跟随在马的后边。辽代契丹人以驼、马等畜力牵引车辆、载人的出行方式，早在契丹－辽政权建立之前已然。

第六章　契丹早期与中原政权及各族的关系

契丹自与库莫奚“分背”，其活动区域先后与后燕、北燕、北魏、东魏—北齐、北周、隋、唐、五代等政权为邻；并与周边民族有着密切关系，库莫奚和室韦为其同源民族，突厥、回鹘曾先后统领契丹，高句丽、靺鞨等与其毗邻。契丹在与这些政权和民族交往的过程中，虽然身份和方式各异，但总体上呈现出弱时依附于强者，强时则对外扩张的态势，这既是契丹争取生存、发展空间的需要，也是走向强盛的路径。

第一节　契丹早期与中原政权的关系

契丹与库莫奚“分背”之前，或是没有与外界发生直接联系，或是发生联系却没有为史书所记载。北魏登国三年（388）道武帝拓跋珪北征库莫奚等东北群狄，契丹作为东北群狄一分子，也有可能是被征伐的对象。

一、契丹与北朝诸政权的关系

（一）契丹与北魏的关系

契丹与库莫奚“分背”之后，其活动区域与北魏政权中间隔有库莫奚和后燕、北燕等，是以导致契丹与北魏难以发生较为直接的关系。直至436年北燕灭亡之后，契丹活动区域方与北魏统治地域直接相邻。北燕亡后第二年，即北魏太延三年（437）二月契丹派遣使者向北魏朝献，这一年北魏亦派员镇戍和龙，“诸夷震惧，各献方物”。至太平真君年间（440—451）契丹向北魏朝廷请求朝觐贡献，每年进献名马。此后，契丹经常向北魏朝廷遣使朝贡。《魏书》之《高宗纪》《显祖纪》《高祖纪》《世宗纪》《肃宗纪》记有契丹从兴安二年（453）到正光五年（524）72

年间约30次的向北魏朝献，尤其是从皇兴二年（468）基本上每年都要遣使北魏，有些年份曾多次遣使，如延兴三年（473）二月和四月两次遣使，太和元年（477）二月、三月、十月三次遣使。这或许是“显祖时（466—471），使莫弗纥何辰奉献，得班飨于诸国之末。归而相谓，言国家之美，心皆忻慕，于是东北群狄闻之，莫不思服”①，使得契丹在与北魏交往的过程中地位提高，彼此关系密切。524年后因北魏局势动荡，先后发生六镇之乱、河阴之变等，契丹与北魏基本断绝了朝贡往来。直到永熙元年（532）四月高欢立元修为帝，局势稳定，六月契丹即遣使朝贡。三年（534）北魏分裂成东、西魏前夕，契丹亦曾于四月遣使朝贡。

北魏朝廷对于契丹的朝献，也会有相应的赏赐。其中，熙平年间（516—518）北魏灵太后曾因契丹人婚嫁时有以青毡为上衣的习俗，在例常的回赐之外，特赏赐契丹使者祖真等三十人每人两匹青毡，以赞赏契丹的真诚朝贡之心。“东北群狄”受契丹于显祖（466—471年在位）时期朝贡北魏的影响，得以与北魏互市于和龙、密云之间。契丹等能够互市于北魏的边境地区，有利于其生产水平的提高和生活产品的互通有无。北魏对朝贡使者的回赐和因朝贡而得以开通的“交市”，使契丹获得了较为可观的经济效益等，这是契丹积极主动与北魏发展双方关系的应有之意。此外，太和三年（479）有契丹万余口因惧外敌（高句丽等）侵犯，在其首领的带领下依附北魏。契丹在这种情况下选择依附于北魏，一方面是其长期与北魏保持友好关系的正常延续，另一方面也是为维持民族生存发展而实现利益最大化的选择。因此，契丹积极主动向北魏朝贡，与北魏开展友好关系，是带有自主地争取生存空间和发展利益的目的。

当然，契丹和北魏的关系除了正常的朝贡赏赐、交市和依附庇护之外，也有偶尔的边境摩擦。北魏世宗（500—515年在位）时期，尚书仪曹郎中轨就曾因出使高句丽期间，不辱朝廷的使命，权益行事，合适地处理了契丹掳掠北魏边民事宜而升官晋爵。这次契丹掳掠北魏边民事件，本身并不代表着契丹的集体行为，因为所掳边民仅十余口，这应该是契丹内部的个别部落，甚至是更小单位活动团体的私自偶发行为。总体上看，契丹与北魏的关系是以契丹向北魏朝觐贡献为主的和平友好关

① 《魏书》卷100《契丹传》，第2223页。

系，并且这种朝觐贡献也是契丹为争取自身群体利益最大化而积极主动开展的。

（二）契丹与北齐等政权的关系

534 年北魏分裂，而有东、西魏，550 年东魏灭亡、北齐建立，557 年西魏灭亡、北周建立。期间，契丹曾于东魏天平二年（535）三月、武定八年（550）八月遣使朝贡于东魏，说明契丹与东魏依然保持着朝贡往来。

北齐建立后的第三年，即天保三年（552）二月契丹即遣使向北齐朝贡。然而，四年（553）九月契丹却侵犯北齐边塞。北齐显祖文宣帝高洋北巡，亲自率领皮景和、綦连猛等北讨契丹。十月到达平州（今河北省秦皇岛市境内），从西道向长堑[①]进发；并诏令司徒潘相乐率领五千精锐骑兵自东道进发。经白狼城（今辽宁省葫芦岛市境内）、昌黎城（今辽宁省朝阳市境内），又下诏安德王韩轨率领精骑四千向东阻断契丹逃跑路线，到达阳师水[②]，之后每天加倍行军，日夜兼程，向契丹发动突然袭击。契丹大败，大量部民、杂畜被北齐掳去，契丹别部亦被潘相乐大破。

577 年北齐被北周所灭，581 年北周亡于隋。北齐、北周立国时间均不足三十年。契丹活动区域与北齐接壤，碰撞和交流相对较多。而在多数时间里，契丹与北周之间隔有库莫奚、北齐等，二者之间难以发生直接的往来。期间，契丹为北齐所征伐，除了契丹侵犯北齐边境，损害到北齐利益的原因之外；更为重要的是文宣帝高洋以契丹犯塞为由，借北巡诸州之机，炫耀武功，依然征伐已经退回的犯塞之敌，可谓是建功树勋之举。大败契丹之后，高洋登碣石、临沧海正是此意。《北齐书》称天保四年（553）“九月，契丹犯塞。壬午，帝北巡冀、定、幽、安，仍北讨契丹”[③]。又据《北齐书·元斌列传》记载元斌在天保二年曾“从文宣

---

① 《资治通鉴》注曰：“曹操征乌桓，出卢龙塞（今河北省唐山市喜峰口），堑山堙谷五百余里，后人因谓之长堑。”参见，《资治通鉴》卷 165《梁纪》元帝承圣二年，第 5105 页。

② 《资治通鉴》注曰：“《唐志》：贞观三年，以契丹、室韦部落置师州及阳师县于营州之废阳师镇（今辽宁省朝阳市境内），即此。”参见，《资治通鉴》卷 165《梁纪》元帝承圣二年，第 5106 页。

③ （唐）李百药：《北齐书》卷 4《文宣帝纪》，中华书局点校本，1972 年，第 57 页。

讨契丹还”[①]，则知553年为高洋再次征讨契丹，故北讨契丹曰“仍”。根据契丹于550年朝贡东魏、551年被北齐征讨、552年朝贡北齐、553年再次因犯北齐边塞被征讨，可以看出契丹与北齐之间有战有和，所谓“契丹犯塞”应是部分契丹人小规模的行动。554年起契丹又常有朝贡，576—577年北齐灭亡之际，北周军队逼近北齐国都，北齐营州刺史高宝宁曾率领麾下精锐和契丹兵卒等万余骑奔赴救援，虽未果，但也说明了契丹与北齐有着友好相助的关系。约在北周大象二年（580），已经投降北周的高保宁（也作高宝宁）再次联合契丹等举兵反周[②]，表明此际契丹与北周之间尚没有建立起较为稳定的友好沟通渠道，因受制于作为营州刺史的高保宁而与北周关系紧张。

契丹与东魏—北齐政权的关系基本继承延续了北魏时期的友好发展方向，这一时期契丹诸部各自为政，期间侵犯北齐当不是举族行为。北齐对契丹的征伐使契丹依附于北齐，而在北齐未亡之际契丹与西魏—北周之间尚难以发生直接的关系。直到北齐灭亡，契丹尚随北齐疏属高保宁或整兵救齐，或降于北周，或举兵反周等，依然持续着北齐时期建立的友好关系。

（三）契丹与后燕、北燕的关系

388年契丹与库莫奚“分背”之前，其窜匿的地带——松漠之间以南即是灭亡宇文部的慕容晃建立的前燕。作为宇文逸豆归的遗落者——契丹和库莫奚逃匿在松漠之间，应是避祸之举，避免与前燕慕容政权发生直接关系。370年前燕亡于前秦，384年慕容晃之子慕容垂趁前秦于淝

① 《北齐书》卷28《元斌列传》，第384页。

② “时有高宝宁者，齐氏之疏属也……。高祖为丞相，遂连结契丹、靺鞨举兵反”（《隋书》卷39《阴寿列传》，第1148页），北周大象二年五月“庚戌，周帝拜高祖假黄钺、左大丞相，百官总己而听焉”。大象二年六月“相州总管尉迟迥自以重臣宿将，志不能平，遂举兵东夏。赵、魏之士，从者若流，旬日之间，众至十余万。又宇文胄以荥州，石愻以建州，席毗以沛郡，毗弟叉罗以兖州，皆应于迥”（《隋书》卷1《高祖纪上》，第3页），“荥州刺史邵公宇文胄、申州刺史李惠、东楚州刺史费也利进、东潼州刺史曹孝达，各据州以应迥。迥又北结高宝宁以通突厥”（《周书》卷21《尉迟迥列传》，第351页）。则知，高保宁举兵反或在580年。

水之战大败之际，复称燕王，建立后燕政权。

契丹西邻库莫奚，南与后燕接壤，常为其所征伐：长乐三年（400）契丹和高句丽被后燕中宗慕容盛征伐，光始五年（405）契丹被后燕高宗慕容熙攻袭，光始六年（406）慕容熙欲袭击契丹，因见契丹兵强势众而欲撤军返还。契丹与后燕关系交恶，除后燕扩张势力这一因素之外，其缘由应该也有二者延续了宇文部与慕容部的矛盾。从某种程度上来说，后燕征伐契丹可以视作慕容氏对宇文部遗落者的追击。

直到后燕灭亡，北燕建立，契丹、库莫奚等在太平六年（414）被北燕太祖冯跋所招抚，归降北燕，其大人被冯跋署任为归善王。契丹和库莫奚为北燕所招抚，反映了北燕改变了一直以来慕容氏对宇文部遗落者所采取的打击策略。契丹归降北燕的行动，同时也是契丹的自主选择。契丹在北燕灭亡的第二年（437）即向北魏朝献，这一行为或表明契丹应是在积极主动地开展对外关系。契丹作为降服于北燕的归善王，不但没有为北燕的继续存续做出努力，反而在北燕灭亡之后，主动向北魏朝献。这种情况下契丹的朝献行动，应是在为自身寻找生存空间。北燕末代皇帝冯弘本身就是在北魏的威逼下，被高句丽所杀。契丹在北魏和高句丽两大强邻的环伺下，积极搞好对外关系，争取民族的自主活动空间，是可以理解的。

二、契丹与隋唐、五代政权的关系

（一）契丹与隋朝的关系

隋朝建立之初，契丹曾追随高保宁举兵反抗北周—隋。高保宁约在大象二年（580）反周，到开皇三年（583）被隋行军总管阴寿击破，逃亡契丹后被其部下所杀。此后契丹多附于隋。

史书称“开皇三年，（李崇）除幽州总管。突厥犯塞，崇辄破之。奚、霫、契丹等慑其威略，争来内附”[①]。四年（584）“五月癸酉，契丹主莫贺弗遣使请降”，九月“庚午，契丹内附”[②]。后来原依附高句丽的契丹别部出伏等亦附隋，到开皇末又有契丹别部四千余家背突厥降隋。隋对降附的契丹也进行了妥善安置，或是听居其故地，或是给粮还本部等；

---

① 《隋书》卷37《李崇列传》，第1123页。

② 《隋书》卷1《高祖纪上》，第21、22页。

即使是顾忌到与突厥的关系而无法接纳，也“敕突厥抚纳之”[①]。由于此期契丹并不是一个紧密一致的活动群体，各部之间时有互相侵犯，隋文帝杨坚曾为此派遣使者前往责让。可见契丹各部因争相附隋，而尊重隋朝的宗主国地位。开皇五年（585）“契丹主多弥遣使贡方物”[②]，此是契丹朝贡于隋的较早记载。此后有开皇十年（590）、十三年（593）、二十年（600）以及大业七年（611）、十一年（615）等契丹朝贡于隋的记载。

契丹与隋之间维持的是一种藩属和宗主的关系，契丹需要隋的庇护和帮助，而隋需要契丹的朝贡和附属。这种关系的构建是在契丹主动争取下和隋朝积极维护下实现的。这一和平友好的局面，一直持续到隋朝灭亡。史书记载“及帝崩于江都，辽西太守邓暠救之，遂归柳城。将还幽州，遇贼见害。契丹、靺鞨素感其恩，闻之莫不流涕”[③]。可见，契丹与隋朝建立的友好关系成功而有效。

（二）契丹与唐朝的关系

唐朝初年，契丹与唐尚未建立起友好关系。史书称“武德初，（契丹）数抄边境。二年，入寇平州”[④]。在武德三年（620）到武德四年（621）之际，突厥与奚、霫、契丹、靺鞨入自幽州，合于窦建德，欲南侵唐[⑤]。可见，此期契丹主要是附于突厥侵唐。

621年唐平定窦建德，契丹活动区域与唐相接，是年契丹别部孙敖曹遣使请求附唐。从武德六年（623）起已有契丹君长咄罗向唐遣使贡名马丰貂，到贞观元年（627）契丹内属于唐。此后，契丹各部陆续主动接

---

① 《隋书》卷84《契丹传》，第1882页。

② 《隋书》卷1《高祖纪上》，第22页。

③ 《北史》卷76《李景列传》，第2605页。

④ 《旧唐书》卷199下《契丹传》，第5350页。

⑤ “及刘武周之败……，突利可汗与奚、霫、契丹、靺鞨入自幽州，合于窦建德，经滏口道来会于晋、绛。兵临发，遇处罗死，乃止”（《旧唐书》卷56《梁师都列传》，第2280页），武德三年四月“秦王大破宋金刚于介州，金刚与刘武周俱奔突厥，遂平并州。……（七月）丙申，突厥杀刘武周于白道”，武德四年“五月己未，秦王大破窦建德之众于武牢，擒建德，河北悉平”（《旧唐书》卷1《高祖本纪》，第10、11页），可见突利可汗率契丹等欲联合窦建德南侵事，应在620年四月刘武周败亡之后到621年五月窦建德败亡之前。

受唐朝羁縻，贞观二年（628）契丹君长摩会率部降唐，三年（629）唐赐摩会鼓纛，约在贞观十八年（644）、十九年（645）唐征高句丽期间曾授契丹君长窟哥为左武卫将军，到贞观二十二年（648）以窟哥为代表的大贺氏契丹各部附唐之前，已经被唐安置的契丹部落有威州内稽部落、昌州松漠部落、师州契丹室韦部落、带州乙失革部落、玄州曲据部落等。大贺氏契丹附唐，标志着契丹与唐正式建立起被羁縻与羁縻的关系。契丹接受唐朝羁縻主要表现在以下两点：①契丹首领接受唐朝册封，赐姓李氏，并与唐和亲[①]；②契丹部落置为唐朝州府，松漠都督府十州皆为羁縻州府。契丹虽然接受唐朝的羁縻，但中间也有阿卜固反唐、李尽忠反唐、可突于反唐、李怀秀叛唐等。契丹反唐既是羁縻关系破裂的现实，也是羁縻政策失衡的结果。唐朝对契丹的羁縻是建立在唐政权的稳定和强盛的基础上，既是唐朝恩威并施的效应，也有契丹主动归服的因素。武德初年刚刚建立的唐朝为契丹所侵犯，反映了百废待兴的唐政权不能使契丹归服。贞观后期，唐太宗伐高句丽，会见契丹君长及老人等，并给予赏赐，方有契丹窟哥等部咸请内属，反映的是契丹在强盛的唐政权笼络下主动归顺。显庆年间（656—661），契丹、奚第一代附唐首领窟哥和奚可度者死后，契丹与奚接连叛离唐朝。约在显庆三年（659），契丹君长阿卜固也因此而被唐将薛仁贵等抓获[②]。契丹阿卜固与奚皆反唐应是主动行为，显示出唐政权对契丹的羁縻管理尚比较薄弱。及万岁通天元年（696）契丹君长李尽忠率众反唐却是缘于“为营州都督赵翙所侵侮”[③]，表明羁縻关系中“恩”这一面的缺位。可突于逼杀唐封契丹首领而反，则是因为唐朝欲主持契丹内部权力的争夺而为契丹可突于所不容，依然说明契丹与唐的关系并不像与隋朝那样是藩属与宗主的关系。后来李怀秀降而复叛，并与唐范阳节度使安禄山相侵掠。及安史之乱后，唐对契丹的羁縻关系基本中断。此后，契丹虽有朝献于唐，但唐“天子恶

① 契丹首领的唐朝封号有松漠都督、松漠郡王等，明确记载的李姓契丹首领有李窟哥、李尽忠、李失活、李邵固、李过折等，契丹首领失活、郁于、吐于、邵固等皆曾与唐和亲，嫁到契丹的唐朝公主有永乐公主、燕郡公主、东华公主等。

② 显庆三年薛仁贵破高句丽之后，“又与辛文陵破契丹于黑山，擒契丹王阿卜固及诸首领赴东都”。参见，《旧唐书》卷83《薛仁贵传》，第2781页。

③ 《旧唐书》卷199下《契丹传》，第5350页。

其外附回鹘，不复官爵渠长”，及“回鹘破，契丹酋屈戍始复内附”[①]，表明契丹对外游离于唐与回鹘之间以便为自身争取利益。

由此可以看出，契丹在被唐羁縻的过程中表现出来了更多的主动性和自主性。即使是契丹朝贡于唐，也显示出来双方互惠互利的关系。史书记载“故事，常以范阳节度使为押奚、契丹两蕃使。自至德之后……故二蕃亦少为寇。其每岁朝贺，常各遣数百人至幽州，则选其酋渠三五十人赴阙，引见于麟德殿，锡以金帛遣还”[②]，直到唐朝末期咸通（860—874）、乾符（874—879）年间亦有契丹朝贡和唐押奚契丹使的记载。唐末，“天下盗兴，北疆多故”，契丹亦“入寇幽、蓟”[③]。随着唐朝的衰亡，其与契丹的羁縻关系也因之而不复存在，甚至在天祐四年（907）唐亡之际，契丹“大寇云中”[④]。唐朝虽然灭亡，但其文化却深深地影响着有辽一代，从辽墓壁画中反映的一些内容，即可见一斑（图一〇）。

图一〇　辽墓壁画寄锦图[⑤]
（孙建华：《内蒙古辽代壁画》，文物出版社，2009 年，第 46、47 页）

① 《新唐书》卷 219《契丹传》，第 6172 页。
② 《旧唐书》卷 199 下《奚传》，第 5356 页。
③ 《新唐书》卷 219《契丹传》，第 6172 页。
④ 《旧五代史》卷 137《契丹传》，第 1828 页。
⑤ 该壁画绘于宝山村 2 号辽墓石室南壁，画面左上角橘黄色竖框内有墨书题诗一首：“□□征辽岁月深 / 苏娘憔［悴］□难任 / 丁宁织寄迴［文］［锦］/ 表妾平生缱绻心。”此图工笔细腻，色彩浓艳，人物形象与装束有浓郁的唐风，画面内容也是唐代流传故事题材的绘画粉本。反映了契丹－辽受唐文化影响之深，这与契丹早期受唐朝羁縻有一定关系。

（三）契丹与后梁、前晋、桀燕等政权的关系

907年阿保机继为契丹首领，是年四月朱温即皇帝位，“改唐天祐四年为开平元年，国号大梁”[①]，此后为“五代十国”时期。在后梁政权之外，河东地区有李克用建立的前晋政权依然沿用唐朝天祐年号，幽、蓟有卢龙节度使刘仁恭及其子刘守光建立的桀燕政权等。后梁继唐为中原正朔，前晋和桀燕与契丹接壤，因此，契丹与这三个政权的关系占据了世里氏契丹联盟对外关系的主要篇章。

早在907年唐亡之前，契丹已经与上述诸割据政权发生或和或战的关系。契丹遥辇氏钦德时期与刘仁恭时战时盟，或为换取牧地，或为赎回被刘守光擒获的舍利王子。唐天复二年（902）契丹“以兵四十万伐河东代北”，三年（903）“九月，复攻下河东怀远等军。冬十月，引军冬略至蓟北”，天祐元年（904）击败并擒获刘仁恭养子赵霸，二年（905）李克用与阿保机会盟，相约讨伐刘仁恭和朱温，契丹于是年“进兵击仁恭，拔数州”[②]，并于906年复击刘仁恭。但是，阿保机并未如约出兵朱温，而是在907年后梁建立之后，与朱温互派使者，以求封册。其年四月即遣使者聘梁，梁亦“遣太府卿高顷、军将郎公远等报聘。逾年，顷还，阿保机遣使者解里随顷，以良马、貂裘、朝霞锦聘梁，奉表称臣，以求封册，梁复遣公远及司农卿浑特以诏书报劳，别以记事赐之，约共举兵灭晋，然后封册为甥舅之国”[③]，然契丹亦未如约。同时前晋天祐五年（908）李克用死后，其子李存勖即位遣使向契丹告哀，并“求骑军以救潞州，答其使曰：‘我与先王为兄弟，儿即吾儿也，宁有父不助子耶！’许出师，会潞平而止”[④]。

可见这一时期，契丹事实上并没有在后梁和前晋之间做出明确的选择，而是通过外交周旋的方式谋求其利益的最大化。契丹一方面无意介入中原政权之间的争夺，另一方面又希望从中原各政权之间的混乱中得

① 《旧五代史》卷3《梁书·太祖纪第三》，第48页。
② 《辽史》卷1《太祖本纪上》，第2页。
③ 《新五代史》卷72《契丹传》，第887页。
④ 《旧五代史》卷137《契丹传》，第1828页。

利。直到916年阿保机建立契丹－辽政权，依然延续着与后梁互派使者的传统，以提升并稳固其对外交往中的地位。当然也通过积极接纳或帮助在中原混乱局势中的失势者[①]，以增强自身势力。

第二节　契丹早期与诸族的关系

契丹在发展强大的过程中，不可避免地与周边诸族有着碰撞和交流。库莫奚、室韦与契丹均属东胡系民族，三者具有较多的共同因素。契丹通过兼并、融合库莫奚和室韦，以扩张势力、壮大实力。而突厥和回鹘均曾在中国北方草原上建立起强大的政权，契丹曾先后依附于二者。此外，契丹的发展进程中，也有着高句丽、柔然、靺鞨等族的身影。

一、契丹早期与库莫奚、室韦的关系

契丹和库莫奚、室韦均源于鲜卑，而契丹和库莫奚又是宇文部败亡后的遗落者，共同逃匿于松漠之间，隋代史书称“其南者为契丹，在北者号室韦”，均表明三者之间有着密切的关系。

（一）契丹早期与库莫奚的关系

345年宇文部为慕容部所败之后，其遗落者——契丹、库莫奚于松漠之间分处东西。到388年契丹与库莫奚“分背”，二者因活动地域相邻，互有侵犯。414年又皆依附于北燕政权。及北燕亡于北魏，又皆朝贡北魏并与之互市。北魏分裂称东、西魏，为北齐、北周所取代后。551—553年契丹和库莫奚均曾因南侵北齐而被征讨，显示二者在对外关系上或有同步。

及突厥、回鹘强则北依，隋、唐盛则南附。尤其到唐代，契丹和库莫奚皆归服于唐，唐贞观二十二年（648）十一月“契丹帅窟哥、奚帅可

---

① 辽太祖元年（907）四月“刘仁恭子守光囚其父，自称幽州卢龙军节度使。秋七月乙酉，其兄平州刺史守奇率其众数千人来降，命置之平卢城”。三年（909）“三月，沧州节度使刘守文为弟守光所攻，遣人来乞兵讨之。命皇弟舍利素、夷离堇萧敌鲁以兵会守文于北淖口。进至横海军近淀，一鼓破之，守光溃去。因名北淖口为会盟口”。参见，《辽史》卷1《太祖本纪上》，第3、4页。

度者并率其部内属。以契丹部为松漠都督，以奚部置饶乐都督”[①]，同隶属于营州东夷都护府。显庆年间（656—660），窟哥、可度者去世之后，契丹与奚连叛，后被唐朝平息，契丹首领阿卜固被抓，奚首领匹帝被杀。到万岁通天年间（696—697）契丹反唐，奚亦叛唐。虽然双方皆反叛唐朝，但并没有形成同盟关系，二者之间也有矛盾，契丹孙万荣为唐军大败之际，曾“与奚搏，奚四面攻，乃大溃”[②]。说明契丹和奚既在反唐上有共同目标，又有相矛盾的利益追求。反唐失败后，契丹和奚俱依附突厥，却也没有至此断绝与唐朝的关系，在开元四年（716）契丹首领失活和奚首领大辅一同朝贡于唐，复与唐朝修好。开元六年（718）失活死后，娑固继位契丹首领。后契丹衙官可突于反攻娑固，娑固逃奔营州向唐求救。唐朝派军联合奚和娑固共同征讨可突于，然在开元八年（720）奚首领“大辅率兵救契丹，战死”[③]，娑固亦为可突于所杀。可突于后又与唐修好，契丹与奚复皆受唐封，并与之和亲。到开元十八年（730）“五月，契丹衙官可突干（于）杀其主李召固，率部落降于突厥，奚部落亦随西叛”[④]。此次奚随契丹反唐，并非双方主动联合而为，史书称：“契丹可突于反，胁奚众并附突厥。鲁苏不能制。”[⑤]可见，契丹可突于或是在奚内部具有同盟力量，或是此际契丹实力能够控制奚内部落的行动。根据此前曾有奚“牙官塞默羯谋叛”[⑥]，说明在契丹和奚人内部皆有一股以衙官为核心的反叛势力，此次反唐或是契丹和奚内部衙官反叛势力的联合行动。虽然后来叛乱平定，在天宝四年（745）春契丹首领李怀秀和奚首领李延宠亦皆归降并与唐和亲，但是年“九月，契丹及奚酋长各杀公主，举部落叛”[⑦]。此次契丹与奚反唐之后，双方之间虽然也有相同的对外行动[⑧]，或与唐战或

① 《旧唐书》卷3《太宗本纪下》，第61页。
② 《新唐书》卷219《契丹传》，第6169页。
③ 《旧唐书》卷199下《奚传》，第5355页。
④ 《旧唐书》卷8《玄宗本纪上》，第195页。
⑤ 《新唐书》卷219《契丹传》，第6171页。
⑥ 《新唐书》卷219《奚传》，第6174页。
⑦ 《旧唐书》卷9《玄宗本纪下》，第219页。
⑧ 比如“贞元四年（788），与奚众同寇我振武，大掠人畜而去”。参见，《旧唐书》卷199下《契丹传》，第5354页。

与之修好，或附于回鹘等，但也有摩擦和争斗。天宝十年（751）安禄山与契丹大战就曾“以奚为乡导”[①]，说明奚和契丹之间的矛盾冲突为唐所用。

到后来，更是“契丹方强，奚不敢亢，而举部役属”[②]，《新唐书》称“光启（885—887）时，方天下盗兴，北疆多故，（契丹）乃钞奚、室韦，小小部种皆役服之”[③]。《辽史·营卫志》称：契丹遥辇鲜质可汗曾征讨奚王吐勒斯，“俘其拒敌者七百户，摭其降者。以时瑟（前任奚王吐勒斯之兄）邻睦之故，止俘部曲之半，余悉留焉。奚族势由是衰矣”[④]。阿保机为挞马狘沙里时，曾伐“六奚”，及唐天复元年（901）契丹痕德堇可汗立，阿保机为本部夷离堇，专征讨，大破奚帅辖剌哥。根据《五代会要》记载“自天祐（904—907）初，契丹兵力渐盛，室韦、奚、霫皆受制焉。故奚之部族为契丹代守边土，暨虏人虐其首领，去诸怨之，以别部内附，徙于妫州，依北山而居，渐至数千帐，故有东、西奚之号”[⑤]。可见，在904年或905年奚因契丹侵逼而分裂[⑥]。唐天祐三年（906）二月，阿保机“袭山北奚”，十一月又“遣偏师讨奚”[⑦]。这一时期，阿保机在征讨奚人的过程，已经显示出来意欲吞并奚部的目的[⑧]。辽太祖四年（910）阿保机在讨平乌马山奚之叛后，于五年（911）“亲征西部奚。奚阻险，叛服不常，数招谕弗听。是役所向辄下，遂分兵讨东部奚，亦平之。于是尽有奚、

---

① 《新唐书》卷219《契丹传》，第6172页。

② 《新唐书》卷219《奚传》，第6175页。

③ 《新唐书》卷219《契丹传》，第6172页。

④ 《辽史》卷33《营卫志下》，第378页。

⑤ 《五代会要》卷28《奚》，第452页。

⑥ 王丽娟：《奚族历史研究》，内蒙古大学博士学位论文，2014年。

⑦ 《辽史》卷1《太祖纪上》，第1、2页。

⑧ 《辽史》记载：“及太祖为迭剌部夷离堇，讨奚部，其长术里倡险而垒，攻莫能下，命曷鲁持一箭往谕之。既入，为所执。乃说奚曰：‘契丹与奚言语相通，实一国也。我夷离堇于奚岂有輘轹之心哉？汉人杀我祖奚首，夷离堇怨次骨，日夜思报汉人。顾力单弱，使我求援于奚，传矢以示信耳。夷离堇受命于天，抚下以德，故能有此众也。今奚杀我，违天背德，不祥莫大焉。且兵连祸结，当自此始，岂尔国之利乎！’术里感其言，乃降。”（《辽史》卷73《耶律曷鲁传》，第1220页）可见，契丹讨奚是为了招降奚部，成为“一国”，耶律曷鲁的“说奚”之辞一方面是讨奚借口，另一方面就是劝降兼并。

霫之地”[1]，基本完成对奚的兼并。契丹和奚也由388年的“分背”，再次统一到一个共同体内。

（二）契丹早期与室韦的关系

契丹与库莫奚“分背”之后，东邻库莫奚，北有室韦。在北魏时期，失韦（室韦）、乌洛侯等不仅在语言、习俗方面与契丹相通，而且在与中原政权的交往过程中，使者来往多是经过契丹境内[2]。

隋代史书认为契丹和室韦是一类，只是因所处地理位置不同而称号相异。唐代，曾以内附的契丹、室韦部落置师州，表明在唐朝亦因契丹和室韦关系密切而视作同类予以安置。唐光启年间（885—887），契丹痕德堇可汗时期，就钞略室韦部。阿保机为挞马狘沙里曾以计降附大、小黄室韦[3]，及天复元年（901）为迭剌部夷离堇后，亦将室韦作为“专征讨”的对象。四年（904）阿保机“遣室韦人牟里诈称其酋长所遣，约霸兵会平原。既至，四面伏发，擒霸，歼其众，乘胜大破室韦”[4]。并且从是年起，连续多年发起了对黑车子室韦的征伐，分别是唐天祐元年（904）“九月，讨黑车子室韦”，二年（905）“复讨黑车子室韦”，辽太祖元年（907）二月“征黑车子室韦，降其八部”，十月“讨黑车子室韦，破之”，二年（908）五月“诏撒剌讨乌丸、黑车子室韦”，三年（909）十月“遣鹰军讨黑车子室韦，破之”，阿保机如此重视对室韦各部的征服，其中一个重要原因就是室韦部有契丹所需要的金属资源和金属冶炼技术，此外，黑车子室韦的善制车帐技术，也为契丹人所需要和学习。

室韦和奚在契丹兴起的过程，作为被征伐的对象，也显示了二者与契丹关系密切。《辽史》称“辽之初兴，与奚、室韦密迩，土俗、言语大概近俚”[5]。《旧五代史》记载，契丹遥辇部落联盟时期，“达靼、奚、室韦

---

① 《辽史》卷1《太祖纪上》，第4页。

② “失韦国，在勿吉北千里，去洛六千里。路出和龙北千余里，入契丹国，又北行十日至啜水……”参见，《魏书》卷100《失韦传》，第2221页。

③ “突吕不室韦部。本名大、小二黄室韦户。太祖为挞马狘沙里，以计降之，乃置为二部。”参见，《辽史》卷33《营卫志下》，第387页。

④ 《辽史》卷1《太祖纪上》，第2页。

⑤ 《辽史》卷116《国语解》，第1533页。

之属，咸被驱役，族帐浸盛”[①]。奚、室韦与契丹在族源、语言、风俗以及活动地域等方面的密切关系，决定了契丹为增强自身实力，而优先选择与自己关系“密迩”的奚和室韦作为联合和吞并的对象。契丹和奚、室韦的关系呈现出来的是作为同源民族的分合关系。奚与契丹同出同源，关系更为密切，自始至终以契丹姊妹民族的形式共生共存；室韦部落众多、分布广泛，其中与契丹相邻的部落则首先成为被攻击和兼并的对象。

二、契丹早期与突厥、回鹘的关系

契丹在突厥、回鹘相继兴起之际，自身力量相对弱小，曾在隋、唐等中原政权与突厥、回鹘等北方民族政权之间游离，根据自身利益发展需要，或主动或被动地选择或依附或叛离突厥、回鹘。

《旧唐书》称契丹“本臣突厥”，然契丹始于何时臣服突厥呢？契丹曾于北齐天保四年（553）杀死柔然国主铁伐，蒙古高原上柔然衰落、突厥兴起，契丹“为突厥所逼，又以万家寄于高丽”，说明在突厥兴起之初，契丹遭受到来自新兴的突厥侵逼。此际契丹尚没有归服突厥，在576—577年契丹还曾助力北齐高宝宁反抗北周和隋政权，可见这一时期，契丹与中原势力的关系相对密切，在突厥的强大压力下，契丹选择与其相邻的北齐残余势力联合，也是合乎情理的。突厥沙钵略可汗时期曾遣吐屯潘垤统领契丹，说明契丹最初臣服突厥的时间不晚于581—587年沙钵略可汗在位时期。根据，开皇三年（583）隋军大败高宝宁于黄龙，四年（584）契丹主莫贺弗遣使请降于隋，五年（585）款塞于隋；可知，585年之前契丹尚选择加强与中原政权的联系。开皇六年（586）契丹“诸部相攻击，久不止，又与突厥相侵”，而隋朝又仅仅是“使使责让之”[②]。可以推测，突厥或是在契丹与中原政权关系相对松散的情况下，借契丹诸部混战之机，迫使其臣服的。由于突厥以“吐屯统领”的方式统治契丹，不可避免地对契丹人的利益有所压榨，是以契丹也时有反抗。开皇（581—600）末，契丹别部四千余家背突厥转投隋朝，虽然隋朝因顾忌突厥而不敢接纳，但也说明了契丹内部对突厥统治的反抗，《北史》

① 《旧五代史》卷137《契丹传》，第1827页。

② 《隋书》卷84《契丹传》，第1881页。

记载“契丹杀（突厥）吐屯而遁”[①]。随着隋朝的衰亡，契丹更加缺少了可以借助反抗突厥统治的外部制衡力量，而只能跟随突厥谋求自身利益，约在唐武德三年（620），曾随突厥突利可汗欲与窦建德联合犯唐。然而，随着唐朝的强盛，契丹渐有背离突厥统治转附唐朝的趋势。贞观二年（628）契丹君长摩会率其部落归降唐朝，突厥颉利可汗尚“遣使请以梁师都易契丹”[②]，虽然终未能得逞，但也说明了此前契丹一直是隶属于突厥的。此后，契丹脱离突厥统治依附于唐，唐以羁縻州府的方式予以管理。后因契丹首领李尽忠等不堪唐朝营州都督赵翙的侵侮，而在696—697年反叛唐朝，失败后“余众遂降突厥”[③]。圣历（698—700）初，突厥侵犯唐朝边境州县，边境居民惧怕突厥而逃亡，狄仁杰在上疏中说：“臣闻朝廷议者，以为契丹作梗，始明人之逆顺，或因迫胁……”[④]从此能够看出，契丹降附突厥之后，曾助突厥与唐朝为敌。之后，契丹与突厥曾有连年侵犯唐朝边境的举动[⑤]。随着突厥的衰败，开元三年（715）契丹“首领李失活以默啜政衰”，脱离突厥，“率种落内附”[⑥]，再次依附唐朝。后契丹有可突于之乱，在开元十八年（730）“五月，契丹衙官可突干杀其主李召固，率部落降于突厥”[⑦]。可突于在此期间曾借助突厥力量，胁迫奚人，史书称“可突于以突厥兵来，奚惧，持两端”[⑧]。

到8世纪中叶前夕，回鹘兴起，替代突厥在北方称雄。契丹在回鹘强盛时期，曾接受其统治，并用回鹘印信。回鹘统治契丹的方式，主要是依靠派往的“回鹘监护使，督以岁贡”[⑨]。直到唐会昌二年（842）前后强大的回鹘政权破亡，契丹联合唐朝张仲武斩杀回鹘监护使，弃用回鹘

---

① 《北史》卷94《契丹传》，第3128页。

② 《旧唐书》卷199下《契丹传》，第5350页。

③ 《旧唐书》卷199下《契丹传》，第5351页。

④ 《旧唐书》卷89《狄仁杰列传》，第2892页。

⑤ 约在唐中宗时期（705—710），唐朝曾欲曾册立渤海大祚荣，却因为“契丹与突厥连岁寇边”而“使命不达”。参见,《旧唐书》卷199下《渤海靺鞨传》，第5360页。

⑥ 《旧唐书》卷199下《契丹传》，第5351页。

⑦ 《旧唐书》卷8《玄宗本纪上》，第195页。

⑧ 《新唐书》卷219《契丹传》，第6171页。

⑨ “先是，奚、契丹皆有回鹘监护使，督以岁贡，且为汉谍。”引自《旧唐书》卷180《张仲武列传》，第4678页。

印，改用唐赐印信。从8世纪中叶到9世纪中叶，在近一个世纪的时间里，契丹接受回鹘统治，二者关系较为密切。之后，随着契丹的兴起，不乏回鹘人附于契丹。阿保机的皇后述律平就与回鹘有着很深的渊源，《辽史》记载“太祖淳钦皇后述律氏，讳平，小字月理朵。其先回鹘人糯思，生魏宁舍利，魏宁生慎思梅里，慎思生婆姑梅里，婆姑娶匀德恝王女，生后于契丹右大部。婆姑名月椀，仕遥辇氏为阿扎割只”[①]。据此可以看出，回鹘后人融入契丹的过程，从生于契丹部落，到为官于契丹遥辇氏，再到后来成为契丹皇后，回鹘人糯思之后逐渐成为重要的契丹后族。此外，还有回鹘人孩里之先“在太祖时来贡，愿留，因任用之”[②]，也显示有回鹘人附入契丹的现象。

契丹与突厥、回鹘关系的发展，既是契丹由弱小走向强大的过程，也是契丹在生产发展过程中，寻找有利外部环境的过程。其在中原政权和北方民族政权之间游离，虽然很多时候是被迫的选择，但在一定的时机和条件下，也曾主动选择自己的发展路径。虽然契丹在寻求自主发展的过程中有失败和挫折，但最终却实现了民族的自决和自立、自强，建立了契丹人的民族政权。

三、契丹早期与其他各族的关系

345年宇文逸豆归败亡之后，契丹逃匿在松漠之间，除与同为遗落者的库莫奚保持密切关系之外，与其他民族也发生或和或战的关系。

《三国史记》记载高句丽小兽林王八年（378）“秋九月，契丹犯北边，陷八部落”，表明早在388年契丹与库莫奚“分背”之前，已经发生过契丹侵犯高句丽的事件。到高句丽广开土王元年（391）“九月，北伐契丹，虏男女五百口”[③]，说明高句丽与契丹之间互有侵掠，积怨已久。又根据《北史》记载在北魏太和三年（479）高句丽联合柔然欲谋取地豆干（于）以分之，“契丹旧怨其侵轶”[④]，而内附北魏。其中“旧怨”一词，

① 《辽史》卷71《后妃列传》，第1199页。

② 《辽史》卷97《孩里传》，第1408页。

③ 《三国史记》卷18《高句丽本纪》，第223页。

④ 《北史》卷94《契丹传》，第3127页。

透露了契丹长期为高句丽、柔然等所侵逼这一历史情形。《魏书·封懿传》记载封懿族孙轨在世宗时期（500—511）出使高句丽时，解决了一场外交事件，其缘由就是“契丹虏掠（北魏）边民六十余口，又为高丽（即高句丽）拥掠东归”[①]，这也显示了契丹和高句丽之间的矛盾冲突。契丹与高句丽、柔然之间存在着长期的矛盾冲突，以致到北齐天保四年（553）二月契丹趁柔然败落，实力不济之际，杀死其国主铁伐。然而，同年九月契丹为北齐所败，部落大损，“其后复为突厥所逼，又以万家寄于高丽（即高句丽）”[②]。可见，契丹在危亡之际，为寻找生存空间，亦不惜逃奔昔日仇敌。求助并依附于高句丽，这也是契丹处理对外关系中基于利益的选择。

在586—598年有契丹别部出伏背高句丽依附于隋，此契丹别部出伏或即源于早先寄于高句丽的“万家”契丹。到了唐代征伐高句丽，李世民就曾“悉发（契丹）酋长与奚首领从军”[③]，唐高宗也曾在诏书中称“高丽（高句丽）若不承命，即令契丹诸蕃渡辽泽入抄掠”[④]，可以说契丹在唐朝与高句丽的战争中，发挥有一定作用。《旧唐书》记载，在高句丽灭亡之后，有其别种渤海靺鞨大祚荣“率家属徙居营州。万岁通天年，契丹李尽忠反叛，祚荣与靺鞨乞四比羽各领亡命东奔，保阻以自固。尽荣既死，则天命右玉钤卫大将军李楷固率兵讨其余党，先破斩乞四比羽，又度天门岭以迫祚荣”[⑤]。此语显示渤海靺鞨大祚荣等徙居营州一带后，或曾跟随契丹李尽忠一起反唐；失败后，大祚荣等被视作李尽忠余党被唐朝讨伐。上述表明渤海政权的创建者大祚荣与契丹有着密切的关系[⑥]。

916年契丹－辽政权建立之前，阿保机为挞马狘沙里之时，还曾讨伐越兀、乌古、比沙狘等部。及唐天复元年（901）阿保机为迭剌部夷离堇后，又曾征讨于厥等，此后在天祐三年（906）遣偏师讨霫等，又在辽

---

① 《魏书》卷32《封懿传》，第764、765页。

② 《北史》卷94《契丹传》，第3128页。

③ 《新唐书》卷219《契丹传》，第6168页。

④ 《旧唐书》卷199上《百济列传》，第5331页。

⑤ 《旧唐书》卷199下《渤海靺鞨传》，第5360页。

⑥ 苗威即认为“大祚荣的族属当是契丹”。参见，苗威：《大祚荣族属新考》，《中国边疆史地研究》2013年第3期。

太祖二年（908）“遣轻兵取吐浑叛入室韦者”[①]。到太祖五年（911）尽有霫地，并在九年（915）“乌古部叛，讨平之”[②]。阿保机对奚和室韦之外北方各族的征讨同样显示了契丹扩张势力、壮大自己的发展策略。

契丹为自身利益考虑，与周边的其他民族或联合行动或时相攻掠，如史书记载，契丹、靺鞨曾共同支持北齐高保宁反抗北周，也曾有契丹别部孙敖曹与靺鞨酋长突地稽俱遣使归附于唐，同时也称靺鞨“其国西北与契丹相接，每相劫掠”[③]。契丹在与周边民族以及中原政权的交往中，将自身民族生存、发展作为根本原则。无论是北朝诸政权，或隋、唐、五代等政权，还是柔然、突厥、回鹘、高句丽等周边民族，都既是契丹依靠的力量，也是其反抗的对象，而对于其同出同俗的奚和室韦等，则多采取联合或兼并的方式以实现利益扩张。总之，无论是依附或反抗，还是联合或兼并等，都是契丹基于自身实力和外部形势，采取的生存、发展策略。

---

① 《辽史》卷1《太祖纪上》，第3页。

② 《辽史》卷1《太祖纪上》，第10页。

③ 《隋书》卷81《靺鞨传》，第1822页。

第七章　契丹早期的文化习俗

契丹族在长期的游牧生产生活中，形成了具有本民族特色的文化习俗。既延续了乌桓、鲜卑等民族的文化习俗，也发展出新的特质。东胡—鲜卑系民族的婚姻、丧葬习俗多有共通性，比如库莫奚、契丹、室韦等皆有“树葬”的形式。此外，信仰相似、言语相通也反映了契丹等族对源出民族文化习俗的承袭。后来由于契丹族发展兴盛，以至于辽代契丹族的文化习俗内容愈加丰富，特色愈发鲜明。

第一节　婚葬习俗

一、婚姻习俗

史书关于契丹早期婚姻习俗的记载有限，根据《魏书》记载契丹婚姻嫁娶，新人“以青毡为上服”，可以看出在契丹人的婚姻习俗中，青色有寓意喜庆、美好的一面。大贺氏契丹首领郁于娶唐燕郡公主，后郁于病死，其弟吐于为契丹首领，“复以燕郡公主为妻”，说明此际契丹有娶寡嫂的收继婚习俗。遥辇氏契丹时期“同姓可结交，异姓可结婚”[①]的说法，表明契丹婚姻习俗中，禁止同姓通婚。异姓联姻的习俗其实在大贺氏时期已经存在，比如契丹首领李尽忠为孙万荣妹婿，表明李姓契丹与孙姓契丹存在联姻关系。异姓通婚的习俗延续到契丹－辽政权时期，形成了耶律氏和萧氏的两姓通婚制度。

学界往往根据契丹耶律、萧两姓通婚的现象，推测契丹的婚姻制度，或主张部落外婚制[②]，或主张“氏族外婚制，部落内婚制”[③]，或是“胞族

① 《辽史》卷71《懿祖庄敬皇后萧氏传》，第1198页。

② 蔡美彪：《契丹的部落组织和国家的产生》，《历史研究》1965年第5—6期。

③ 向南、杨若薇：《论契丹族的婚姻制度》，《历史研究》1980年第5期。

外婚制”[①],或是“两姓直接交换婚制”[②],或称之为“两分组织外婚”[③]等。各种认识的差异主要是由于对两姓通婚渊源和发展状态的理解不同，但其出发点均是耶律姓和萧姓的互婚制度。根据《辽史》记载辽太宗赐述律皇后兄子姓萧，“其妹复为皇后，故后族皆以萧为姓”[④]，则说明最终确立耶律、萧两姓通婚的制度不早于辽太宗大同元年（947）[⑤]。而之前与耶律姓通婚的“萧”，应是乙室（已）氏、拔里氏和述律氏等[⑥]，耶律姓则包括大贺氏、遥辇氏、世里氏等。《辽史·后妃传》记载的肃祖（阿保机高祖）根据“同姓可结交，异姓可结婚”原则为懿祖（阿保机曾祖）聘的萧氏，应是乙室（已）氏或拔里氏[⑦]，联姻双方分别是世里氏和乙室（已）氏（或拔里氏等）。然而，大贺氏、遥辇氏、世里氏之间以及乙室（已）和拔里之间是否属于肃祖说的“异姓”，并没有明确的记载。

契丹婚姻习俗中还有一种礼仪叫“拜奥礼”，《辽史·国语解》称：“拜奥礼 凡纳后，即族中选尊者一人，当奥而坐，以主其礼，为之奥姑。送后者拜而致敬，故云拜奥礼。”[⑧]契丹婚姻中“拜奥”习俗是比较早的，辽太祖阿保机的女儿质古公主就曾“幼为奥姑”，并且《辽史》称之为“契丹故俗，凡婚燕之礼，推女子之可尊敬者坐于奥，谓之‘奥

① 孙进己：《契丹的胞族外婚制》，《民族研究》1983年第1期。

② 席岫峰：《关于契丹婚姻制度的商榷》，《历史研究》1993年第2期。

③ 程妮娜：《契丹婚制婚俗探析》，《社会科学战线》1992年第1期。

④ 《辽史》卷116《国语解》，第1534页。

⑤ “大同元年，太宗自汴将还，留外戚小汉为汴州节度使，赐姓名曰萧翰，以从中国之俗，由是拔里、乙室已、述律三族皆为萧姓。”引自《辽史》卷67《外戚表》，第1027页。

⑥ 史风春即认为“辽朝建国之前，与耶律家族通婚的已有二审密氏（即乙室已氏和拔里氏）”，并根据耶律阿保机祖父匀德实的简献皇后即是述律平的姑祖母，且阿保机之姑嫁于述律平之父，阿保机又娶述律平为后，指出“述律氏与耶律家族通婚由来已久”。史风春：《略论契丹后族族帐的演变》，《黑龙江民族丛刊》2012年第5期。

⑦ “契丹外戚，其先曰二审密氏：曰拔里，曰乙室已。至辽太祖，娶述律氏。……由是拔里、乙室已、述律三族皆为萧姓”（《辽史》卷67《外戚表》，第1027页），可见，辽太祖之前的契丹后族唯有拔里和乙室已二审密，述律氏至太祖时期方为后族，因此懿祖之后只能是拔里氏或乙室已氏。

⑧ 《辽史》卷116《国语解》，第1539页。

姑'"[①],似表明早在阿保机建立契丹－辽政权之前就曾有"拜奥礼"。学界对"拜奥礼"中"奥"和"奥姑"的解释，主要有两种：一是认为"奥"是汉语词汇，指的是室内西南角，"即因辽代契丹贵族婚嫁中主持婚礼的皇家女子'当奥而坐'，故亦称之'奥姑'。契丹人以青年女性为'奥姑'主持婚礼，是辽代契丹民族脱胎于母系氏族时代未远，妇女社会地位依然很高的一种遗存"[②]。另一种观点是"奥姑即姑娘之义。蒙古语谓女子为［ɔxin］，谓姐为［ɔxui］或［ɔgui］。奥姑当即［ɔgui］之音译"，并指出《燕北录》中记载的"赤娘子者番语谓之掠胡奥"[③]中的掠胡奥（或掠胡奥偌）之奥（或奥偌），即奥姑之略记（奥偌亦是奥姑之另一音译），"掠胡就是赤娘子之赤，就是红色之红"[④]。将掠胡奥的"掠胡"对应"赤"，"奥"对应"娘子"，虽然在契丹小字的研究中能够在音值和语义上建立联系[⑤]，但是《辽史》中"当奥坐""坐于奥""当奥而坐"等记载也说明了"奥"具有方位词的意义。因此，"奥姑"与"奥（偌）"之间是否具有对应关系，尚难以做出明确的判断。然而，无论将"奥"以汉语词汇解释为"室之西南隅。宛然深藏。室之尊处也"[⑥],还是以"因生其族类"而受祭拜的赤娘子的契丹语"掠胡奥"之"奥（奥偌）"解释"奥姑"，都说明了契丹人婚俗中的"拜奥礼"具有尊崇女子的特点。

二、丧葬风俗

契丹早期的丧葬习俗中以"树葬"作为主要形式。《隋书》记载：

---

① 《辽史》卷65《公主表》，第999、1000页。

② 胡天：《契丹人的"拜奥"习俗》，《社会科学辑刊》1993年第2期。

③ （宋）王易：《燕北录》，《说郛》卷38《重编燕北录》，中国书店，1986年7月据涵芬楼1927年11月版影印。《辽史拾遗》引《燕北录》记作"赤娘子者，番语谓之掠胡奥偌"。（清）厉鄂：《辽史拾遗》卷15《礼志一》，《丛书集成初编》，商务印书馆，1936年，第317页。

④ 即实：《解䟽及其他》，《民族语文》1984年第2期。

⑤ 〔日〕爱新觉罗・乌拉熙春：《契丹语言文字研究》，东亚历史文化研究会，2004年，第197页；傅林：《论契丹语中"汉儿（汉人）"的对应词的来源》，《辽金历史与考古》（第四辑），辽宁教育出版社，2013年。

⑥ （汉）许慎撰，（清）段玉裁注：《说文解字注・七篇下・宀部》，上海古籍出版社，1988年，第338页。

“父母死而悲哭者，以为不壮，但以其尸置于山树之上，经三年之后，乃收其骨而焚之。”[①]《北史》所记基本相同。契丹“树葬”习俗，与同为鲜卑后裔的室韦多有类似，《魏书》记载室韦“父母死，男女众哭三年，尸则置于林树之上”[②]。可见，契丹和室韦均有树葬习俗且都有三年为期的葬礼习俗。根据《隋书》记载室韦人“居丧三年，年唯四哭”[③]。可以推测契丹人三年后收骨而焚的习俗或也是与“居丧三年”类似的一种形式。然而，《旧唐书》却记载契丹“其俗死者不得作冢墓，以马驾车送入大山，置之树上，亦无服纪。子孙死，父母晨夕哭之；父母死，子孙不哭”[④]。“亦无服纪”似表明契丹唯有树葬形式，而无为期三年的丧礼风俗。契丹葬俗无有丧期，在《新唐书》中记载为：“子孙死，父母旦夕哭；父母死则否，亦无丧期。”[⑤]此语表明，契丹葬礼分为“子孙死”和“父母死”两种形式，父母死既不哭也无丧期，而子孙死父母哭或有丧期。虽然，此记与《隋书》称契丹“父母死而悲哭者，以为不壮”所蕴含的不以父母死而悲苦的葬俗观念相同；但是，“无丧期”的记载，似又与前面分析的“三年丧期”习俗相矛盾。实则不然，《新唐书》的“无丧期”与《旧唐书》的“无服纪”应是一个意思，是说契丹人死“不得作冢墓”“置之树上”“无服纪（或无丧期）”等不同于中原的丧葬习俗，并没有否定“树葬三年而焚”的记载。因此，契丹树葬三年而焚之的习俗不仅仅是针对“父母死”而有的，相对应的“子孙死”则可能亦有三年丧期且“旦夕哭”。契丹人葬俗中的两种葬礼形式，也反映其“贵少贱老”的思想观念，这与乌桓、匈奴等北方民族具有相似性。

史书中也有记载契丹的火葬属于“风俗薄恶”[⑥]，是“贱者”所

---

① 《隋书》卷84《契丹传》，第1881页。

② 《魏书》卷100《失韦传》，第2221页。

③ 《隋书》卷84《室韦传》，第1882页。

④ 《旧唐书》卷199下《契丹传》，第5350页。

⑤ 《新唐书》卷216《契丹传》，第6167页。

⑥ “窃惟送终，人子之大事。今见中都风俗薄恶，于丧祭之礼，有急当纠正者。如父母之丧，例皆焚烧以为当然，习既成风，恬不知痛，败俗伤化，无重于此。契勘系契丹遗风，其在汉民，断不可训理，合禁止以厚薄俗。”引自（元）王恽：《秋涧集》卷84《论中都丧祭礼薄事状》，《摛藻堂四库全书荟要》（第401册），世界书局影印本，1985年，第434页。

为[①]，似与“子孙死”丧礼中亦有“三年而焚之”且“旦夕哭”的习俗体现出来的不视“火化”为薄葬的思想相悖。其实不然，因为视“焚烧”为“薄俗”，是相对于汉民来讲，应“禁止以厚薄俗”；视“燔之”为“贱者”，是相对于“耶律之羓”[②]而言。或许相对于尸骨葬等形式，火葬属于“薄俗”；而相对于仅以“树葬”而不焚烧，火葬当已是“厚俗”了。《北行日录》即记有契丹人“道中有一畷尸棚，其俗行有死者不埋，立四木高丈余为棚，其上以荆棘覆其尸，以防鸱枭狗鼠之害，立一牌以记其名姓年月，有人识认则从便葬埋，否则任之”[③]。由此可见，置尸于棚上是最为“从便”的丧葬处理方式，更遑论相较于更为原始的“树葬”了[④]。关于契丹“树葬”之后，又有收骨而焚的“火化”习俗。毕德广等认为“契丹人树葬习俗源于对大山的崇拜，其崇山思想又源于其祖先乌桓及鲜卑的崇山思想，故其树葬与乌桓及鲜卑的崇山有着密切联系。但将尸体置于树上而三年后焚烧之，当源自其直系祖先宇文部的火葬习俗，也可能与乌桓及鲜卑焚烧死者衣物的仪式有间接关系”。并指出“契丹早期墓葬中的乌斯吐墓、柳条沟M1、泥马窝堡墓、后旧门墓、双井沟墓与虎吐路墓等都是火葬墓”[⑤]。契丹树葬三年而焚，对骨灰或有相应的处理，而火葬墓或即火化之后的处理方式之一，可能是火化习俗发展到一定程度的产物。当然火葬墓也可能与树葬三年而焚并无直接关系，只是

---

① “元祐末，宣仁圣烈太后上宾。虏人遣使吊祭。虏使回至滑州死，刳其中央，以头内孔中，植其足，又取叶数百，披掐遍体，以疏别造毂车方能行。次年春，予被差报谢入蕃，见其辙路深尺余，此蕃国贵人礼也，贱者燔之以归。耶律之羓尚矣。”引自（宋）张舜民：《画墁录》，《全宋笔记》第二编（一），大象出版社，2006年，第221页。

② 即《旧五代史》所记耶律德光病逝于沙虎林，“契丹人破其尸，摘去肠胃，以盐沃之，载而北去，汉人目之为‘帝羓’焉”。参见，《旧五代史》卷137《契丹传》，第1836页。

③（宋）楼钥：《北行日录》卷上，《丛书集成新编》第93册，新文丰出版公司，1986年，第712页。

④ “北朝时，室韦‘父母死，……尸则置于林树之上’。隋唐时，‘部落共为大棚，人死则置尸其上’。前者或更为原始，后者当是有血缘关系的氏族或部落的公共墓葬场所。室韦的树葬习俗同南邻契丹、奚的早期葬俗相同。”引自张久和：《原蒙古人的历史：室韦—达怛研究》，第98页。

⑤ 毕德广、魏坚：《契丹早期墓葬研究》，《考古学报》2016年第2期。

契丹早期在树葬之外的另一种丧葬形式。契丹早期已经出现的火葬、尸骨葬[①]等墓葬形式，虽然对其具体年代还存在着不同的认识，但基本可以确定在契丹－辽政权建立之前就已经存在墓葬习俗[②]，其墓葬形制主要有土坑竖穴墓、砖室或石室墓等，并有陶器、金属器等随葬品。

《隋书·契丹传》在记载契丹习俗时，在“好为寇盗”前加“其俗颇与靺鞨同”，此语当是《隋书·契丹传》对比《魏书·勿吉传》做出的分析判断。通过对比可以发现《隋书·契丹传》记契丹“父母死而悲哭者，以为不壮，但以其尸置于山树之上，经三年之后，乃收其骨而焚之。因酹而祝曰：‘冬月时，向阳食。若我射猎时，使我多得猪鹿。’”[③]与《魏书·勿吉传》：勿吉（靺鞨）“其父母春夏死，立埋之，冢上作屋，不令雨湿；若秋冬，以其尸捕貂，貂食其肉，多得之”[④]二者史文互见。《隋书》称契丹与靺鞨习俗“同”是指父母死不悲，并以父母死行捕猎之事；其曰“颇”是指契丹置父母死尸于树上，三年后收骨而焚，而靺鞨或于父母冢上作屋，或以尸捕貂。另外，《隋书》“契丹传”和“靺鞨传”有言契丹“其无礼顽嚚，于诸夷最甚”[⑤]，靺鞨“俗以溺洗手面，于诸夷最为不洁”[⑥]，很明显这是《隋书》的价值判断，可以看出二者写作中的相通之处。又《魏书·勿吉传》有“俗以人溺洗手面”[⑦]，而无“于诸夷最为不洁”语，此处显示《隋书》之《靺鞨传》和《契丹传》的共通之处参考

---

① 如乌日根塔拉土坑竖穴墓、呼斯淖契丹墓、三道壕土坑竖穴木棺墓等。张柏忠：《科左后旗呼斯淖契丹墓》，《文物》1983 年第 9 期；哲里木盟博物馆：《内蒙古哲里木盟发现的几座契丹墓》，《考古》1984 年第 2 期；张柏忠：《契丹早期文化探索》，《考古》1984 年第 2 期。

② “近年来的考古发现揭示，北齐以后至唐代晚期，即公元六世纪至建国初，契丹族开始有筑墓入殓之举，即已开始实行土葬”（郑承燕：《辽代贵族丧葬制度研究》，南开大学博士学位论文，2012 年）；“契丹早期墓葬分期的上限不超过七至八世纪，下限至辽建国前（十世纪初），即契丹早期墓葬四期总的年代范围大致为九至十世纪左右”（毕德广、魏坚：《契丹早期墓葬研究》，《考古学报》2016 年第 2 期）。

③ 《隋书》卷 84《契丹传》，第 1881 页。

④ 《魏书》卷 88《勿吉传》，第 2220 页。

⑤ 《隋书》卷 84《契丹传》，第 1881 页。

⑥ 《隋书》卷 81《靺鞨传》，第 1821 页。

⑦ 《魏书》卷 100《勿吉传》，第 2220 页。

了《魏书·勿吉传》，同时也可印证《隋书·契丹传》有关习俗方面的记载，具有与《魏书·勿吉传》对比写作的特点，其目的在于二者史文互见，显示了契丹和靺鞨的丧葬习俗中均有以父母死，行捕猎之事的特点。契丹人的丧葬习俗有着自身的特点，面具覆面（图一一）即反映出了辽代契丹人的特色葬俗。

1

2

图一一　陈国公主金面具和驸马金面具银丝头网[①]
1. 金面具（公主）2. 金面具银丝头网（驸马）
（塔拉、陈永志、曹建恩：《文物华章：内蒙古自治区文物考古研究所 60 年重要出土文物》，文物出版社，2014 年，第 66、67 页）

第二节　宗教信仰

一、原始信仰

契丹人的原始信仰主要体现在通过祭拜等方式表达对天地、山川、祖先等的敬畏，原始信仰中对天地万物的敬畏，反映的是“万物有灵”的观念。随着社会的发展，“万物有灵”观念下的崇拜行为，逐渐融入契丹人的生产和生活活动当中，并演变为固定的文化形式。契丹早期的

---

① 二物件出土于辽陈国公主墓，该面具用薄金片锤击成形，制作时依照死者的脸型先做一个模具，然后将加工好的整块薄金片覆于模具上捶打而成。面具出土时分别覆盖在公主和驸马面部，覆盖面具是辽代的一种丧葬习俗。由此亦可见契丹人别具特色的丧葬习俗风貌。

很多礼仪活动就很好地体现了原始信仰中的自然崇拜和祖先崇拜，其中神职人员即是原始信仰中经过较为系统化和专业化发展而出现的以“通灵”为职责的萨满，比如形成于遥辇氏部落联盟时期的祭山仪中的“太巫”“巫”和瑟瑟仪中的“巫”等，均是萨满教中的巫师。

根据《辽史·礼志》记载“遥辇胡剌可汗制祭山仪，苏可汗制瑟瑟仪，阻午可汗制柴册、再生仪”[①]，并特意指出“太宗幸幽州大悲阁，迁白衣观音像，建庙木叶山，尊为家神。于拜山仪过树之后，增‘诣菩萨堂仪’一节，然后拜神，非胡剌可汗之故也。兴宗先有事于菩萨堂及木叶山辽河神，然后行拜山仪，冠服、节文多所变更，后因以为常”[②]。祭山仪、瑟瑟仪和柴册、再生仪均形成于遥辇氏部落联盟时期，其中祭山仪在契丹－辽政权时期有两次调整，分别是太宗时期“增‘诣菩萨堂仪’一节，然后拜神”和兴宗时期“先有事于菩萨堂及木叶山辽河神，然后行拜山仪”。然而，《辽史·礼志》所记“祭山仪”的仪式中并没有与“菩萨堂”有关的内容，说明《辽史》所载“祭山仪”并不包含经过太宗和兴宗调整的仪程，保留了胡剌可汗祭山仪的原貌，能够反映早期契丹人的原始信仰。相应地，也能够从没有经过调整的瑟瑟仪和柴册、再生仪的仪式中看出契丹早期对自然和祖先的崇拜。

（一）自然崇拜

契丹早期的自然崇拜主要包括天地崇拜、日月崇拜、山川崇拜、动植物崇拜等。祭山仪中的“设天神、地祇位于木叶山，东乡”[③]并拜诣、奠基，即显示了契丹人对天地的崇拜，而天神、地祇位“东乡”则与面向太阳、敬畏太阳有关[④]。“柴册仪”中记载行再生仪之后有“拜日”[⑤]一节，也可以看出有日月崇拜的习俗。山川崇拜主要体现在，于木叶山行

---

① 《辽史》卷 49《礼志一》，第 833 页。

② 《辽史》卷 49《礼志一》，第 835 页。

③ 《辽史》卷 49《礼志一》，第 834 页。

④ 乌桓即“以穹庐为舍，东开向日”（《后汉书》卷 90《乌桓鲜卑列传》，第 2979 页），突厥“牙帐东开，盖敬日之所出也”（《周书》卷 50《突厥列传》，第 910 页）。

⑤ “皇帝入再生室，行再生仪毕，八部之叟前导后扈，左右扶翼皇帝册殿之东北隅。拜日毕，乘马，选外戚之老者御。”引自《辽史》卷 49《礼志一》，第 836 页。

祭山仪，以及祭拜木叶山辽河神等。祭山仪中的“中立君树，前植群树，以像朝班。又偶植二树，以为神门”及“皇帝率孟父、仲父、季父之族，三匝神门树，余族七匝”[①]都体现的是树木崇拜。此外，瑟瑟仪中的射柳，以及树葬习俗和“青牛白马”传说都有动植物崇拜的因素。辽太祖元年（907）阿保机“燔柴告天，即皇帝位”，七年（913）平诸弟之乱“以黑白羊祭天地”“以青牛白马祭天地”等[②]，也显示了自然崇拜在契丹人的信仰中据有重要位置。此外，从辽代契丹人的配饰（图一二）中，也可见其渊源有自然崇拜的思想观念。

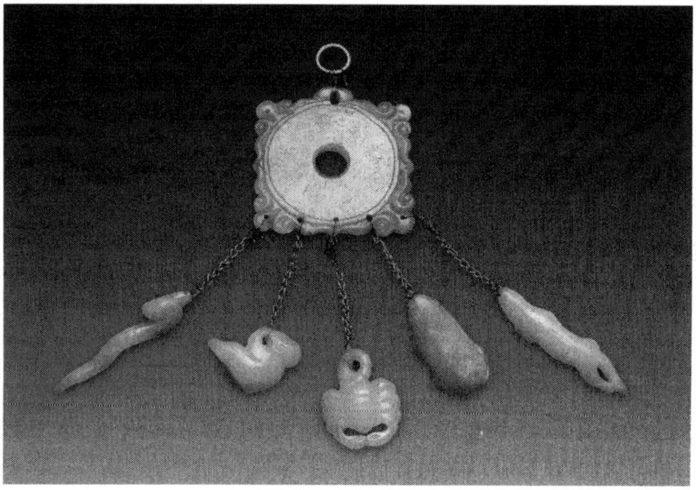

图一二　动物形玉佩[③]

（塔拉、陈永志、曹建恩:《文物华章：内蒙古自治区文物考古研究所 60 年重要出土文物》，文物出版社，2014 年，第 153 页）

（二）祖先崇拜

“柴册仪”的仪程在《辽史》的记载中有“七庙神主”，在《燕北录》的记载中有“七祖殿”“赤娘子”等，这些都是契丹人祭祀祖宗的礼仪。尤其是对赤娘子（掠胡奥）的祭祀，表达了契丹人对祖母神的崇拜。太

① 《辽史》卷 49《礼志一》，第 834 页。

② 《辽史》卷 1《太祖纪上》，第 7、8 页。

③ 出土于辽陈国公主墓，该玉佩白玉制，由一件璧形玉饰以鎏金银链垂挂蛇、猴、蝎、蟾蜍、蜥蜴形玉坠组成，璧形玉饰正面浅雕十二生肖形象，线条流畅，技艺熟练。辽代契丹人对动物的崇拜，应渊源于契丹早期的自然崇拜观念。

祖七年（913）阿保机在平定诸弟之乱的过程中曾“登都庵山，抚其先奇首可汗遗迹，徘徊顾瞻而兴叹”①，表明在916年契丹－辽政权建立之前，契丹已经追忆、怀念、兴叹其始祖——奇首可汗。另，《辽史》记载契丹于木叶山上建有“始祖庙，奇首可汗在南庙，可敦在北庙，绘塑二圣并八子神像”，并指出“相传有神人乘白马，自马盂山浮土河而东，有天女驾青牛车由平地松林泛潢河而下。至木叶山，二水合流，相遇为配偶，生八子。其后族属渐盛，分为八部。每行军及春秋时祭，必用白马青牛，示不忘本云”②。表明契丹人以青牛白马祭祀有追忆先祖的成分。契丹－辽政权建立前就已经存在的“以青牛白马祭天地”习俗，表明契丹早期的原始信仰中似有自然崇拜和祖先崇拜合一的特点。契丹人对先祖的崇拜除了表现在“赤娘子”和“青牛白马”传说之外，还有神异三主的故事：一曰“毡中枯骨，化形治事”的“廼呵”，一曰“戴猪服豕”出入穹庐的“喎呵”，一曰“养羊二十口，日食十九，留其一焉，次日复有二十口”的“昼里昏呵”③。此神异三主“皆有治国之能名”，反映了契丹人通过神化、异化其祖先而实现对先祖的记忆、敬畏和崇拜。

此外，在契丹人的原始信仰中也有生殖崇拜的观念，如再生仪中有“置再生母后搜索之室”④，以及在“皇帝纳后之仪”中于行“拜奥礼”之外，还有“选皇族诸妇宜子孙者，再拜之”⑤的习俗。

自然崇拜和祖先崇拜观念在早期契丹人的生活中扮演了重要角色，尤其是政治生活和风俗文化中表现出了较为深刻的痕迹，以致在契丹－辽政权建立过程中就表现出了原始信仰的因素，萨满（巫）在其中作用明显⑥。契丹－辽政权礼制中保留的萨满文化痕迹，一方面是对民族文化的传承，另一方面也是原始信仰的延续。

---

① 《辽史》卷1《太祖纪上》，第8页。

② 《辽史》卷37《地理志一》，第445、446页。

③ 《契丹国志·契丹国初兴本末》，第3、4页。

④ 《辽史》卷49《礼志一》，第836页。

⑤ 《辽史》卷52《礼志五》，第863、864页。

⑥ “神速姑是辽太祖前期创业活动中，声名煊赫的大巫。他利用原始信仰的神权力量，为辽太祖的建国活动，出力多多，然而，建功既伟，破坏也巨。他又是带头谋乱的祸首之一，即挑唆‘诸弟之乱’的主谋。”引自任爱君：《契丹辽朝前期（907—928）契丹社会历史面貌解析》，内蒙古大学博士学位论文，2005年。

二、佛教和摩尼教

契丹人在原始信仰之外，早期还传入了佛教和摩尼教等外来宗教。《辽史》记载阿保机于唐天复二年（902）“城龙化州于潢河之南，始建开教寺”①，表明早在契丹－辽政权建立之前，已经建有宗教场所，一般认为此开教寺属于佛教寺院，是为了安抚和教导所俘获汉人②。辽太祖三年（909）又在龙化州建大广寺“以纪功德”。六年（912）为安置俘获的僧崇文等五十人在西楼建天雄寺“以示天助雄武”③。契丹统治者或为安抚所俘人口，或为显耀功德而兴建开教寺、大广寺、天雄寺等，说明契丹早期的佛教等宗教场所多是以功利性为目的而兴建。到后来，佛教大盛于辽代，辽墓壁画中反映有颂经场景（图一三）。

与功利性地引入佛教不同，契丹早期摩尼教的传入，则有主动信奉的特点。王小甫在《契丹建国与回鹘文化》一文中论证了契丹早期的神话传说、文化习俗等所具有的摩尼教因素。其中，阿保机降生神话与摩尼降生、受启神话相印证；阿保机及其皇后称号中的“圣”“明”等与摩尼教中诸神、使者的称呼相合；“明王楼”可能是一个摩尼教礼拜场所并与阿保机即位后的首次内乱有关；“漆水”与“奇首”都是回鹘语ekisub/ekkisüw（“二水”“两河”之义）一词的音译，是阿保机时代据回鹘摩尼教义命名；木叶山的祭山仪是一种整合了契丹祭天旧俗的摩尼教宗教仪式；“青牛白马”等与摩尼教中的人类始祖亚当（Adam）、和夏娃（Hawwah）有关，“掠胡奥”应作“椋胡奥”很可能是中国古代对亚当、夏娃的较早译名之一；燔柴、祭东、拜日、尚白、拜黑山、裸葬、薄葬加火葬等习俗或均受到摩尼教的影响；阿保机被神化为摩尼教中“大智甲（得救之王）”，皇后述律平（小字“月理朵”即是回鹘语 ört 的音译，

---

①《辽史》卷1《太祖本纪上》，第2页。

② 孙国军认为开教寺是“辽契丹境内的第一座佛寺”，并认为开教寺是契丹统治者利用佛教安置和安抚所俘获的汉人［孙国军：《佛教传入辽朝原因及来源探析》，《赤峰学院学报》（汉文哲学社会科学版）2014年第4期］，黄凤岐认为开教寺是阿保机为安置汉人俘虏而于龙化州始建，并指出“开教”含有“纪念‘创教’与‘开导’、‘教化’的意义”（黄凤岐：《契丹史研究》，第232页）。

③《辽史》卷1《太祖本纪上》，第6页。

图一三　辽墓壁画颂经图[①]

（孙建华：《内蒙古辽代壁画》，文物出版社，2009 年，第 52 页）

意为火焰、光辉或光芒）被神化为“惠明使（女身）”等；契丹初兴之主“喎呵”很有可能就是摩尼教中的嗢末（Hormizd）神。并指出，在回鹘族人进入契丹社会并发挥重要作用的历史背景下，回鹘所奉的摩尼教“则为契丹传统社会的飞跃与变革提供了新的精神武器。耶律阿保机即以结亲取得回鹘族人（很可能把持着商业活动）的支持，并藉其摩尼教神化自己，从而得以突破传统，实现革命，建立国家，实行帝制，成为契丹人的民族英雄”[②]。可见,从回鹘传入的摩尼教适应了契丹早期社会革新的需要，为契丹统治者所主动接受，在这个过程中，与回鹘有深厚渊源的述律平家族发挥了重要作用。

摩尼教在契丹早期社会中传入，一方面冲击和改造了作为契丹人原始信仰的萨满教，另一方面也丰富了原始信仰的内涵。自然崇拜中的山

① 该壁画绘于宝山村 2 号辽墓石室北壁，图中贵妇端坐于高背椅上，左手持浮尘，右手按经卷，虔诚吟读经书，身后站立两侍女，一个手拿团扇，一个手捧净盆。自契丹早期引入佛教，辽代佛教盛极一时。

② 王小甫：《契丹建国与回鹘文化》，《中国社会科学》2004 年第 4 期。

川、日月等不再仅仅是自然神灵，同时也赋予了摩尼教色彩；祖先崇拜则与摩尼教中的人类始祖神话等相结合。佛教在契丹对外扩张和征服过程中，发挥了稳定、宣扬、教化的作用。总之，契丹早期的宗教信仰以原始信仰为主，在契丹 - 辽政权建立前后引入了摩尼教、佛教等宗教；本族的原始信仰萨满教与外来宗教共存、相融，在契丹早期的政治文化生活中发挥了重要作用。

第三节 其　　他

一、语言文字

契丹语言文字随着契丹民族的消亡，也渐为人们所忘记。如今，契丹的语言和文字乃是以死语言和死文字的形态，作为学界的研究对象。有关契丹语属性问题的研究，虽然有不同的认识[①]，但“契丹语属于阿尔泰语系语言，这一点学界基本无歧义”[②]。

史书在记载早期契丹的历史时，或称契丹、室韦、库莫奚等语言相同，或记契丹人将与自己语言相通的奚族视之为“一国”，这些显示了与奚、室韦同为东胡族系鲜卑后裔的契丹，其“语言是鲜卑语的嫡裔”。及契丹 - 辽政权建立后，契丹语言更为时人所关注。宋人洪迈有一则关于契丹语语法特点的记载：“契丹小儿，初读书，先以俗语颠倒其文句而习之，至有一字用两三字者。顷奉使金时，接伴副使秘书少监王补每为予言以为笑。如‘鸟宿池中树，僧敲月下门’两句，其读时则曰‘月明里和尚门子打，水底里树上老鸦坐’，大率如此。补锦州人，亦一契丹

① 孙伯君、聂鸿音将之概括为四种观点，分别是：a. 鲜卑语为契丹祖语，契丹语具有蒙古语性质或属突厥语；b. 契丹语属于蒙古语与通古斯语的混合语；c. 契丹语属于突厥语族；d. 契丹语属于满—通古斯语族。同时认为“契丹语中的突厥语成分应该是借用的”，而契丹语中有很多词虽与女真语、满语等有同源关系，但也“很难肯定这些关系词之间究竟是借源还是同源”，并指出“国内的契丹语文学者也越来越倾向认为契丹语属于阿尔泰语系蒙古语族”。孙伯君、聂鸿音：《契丹语研究》，第 14—21 页。

② 吴英喆：《契丹语静词语法范畴研究》，内蒙古大学出版社，2007 年，第 30 页。

也。”[①]可见，契丹语句子在语法结构上与汉语的差异，汉语是主（僧）谓（敲）宾（门）结构，而契丹语则是主（和尚）宾（门子）谓（打）结构。像这类以汉文记录契丹语言的材料，主要是一些汉字音写的契丹语词汇。《辽史》中就存在着大量的契丹语人名、地名、职官名等词汇，比如“耶律阿保机”“集会埚”“夷离堇”“挞马狘沙里”等。此外，中原汉人的文学作品或笔记等也记有契丹语词汇，比如余靖的《北语诗》：“夜宴设罢（侈盛也）臣拜洗（受赐也），两朝厥荷（通好也）情干勒（厚重也）。微臣稚鲁（拜舞也）礼若统（福佑也），圣寿铁摆（嵩高也）俱可忒（无极也）。”其中“设罢”“拜洗”“厥荷”“干勒”“稚鲁”“若统”“铁摆”“可忒”皆是汉字音写的契丹语词，刁约《北语诗》中的“夷离毕（官名，如中国执政）”“贺跋支（如执政防阁）”“匹裂（似小木罂，以木为之，加黄漆）”等亦是此类词汇[②]。汉文记载的契丹语言显示了契丹人在与汉人交流过程中，语言文字之间的相互影响，契丹文字也因之而创制。

史书记载契丹早期没有本民族的文字，在与外界交往的过程中接触到其他民族的文字，其中汉字应该是契丹最为熟悉的他族文字。契丹在役属回鹘期间，回鹘派往“督以岁贡”的监护使，就是用的“汉谍（牒）”，这说明契丹早期对汉文是较为熟悉的。及阿保机建立契丹－辽政权后，创制的契丹大、小字就参考了汉字，史书称“汉人教之以隶书之半增损之，作文字数千，以代刻木之约”[③]。同时，较为原始的“刻木之约”说明早期契丹人曾有过以符号作为交流媒介的信息记录方式。那么在契丹文字未有创制之前，契丹人是否使用过其他文字呢？《新五代史》记载阿保机曾于907年前后派遣使者聘梁并“奉表称臣，以求封册”，契丹所奉之表必是以汉字书写，表明916年契丹－辽政权建立之前，契丹在与中原政权交往的过程中有使用汉字的现象。从契丹役属回鹘时被以汉牒督贡，到以汉字奉表于梁，再到契丹借鉴汉字制作契丹文字，都说明汉字在早期契丹社

① （宋）洪迈撰，何卓点校：《夷坚志·丙志》卷18《契丹诵诗》，中华书局点校本，1981年，第514页。

② 《契丹国志》卷24《余尚书北语诗》，第260页。

③ 《新五代史》卷72《契丹传》，第888页。

会中的使用。除汉字之外，契丹早期是否还使用其他民族文字呢，比如曾依附于的突厥、回鹘等？从回鹘以汉牒督贡也可以看出契丹人和回鹘人之间的书面交流有以汉文作为媒介的传统，并没有使用回鹘人曾使用过的突厥卢尼文。至于后来回鹘文字创制，契丹亦不曾使用。《辽史》在记载契丹小字创制的经过时，称"回鹘使至，无能通其语者，太后谓太祖曰：'迭刺聪敏可使。'遣迓之。相从二旬，能习其言与书，因制契丹小字，数少而该贯"①，此处称因契丹无人能通回鹘语，才派遣迭刺学习回鹘语言文字。根据契丹曾役属于回鹘，且述律后的祖上或是回鹘人或是与回鹘人关系密切，可以推测同属阿尔泰语系的契丹人不应"无能通其语者"，因此其所称的"语"应是指回鹘的"言与书"，重点应是指文字。由此可以判断，契丹早期在没有本族文字的情况下，应是以汉字作为主要的文字交流传播媒介。

汉语、汉字在契丹语言文字中的痕迹和影响，也是学界研究契丹文字的重要突破口，20 世纪七八十年代的契丹文字研究小组就是以契丹语中的汉语借词，打开了释读契丹小字的突破口。虽然契丹文字也同契丹语言一样，随着契丹民族的消亡而成为死文字，但其毕竟承载了更为原始的契丹语言信息。学界在解读契丹文字，尤其是小字方面所取得的成就，能够更直观地反映出契丹语言面貌。

二、姓氏

《辽史》记载契丹人耶律庶箴"上表乞广本国姓氏曰：'我朝创业以来，法制修明；惟姓氏止分为二，耶律与萧而已。始太祖制契丹大字，取诸部乡里之名，续作一篇，著于卷末。臣请推广之，使诸部各立姓氏，庶男女婚媾有合典礼。'"②根据耶律庶箴的上表，可以推断出两点信息：①契丹－辽政权建立之后姓氏只分出耶律和萧二姓；②分立姓氏的目的是"婚媾合典礼"。结合契丹早期就已经有"异姓可结婚"原则，可以推测此前并没有为"婚媾合典礼"而存在的耶律和萧二姓。

《旧唐书》记载契丹君长姓"大贺氏"，说明契丹早期的窟哥等部落联盟首领除唐朝的赐姓"李"之外，其本族姓氏为"大贺"。此外，还有

① 《辽史》卷 64《皇子表》，第 968、969 页。

② 《辽史》卷 89《耶律庶箴传》，第 1350 页。

契丹“孙”姓曾与大贺氏首领李尽忠联姻。后遥辇氏代大贺氏为契丹首领，遥辇氏之后是阿保机为契丹可汗。《辽史》称：“至耨里思之孙曰阿保机，功业勃兴，号世里氏，是为辽太祖。于是世里氏与大贺、遥辇号‘三耶律’。”[①]可见阿保机家族始姓世里氏，后契丹为“婚媾合典礼”而分姓氏为二，大贺氏、遥辇氏、世里氏均称为耶律姓。《辽史·国语解》在解释“耶律”姓氏的时候，称“有谓始兴之地曰世里，译者以世里为耶律，故国族皆以耶律为姓”[②]。此说在《契丹国志》里面记载的更为清楚：“契丹部族，本无姓氏，惟各以所居地名呼之，婚嫁不拘地里。至阿保机变家为国之后，始以王族号为‘横帐’，仍以所居之地名曰世里著姓。世里者，上京东二百里地名也。今有世里没里，以汉语译之，谓之耶律氏。”[③]此记称契丹姓氏源于“所居地名”，且“婚嫁不拘地里”。若“不拘地里”是指婚嫁不拘于同一“地里”，而是相异“地里”（姓氏）之间通婚，则与“异姓可通婚”不相矛盾；若“不拘地里”是指“不论地里”，同一“地里”（姓氏）亦可通婚，则就与“异姓可通婚”原则相矛盾了。当然，无论哪种解释，都肯定了“姓氏”（地里）和“婚嫁”之间存在关系，这一点与契丹人的通婚习俗相合，表明史书所载的基本信息还是可靠的。

契丹早期的姓氏发展，经历了无姓氏到有姓氏的过程，且姓氏的产生与“所居地”有一定关系。契丹皇族姓氏耶律在早期也作世里氏，建立契丹－辽政权后，将大贺氏、遥辇氏和世里氏均称作耶律姓；而后族的萧姓则来源于早期的拔里、乙室（已）和述律氏[④]。除此之外，契丹早期首领还接受唐朝赐姓“李”，并有孙姓契丹。根据耶律庶箴上表中的“使诸部各立姓氏，庶男女婚媾有合典礼”，表明辽代契丹社会中并非所

---

① 《辽史》卷 63《世表》，第 950 页。

② 《辽史》卷 116《国语解》，第 1534 页。

③ 《契丹国志》卷 23《族姓原始》，第 247 页。

④ 史风春认为辽代后族为萧姓的缘由是因述律平先人来自以族入突厥的中原隋朝萧后，而在“太祖时赐述律氏为萧，太宗时又把二审密也赐为萧姓，由此三族皆为萧”，并指出“萧姓由‘小汉’谐音‘萧翰’而来的说法只是传说；萧姓由审密或述律音译而来的说法也有些牵强；太祖慕刘邦、萧何英武而改姓的观点只是看到表面现象”。参见，史风春：《辽朝后族萧姓由来述论》，《内蒙古师范大学学报》（哲学社会科学版）2015 年第 4 期。

有人都有姓氏，姓氏的一个重要目的就是以便“婚媾有合典礼”。契丹早期也应是如此，姓氏或只是贵族所有，所谓“异姓可结婚”也是贵族之间基于“婚嫁不拘地里”的习俗而发展来的通婚原则。

契丹早期姓氏和婚姻之间的关系，为契丹－辽政权建立后所继承，也反映了契丹社会文化习俗具有稳定性和传承性。相应地，对丧葬习俗、宗教信仰和语言文字等的沿袭和发展，也显示了这一特点。同时，早期契丹的文化习俗也多有其来源民族——鲜卑的遗风，这一传承性与契丹－辽政权对早期文化的传承，共同呈现出契丹早期文化习俗的完整面貌。

契丹早期无论是在发展空间上，还是在政治、经济、文化等方面，都为民族的兴盛繁荣奠定了基础，做了重要准备。契丹族发源于中国古代的北方地区，起初活动在内蒙古高原东部和东北平原西南部地带，位于北方草原和东北山林交界之地。后来建立的契丹－辽政权统一中国古代北方地区，《辽史》称其“东自海，西至于流沙，北绝大漠，信威万里”[①]，整个中国东北、正北、西北广大地区都在其势力范围之内；南界则先后与五代各政权和北宋形成“南北朝”的局面。契丹族作为中国古代北方民族，曾建立强大的政权，创造灿烂的文化，在历史上不但沟通了东西方文明，而且也是草原文明与农耕文明交流的桥梁，其为中华文明多元一体格局的形成和发展，贡献了力量（图一四）。

中国古代北方地区曾先后形成匈奴、鲜卑、柔然、突厥、回鹘等统一的民族政权，但这些政权多是以蒙古高原的大漠南北为主要势力范围，并不包含东北地区，或是像鲜卑檀石槐大联盟虽然也曾横跨整个北方地区，但时间较短，并没有形成稳定的民族政权。然而，契丹族建立的民族政权不仅持续二百余年，而且采取了“因俗而治”等方式对中国古代北方地区进行了有效的开发和治理。契丹－辽政权的疆域范围内，除了契丹人、奚人之外，还有汉人、渤海人、女真人，以及党项和室韦等不同民族和群体，各群体聚集地的自然地理环境不同，各有自己的生产生活方式，契丹、奚等民族是游牧民族，而汉人多从事农耕，女真人则属于森林渔猎民。然而，各群体在契丹－辽政权的统治之下共同生活，相互之间交流频繁，无论是生产方式还是生活方式，都相互影响，比如奚

① 《辽史》卷1《太祖本纪下》，第24页。

图一四　龙纹金花银盒[①]
（塔拉、陈永志、曹建恩：《文物华章：内蒙古自治区文物考古研究所60年重要出土文物》，文物出版社，2014年，第24页）

人从事农耕，契丹汉化和汉人契丹化等。在契丹人的主导下，其统治范围内的各民族共同开发中国古代北方地区。适合于农业的燕云地区，大力发展农业，草原地带也广布“插花田”，以群牧为代表的畜牧业发展成效显著，建成辽上京（今内蒙古自治区赤峰市巴林左旗辽上京遗址）、中京（今内蒙古自治区赤峰市宁城县大名城）等为代表的草原城市，这些城市聚集了不同民族的商旅人员，境内商业繁荣。

契丹－辽政权统一并开发中国古代北方地区的同时，在处理与南部中原政权的关系时，亦认同自己为“中国”，自称炎黄子孙，以北朝自居[②]。契丹先后与后梁、后唐、后晋、后汉、后周以及北宋等政权形成南北朝的格局，尤其是辽宋签订澶渊之盟后，“通和所致书，皆以南、北朝冠国号之上”[③]。其中，后晋政权是由契丹援立，契丹也因此获得燕云地区并长期占有、开发。燕云地区人口以从事农耕的汉人为主，是传统的农耕文明地带。契丹占有此地，为其连接草原文明和农耕文明提供了重

① 出土于吐尔基山辽墓，该器物银质，花纹鎏金，盖顶部中心部位模压出四爪金龙纹、团身、口大张、吐舌，似飞行。龙文化作为中华文明的重要特征之一，于辽代盛行，反映了契丹人为中华文明的发展作出了自己的贡献。

② 赵永春、张喜丰：《契丹的“中国”认同》，《黑龙江民族丛刊》2015年第1期。

③ （宋）李焘：《续资治通鉴长编》（第五册）卷58《真宗》景德元年，中华书局，1980年，第1299页。

要的支撑。契丹人这一历史贡献为后来的女真人所继承，亦邻真先生曾有这样的表述："辽金两朝在客观上曾是连接北方和中原的桥梁。这两个北方民族的王朝占据了中原大片土地，同时又使北方草原部落臣属于自己；既使中原的经济文化步步向北方延伸，又使北方草原部落更易于接近中原这个伟大的文明世界。在沟通祖国各族人民经济文化交流方面，辽金两朝都是有自己的肯定地位的。"[①] 契丹人不仅在连接南北上发挥了重要作用，而且在沟通东西方文明方面做出了突出贡献。契丹－辽政权东西幅员辽阔，东方隔海与日本诸岛相望，并保持有外交关系，《辽史》记载日本国曾多次遣使朝贡，在北面属国官中列有"日本国王府"；西方"属国"则列有"大食国王府"等，学界一般认为大食即喀喇汗王朝，"辽圣宗太平元年（1021），即喀喇汗朝玉素甫·卡迪尔汗在位期间，辽还嫁公主给大食（喀喇汗朝）王子册割（察格里特勤）"[②]。耶律大石西迁后，契丹人在中亚、西亚地区的活动更加促进了东西方不同文明之间的交流。"契丹"一名也广泛为西方所知晓，"今天，俄罗斯、希腊、伊朗、土耳其仍把'Khitiy'的各种变体作为中国的通称，其声名远远超过当时的宋朝"[③]（图一五）。

契丹人通过组织开发中国古代北方地区，连接北方草原文明与中原农耕文明，沟通东西方文明，实现自身的不断发展，也因此创造了灿烂的物质文化和精神文化，很多物质文化遗存保留至今，"因俗而治"等思想文化泽及后世，《金史》称"朝廷议制度礼乐，往往因仍辽旧"[④]。

---

① 亦邻真：《成吉思汗与蒙古民族共同体的形成》，《内蒙古大学学报》（社会科学版）1962 年第 1 期。

② 胡小鹏：《〈契丹国志〉中的"小食国"考》，《西域研究》2006 年第 3 期。

③ 黄凤岐：《契丹史研究》，第 14 页。

④ 《金史》卷 70《宗宪传》，第 1615 页。

图一五　高士图鎏金银杯[①]
（塔拉、陈永志、曹建恩：《文物华章：内蒙古自治区文物考古研究所60年重要出土文物》，文物出版社，2014年，第58页）

① 该器物出土于耶律羽之墓，为酒具，一组两件，铸造、焊接成形，杯体呈七棱状，中腹每面均有一幅高士图，似为魏晋时期“竹林七贤”图，器物造型源自中亚粟特特征的器形，制作有唐风遗韵，作錾金焊接联珠纹的制作方法为契丹人的创造。该器物以物质文化遗存的形式，显示了契丹人在东西方文化交流中的重要地位。

参考书目

一、古籍

（汉）许慎撰，（清）段玉裁注：《说文解字注》，上海古籍出版社，1988年。

（晋）陈寿：《三国志》，中华书局点校本，1959年。

（晋）郭璞注，（宋）邢昺疏：《尔雅注疏》，《十三经注疏》，北京大学出版社，1999年。

（北魏）崔鸿撰，（清）汤球辑补：《十六国春秋辑补》，《丛书集成初编》，中华书局，1985年。

（南朝宋）范晔：《后汉书》，中华书局点校本，1965年。

（南朝梁）萧统编，（唐）李善注：《文选》，上海古籍出版社，1986年。

（北齐）魏收：《魏书》，中华书局点校本，1974年。

（唐）杜佑撰，王文锦等点校：《通典》，中华书局点校本，1988年。

（唐）房玄龄等：《晋书》，中华书局点校本，1974年。

（唐）李百药：《北齐书》，中华书局点校本，1972年。

（唐）李延寿：《北史》，中华书局点校本，1974年。

（唐）令狐德棻等：《周书》，中华书局点校本，1971年。

（唐）魏徵、令狐德棻：《隋书》，中华书局点校本，1973年。

（后晋）刘昫：《旧唐书》，中华书局点校本，1975年。

（宋）程大昌：《演繁露》，《全宋笔记》第四编（九），大象出版社，2008年。

（宋）董冲：《唐书释音》，《文渊阁四库全书》（第276册），（台北）商务印书馆影印本，1986年。

（宋）范镇撰，汝沛点校：《东斋记事》，中华书局点校本，1980年。

（宋）韩元吉：《桐荫旧话》，《说郛》卷 20，中国书店，1986 年 7 月据涵芬楼 1927 年 11 月版影印。

（宋）洪迈撰，何卓点校：《夷坚志》，中华书局点校本，1981 年。

（宋）李焘：《续资治通鉴长编》，中华书局，1980 年。

（宋）楼钥：《北行日录》，《丛书集成新编》第 93 册，新文丰出版公司，1986 年。

（宋）欧阳修、宋祁：《新唐书》，中华书局点校本，1975 年。

（宋）欧阳修撰，（宋）徐无党注：《新五代史》，中华书局点校本，1974 年。

（宋）彭大雅：《黑鞑事略》，《王国维全集》卷 11《黑鞑事略笺证》，浙江教育出版社，2009 年。

（宋）史炤：《资治通鉴释文》，江苏古籍出版社，1988 年。

（宋）司马光编著，（元）胡三省音注：《资治通鉴》，中华书局，1956 年。

（宋）王溥：《唐会要》，中华书局，1955 年。

（宋）王溥：《五代会要》，上海古籍出版社，1978 年。

（宋）王钦若等：《册府元龟》，中华书局，1960 年。

（宋）王易：《燕北录》，《说郛》卷 38《重编燕北录》，中国书店，1986 年 7 月据涵芬楼 1927 年 11 月版影印。

（宋）薛居正等：《旧五代史》，中华书局点校本，1976 年。

（宋）叶隆礼撰，贾敬颜、林荣贵点校：《契丹国志》，中华书局点校本，2014 年。

（宋）张舜民：《画墁录》，《全宋笔记》第二编（一），大象出版社，2006 年。

（宋）郑樵：《通志》，中华书局，1987 年。

（元）陈桱：《通鉴续编》，《文渊阁四库全书》（第 332 册），（台北）商务印书馆影印本，1986 年。

（元）马端临：《文献通考》，中华书局，1986 年。

（元）陶宗仪：《南村辍耕录》，中华书局，1959 年。

（元）脱脱等：《金史》，中华书局点校本，1975 年。

（元）脱脱等：《辽史》，中华书局点校本，1974 年。

（元）脱脱等：《宋史》，中华书局点校本，1977年。
（元）王恽：《秋涧集》，《摛藻堂四库全书荟要》（第400—401册），世界书局影印本，1985年。
（清）博明：《西斋偶得》，《西斋杂著二种》（国学文库第十六编），文殿阁书庄，1934年重印。
（清）厉鄂：《辽史拾遗》，《丛书集成初编》，商务印书馆，1936年。
（清）任大椿：《字林考逸》，《续修四库全书》（第0236册），上海古籍出版社，2002年。
（清）徐松辑，刘琳等点校：《宋会要辑稿》，上海古籍出版社，2014年。
（清）诸可宝：《〈字林考逸〉补附录》，《续修四库全书》（第0236册），上海古籍出版社，2002年。
《宋本广韵》，北京市中国书店影印本，1982年。
金富轼：《三国史记》，杨军校勘本，吉林大学出版社，2015年。
〔伊朗〕志费尼著，何高济译：《世界征服者史》，翁独健校订本，内蒙古人民出版社，1980年。

二、专著

（一）中文专著

巴图宝音、孟志东、杜兴华：《达斡尔族源于契丹论》，中国社会科学出版社，2011年。
包铭新、李甍：《中国北方古代少数民族服饰研究3：契丹卷》，东华大学出版社，2013年。
陈述：《契丹社会经济史稿》，生活·读书·新知三联书店，1963年。
陈述：《契丹史论证稿》，山西人民出版社，2014年。
陈述：《契丹政治史稿》，人民出版社，1986年。
陈永志：《契丹史若干问题研究》，文物出版社，2011年。
冯继钦、孟古托力、黄凤岐：《契丹族文化史》，黑龙江人民出版社，1994年。
傅朗云、杨旸：《东北民族史略》，吉林人民出版社，1983年。

耿世民：《古代突厥文碑铭研究》，中央民族大学出版社，2005 年。

黄凤岐：《契丹史研究》，内蒙古科学技术出版社，1999 年。

黄为放编著：《契丹历史编年》，科学出版社，2017 年。

金启孮编著：《女真文辞典》，文物出版社，1984 年。

李德山、栾凡：《中国东北古民族发展史》，中国社会科学出版社，2003 年。

李德山：《东北古民族与东夷渊源关系考论》，东北师范大学出版社，1996 年。

李晓峰、周建华、于淑华等：《契丹艺术史》，内蒙古人民出版社，2008 年。

林幹：《东胡史》，内蒙古人民出版社，2007 年。

林幹：《中国古代北方民族通论》，内蒙古人民出版社，2007 年。

刘凤翥：《契丹寻踪：我的拓碑之路》，商务印书馆，2016 年。

刘浦江：《松漠之间——辽金契丹女真史研究》，中华书局，2008 年。

孟志东：《云南契丹后裔研究》，中国社会科学出版社，1995 年。

内蒙古自治区蒙古语文历史研究所历史研究室、内蒙古大学蒙古史研究室编：《中国古代北方各族简史》，内蒙古人民出版社，1977 年。

任爱君：《辽朝史稿》，甘肃民族出版社，2012 年。

任爱君：《契丹史实揭要》，哈尔滨出版社，2001 年。

舒焚：《辽史稿》，湖北人民出版社，1984 年。

孙伯君、聂鸿音：《契丹语研究》，中国社会科学出版社，2008 年。

孙进己、孙泓：《契丹民族史》，广西师范大学出版社，2010 年。

田广林：《契丹礼俗考论》，哈尔滨出版社，1995 年。

田广林、周锦章：《契丹货币经济史》，哈尔滨出版社，2001 年。

王力主编：《王力古汉语字典》，中华书局，2000 年。

王力：《汉语音韵学》，中华书局，2014 年。

王力：《汉语语音史》，中国社会科学出版社，1985 年。

王民信：《契丹史论丛》，学海出版社，1973 年。

魏良弢：《西辽史纲》，人民出版社，1991 年。

乌兰校勘：《元朝秘史（校勘本）》，中华书局，2012 年。

吴英喆：《契丹语静词语法范畴研究》，内蒙古大学出版社，2007 年。

夏宇旭:《金代契丹人研究》，中国社会科学出版社，2014 年。

向南、张国庆、李宇峰辑注:《辽代石刻文续编》，辽宁人民出版社，2010 年。

杨家骆:《辽史世表长笺：辽太祖建国前一千一百年契丹史料辑考》，中国学术史研究所，1965 年。

杨树森:《辽史简编》，辽宁人民出版社，1984 年。

杨毓骧:《蒙元以来云南契丹后裔考释》，云南大学出版社，2016 年。

于宝林:《契丹古代史论稿》，黄山书社，1998 年。

张久和:《原蒙古人的历史：室韦—达怛研究》，高等教育出版社，1998 年。

张正明:《契丹史略》，中华书局 ，1979 年。

赵振海:《契丹思想文化史略》，北京燕山出版社，1993 年。

赵振绩:《契丹族系源流考》，文史哲出版社，1992 年。

周慧主编:《中国北方古代人群线粒体 DNA 研究》，科学出版社，2010 年。

（二）译著

〔日〕爱宕松男著，邢复礼译:《契丹古代史研究》，内蒙古人民出版社，2014 年。

〔日〕爱新觉罗·乌拉熙春、吉本·道雅:《新出契丹史料の研究》，松香堂书店，2012 年。

〔日〕爱新觉罗·乌拉熙春:《契丹语言文字研究》，东亚历史文化研究会，2004 年。

〔日〕东亚研究所编，韩润棠、张廷兰、王维平等译:《异民族统治中国史》，孙毓棠校订本，商务印书馆，1964 年。

〔韩〕金渭显:《契丹的东北政策——契丹与高丽女真关系之研究》，华世出版社，1981 年。

〔韩〕金在满:《契丹民族发展史의研究》，读书新闻社出版局，1974 年。

〔德〕傅海波、〔英〕崔瑞德编，史卫民等译:《剑桥中国辽西夏金元史》，中国社会科学出版社，1998 年。

三、论文

（一）中文论文

毕德广、魏坚：《契丹早期墓葬研究》，《考古学报》2016年第2期。

毕德广：《唐代两蕃的考古学文化研究》，《辽宁师范大学学报》（社会科学版）2015年第4期。

蔡美彪：《契丹的部落组织和国家的产生》，《历史研究》1964年第5—6期。

蔡美彪：《试说辽耶律氏萧氏之由来》，《历史研究》1993年第5期。

陈可畏：《契丹的族源、早期的社会形态与文化》，《辽金史论集》（第7辑），中州古籍出版社，1996年。

陈鹏：《"契丹"始见中国史籍考》，《江海学刊》2017年第3期。

陈巍：《论唐与奚、契丹的和亲》，《黑龙江民族丛刊》2007年第1期。

陈晓伟：《捺钵与行国政治中心论——辽初"四楼"问题真相发覆》，《历史研究》2016年第6期。

陈永志：《契丹族源地非"松漠之间"考辩》，《内蒙古文物考古》1997年第1期。

程尼娜：《论唐代中央政权对契丹、奚人地区的羁縻统治》，《吉林大学社会科学学报》2002年第6期。

程妮娜：《契丹婚制婚俗探析》，《社会科学战线》1992年第1期。

褚桂燕：《从张九龄敕书看唐政府处理与两蕃关系的策略》，《华北水利水电大学学报》（社会科学版）2016年第1期。

崔明德：《唐与契丹、奚和亲公主考述》，《西北民族大学学报》（哲学社会科学版）1988年第3期。

崔明德：《唐与契丹战争起因新探》，《社会科学辑刊》1991年第2期。

道尔吉、和希格：《女真文〈大金得胜陀颂〉碑校勘释读》，《内蒙古大学学报》（哲学社会科学版）1984年第4期。

都兴智：《略论契丹李尽忠之乱》，《东北史地》2008年第2期。

方壮猷：《契丹民族考》，《女师大学术季刊》1930年第2期。

冯季昌、白广瑞：《契丹族源新考》，《辽金史论集》（第7辑），中州古籍出版社，1996年。

冯继钦:《有关奚族族源的两个问题》,《求是学刊》1984 年第 1 期。

冯家昇:《契丹名号考释》,《燕京学报》1933 年第 13 期。

冯科:《辽圣宗朝统治阶层中的契汉矛盾》,内蒙古大学硕士学位论文,2014 年。

傅林:《论契丹语中“汉儿(汉人)”的对应词的来源》,《辽金历史与考古》(第四辑),辽宁教育出版社,2013 年。

高路加、景爱:《陈述先生关于契丹源流的论述》,《史学史研究》1999 年第 3 期。

葛承雍:《对西安市东郊唐墓出土契丹王墓志的解读》,《考古》2003 年第 9 期。

葛华廷:《辽奚迭剌部及相关问题浅探》,《北方文物》2009 年第 2 期。

葛华廷:《契丹族的祭天、尚左与祭东考略》,《北方文物》1999 年第 2 期。

耿涛:《部落联盟·国家·酋邦:契丹早期社会形态研究述评》,《哈尔滨师范大学社会科学学报》2018 年第 1 期。

耿涛:《迭剌部权力斗争与耶律阿保机建国》,《中国边疆史地研究》2017 年第 4 期。

郭晓东:《20 世纪以来契丹族源研究述评》,《辽宁工程技术大学学报》(社会科学版)2017 年第 2 期。

郝露萍、肖春杰、张卫红等:《云南“本人”的红细胞血型分布及其与契丹人血缘关系的探讨》,《人类学学报》1995 年第 3 期。

何光岳:《契丹的来源和迁徙》,《长沙电力学院学报》(社会科学版)2004 年第 1 期。

胡天:《契丹人的“拜奥”习俗》,《社会科学辑刊》1993 年第 2 期。

胡铁球、左理:《契丹的兴起与部落组织的有序化及农业的关系》,《宁夏大学学报》(人文社会科学版)2003 年第 3 期。

胡小鹏:《〈契丹国志〉中的“小食国”考》,《西域研究》2006 年第 3 期。

华山、费国庆:《阿保机建国前契丹社会试探》,《文史哲》1958 年第 6 期。

黄凤岐:《耶律阿保机——辽王朝缔造者》,《辽金历史与考古》(第一辑），辽宁教育出版社，2009 年。

黄震云：《契丹的由来和辽代的建元》（上、下），《辽宁工程技术大学学报》（社会科学版）2003 年第 1、2 期。

嵇训杰：《关于契丹族名称、部落组织和源流的若干问题》，《中国史研究》1985 年第 2 期。

吉孝青：《契丹“青牛白马”传说研究》，《东北亚研究论丛》（六），东北师范大学出版社，2013 年。

即实：《皇黄无同义——读〈契丹小字解读再探〉所见》，《内蒙古师大学报》（汉文哲学社会科学版）1986 年第 4 期。

即实：《解𧊒及其他》，《民族语文》1984 年第 2 期。

即实：《契丹国号解》，《社会科学辑刊》1983 年第 1 期。

姜腊梅：《唐代契丹将领李楷固考论》，东北师范大学硕士学位论文，2014 年。

景爱：《平地松林的变迁与西拉木伦河上游的沙漠化》，《中国历史地理论丛》1988 年第 4 期。

景爱：《契丹的起源与族属》，《史学集刊》1984 年第 2 期。

李大龙、刘海霞：《唐代契丹的衙官》，《中国边疆史地研究》2012 年第 3 期。

李桂枝：《关于契丹古八部之我见》，《中央民族学院学报》1992 年第 1 期。

李鹏：《辽代乌州考——兼论契丹早期的族源之辩》，《黑龙江民族丛刊》2017 年第 3 期。

李鹏：《试析契丹与刘仁恭政权的幽州博弈》，《地域性辽金史研究》（第一辑），中国社会科学出版社，2014 年。

李鹏：《“松漠”考——兼论契丹起源地》，《北方文物》2017 年第 1 期。

李品清：《徙居白狼水东的契丹及其文化》，《社会科学辑刊》1998 年第 1 期。

李锡厚：《契丹立国前“争夺夷离堇”问题商榷》，《宋辽金史论丛》（第二辑），中华书局，1991 年。

李彦平：《唐朝与东北少数民族契丹、奚的和亲》，《社会科学战线》1996 年第 3 期。

李艳阳：《契丹始祖奇首可汗事迹考》，《辽宁师范大学学报》（社会科学版）2008年第1期。

李逸友：《契丹的髡发习俗——从豪欠营辽墓契丹女尸的发式谈起》，《文物》1983年第5期。

刘凤翥、唐彩兰：《辽"萧兴言墓志"和"永宁郡公主墓志"考释》，《燕京学报》（新14期），北京大学出版社，2003年。

刘凤翥：《契丹小字解读再探》，《考古学报》1983年第2期。

刘凤翥：《契丹小字〈耶律宗教墓志铭〉考释》，《文史》2010年第4辑。

刘凌淞：《契丹族起源问题探析》，《开封教育学院学报》2018年第3期。

刘玉峰：《〈册府元龟〉中契丹史料辑录》，东北师范大学硕士学位论文，2006年。

刘治川：《早期契丹与突厥的分合关系及其影响》，渤海大学硕士学位论文，2015年。

吕富华、杨福瑞：《契丹祭山礼仪考论》，《北方文物》2014年第3期。

吕昕娱、杨福瑞：《契丹建国前城邑建置考论》，《北方文物》2011年第4期。

马艾鸿：《唐与契丹关系研究》，安徽大学博士学位论文，2018年。

马建东：《甘谷方言与〈说文解字〉同声字说明的问题——古音见母、来母或同组系列文章之二》，《天水师范学院学报》2010年第1期。

马旭辉：《唐末五代幽州刘仁恭政权及其与契丹关系研究》，河北大学硕士学位论文，2008年。

孟凡云：《契丹可突于被杀考》，《中南民族大学学报》（人文社会科学版）2011年第5期。

孟宪君：《浅谈契丹与唐王朝的关系》，《昭乌达蒙族师专学报》（汉文哲学社会科学版）1987年第2期。

孟志东：《达斡尔族源研究述评》，《黑龙江民族丛刊》2000年第2期。

苗润博：《再论所谓阿保机"变家为国"问题》，《辽金历史与考古》（第七辑），辽宁教育出版社，2017年。

苗威：《大祚荣族属新考》，《中国边疆史地研究》2013年第3期。

潘静：《"八部聚议立王"和早期契丹的社会性质》，《内蒙古社会科学》（汉文版）2018年第1期。

彭丽：《隋唐时期中原王朝与北疆突厥、契丹民族关系研究》，陕西师范大学硕士学位论文，2012年。

乔梁：《契丹陶器的编年》，《北方文物》2007年第1期。

邱久荣：《〈契丹国号解〉质疑》，《中央民族学院学报》1983年第4期。

任爱君：《登国年间北魏与契丹史事探赜》，《昭乌达蒙族师专学报》（汉文哲学社会科学版）1990年第4期。

任爱君：《关于契丹族源诸说新析》，《蒙古史研究》（第七辑），内蒙古大学出版社，2003年。

任爱君：《辽朝斡鲁朵的渊源》，《内蒙古社会科学》（汉文版）2005年第1期。

任爱君：《契丹辽朝前期（907—982）契丹社会历史面貌解析》，内蒙古大学博士学位论文，2005年。

任爱君：《契丹与库莫奚的先世及其关系略述》，《昭乌达蒙族师专学报》（哲学社会科学版）1989年第2期。

任爱君：《松漠诸部的离合与契丹名号在草原的传播》，《赤峰学院学报》（汉文哲学社会科学版）2013年第6期。

任爱君：《唐朝与契丹部落发展的历史关系——兼谈大贺氏家族的衰微和契丹部落发展的趋向》，《蒙古史研究》（第九辑），内蒙古大学出版社，2007年。

任爱君：《往事与现实：耶律阿保机的先辈们创造的历史（一）——从始祖雅里到四世祖耨里思生活的历史时代》，《赤峰学院学报》（汉文哲学社会科学版）2008年第9期。

任爱君：《往事与现实：耶律阿保机的先辈们创造的历史（二）——从曾祖撒剌德、祖父匀德实到其父辈们生活的历史时代》，《赤峰学院学报》（汉文哲学社会科学版）2008年第11期。

任丽颖、孟凡云：《契丹可突于与唐四次大战考论》，《北方文物》2012年第1期。

邵正坤：《由〈韩贞造像记〉看北魏对于契丹的民族政策》，《通化师范学院学报》2016年第11期。

盛襄子：《契丹源流说略》，《契丹史论著汇编》，1988年。

史风春：《辽朝后族萧姓由来述论》，《内蒙古师范大学学报》（哲学社会科学版）2015 年第 4 期。

史风春：《略论契丹后族族帐的演变》，《黑龙江民族丛刊》2012 年第 5 期。

宋筱静：《关于唐代大贺氏契丹的几个问题》，辽宁师范大学硕士学位论文，2012 年。

苏丹：《20 世纪 80 年代以来契丹族族源研究综述》，《东北亚研究论丛》（五），东北师范大学出版社，2012 年。

孙国军、康建国：《“青牛白马”传说所反映的契丹历史》，《赤峰学院学报》（汉文哲学社会科学版）2012 年第 8 期。

孙国军：《佛教传入辽朝原因及来源探析》，《赤峰学院学报》（汉文哲学社会科学版）2014 年第 4 期。

孙进己、白新华：《四至十世纪契丹社会的发展》，《黑龙江文物丛刊》1983 年第 3 期。

孙进己：《契丹部落组织发展变化初探》，《社会科学辑刊》1981 年第 4 期。

孙进己：《契丹的胞族外婚制》，《民族研究》1983 年第 1 期。

唐均：《女真文“契丹”考》，《辽金历史与考古》（第七辑），辽宁教育出版社，2017 年。

田广林：《契丹古八部质疑》，《社会科学战线》2008 年第 11 期。

田广林：《契丹国家产生的上限及其早期发展形态》，《内蒙古社会科学》1999 年第 2 期。

田广林：《契丹髡发礼俗述略》，《北方文物》1998 年第 4 期。

田广林：《契丹源于杂胡，其主体族源为乌桓说》，《昭乌达蒙族师专学报》（汉文哲学社会科学版）1999 年第 5 期。

田广林：《契丹自然崇拜礼俗研究》，《昭乌达蒙族师专学报》（汉文哲学社会科学版）1996 年第 3 期。

驼峰：《对四世纪末到十世纪初契丹族社会历史的分析》，《内蒙师范学院学报》1959 年第 2 期。

汪宇平：《内蒙昭乌达盟印纹陶的时代问题》，《考古通讯》1955 年第 4 期。

王博楠：《关于遥辇契丹的几个问题》，辽宁师范大学硕士学位论文，

2012年。
王成国:《论唐代契丹》,《社会科学战线》2004年第2期。
王成国:《唐代契丹民族考略》,《社会科学辑刊》2001年第4期。
王大方:《古契丹的人种》,《中国文物报》2001年2月7日第4版。
王弘力:《契丹小字墓志研究》,《民族语文》1986年第4期。
王丽娟:《奚族历史研究》,内蒙古大学博士学位论文,2014年。
王绵厚:《唐末契丹进入辽东的历史考察》,《社会科学辑刊》1993年第2期。
王民信:《契丹民族溯源》,《新时代》1971年第6期。
王民信:《契丹民族溯源(续)》,《新时代》1971年第7期。
王茜:《略述契丹、奚、地豆于、室韦等古族与北朝的朝贡关系》,《兰台世界》2011年第25期。
王小甫:《契丹建国与回鹘文化》,《中国社会科学》2004年第4期。
王禹浪:《"契丹"称号的含义与民族精神》,《中国北方古代文化国际学术研讨会论文集》,中国文史出版社,1995年。
魏蔚:《关于契丹建辽的几个重大史实问题》,辽宁师范大学硕士学位论文,2010年。
乌兰:《蒙古文历史文献中涉及"国"及其相关概念的一些表述方法》,《民族研究》2016年第2期。
吴东颖、马素参、刘春芸等:《契丹古尸分子考古学研究》,《云南大学学报》(自然科学版)1999年第S3期。
吴东颖:《契丹古尸分子考古学研究》,中国协和医科大学博士学位论文,1999年。
吴凤霞:《契丹世选制的发展变化及其历史作用》,《内蒙古社会科学》1999年第2期。
武玉环:《契丹部落联盟与辽初政体》,《松辽学刊》(社会科学版)2000年第1期。
席岫峰、宋志发:《试析契丹族人的祖先崇拜活动》,《社会科学辑刊》1994年第3期。
席岫峰:《关于契丹婚姻制度的商榷》,《历史研究》1993年第2期。
向南、杨若薇:《论契丹族的婚姻制度》,《历史研究》1980年第5期。

肖爱民：《“分三耶律为七，二审密为五”辨析——契丹遥辇氏阻午可汗二十部研究之二》，《内蒙古社会科学》2005年第2期。

肖爱民：《关于契丹迭剌部的几个问题——契丹遥辇氏阻午可汗二十部研究之一》，《北方文物》2006年第1期。

肖爱民：《关于契丹左大部与右大部——契丹遥辇氏阻午可汗二十部研究之三》，《内蒙古民族大学学报》（社会科学版）2005年第2期。

肖爱民：《辽朝大贺氏考辨——契丹遥辇氏阻午可汗二十部研究之四》，《内蒙古师范大学学报》（哲学社会科学版）2005年第4期。

萧惠兰：《契丹创名研究的新发现》，《湖北大学学报》（哲学社会科学版）2003年第4期。

晓克：《北方草原民族侍卫亲军制探析》，《内蒙古社会科学》（汉文版）2007年第5期。

辛时代：《契丹早期职官探究》，《渤海大学学报》（哲学社会科学版）2017年第5期。

许月等：《古代契丹与现代达斡尔遗传关系分析》，《吉林大学学报》（理学版）2006年第6期。

阎文儒：《辽西义县万佛堂石窟调查及其研究》，《文物参考资料》1951年第9期。

杨福瑞：《六到十世纪初契丹与奚族的关系——兼论两族的不同命运结局》，《昭乌达蒙族师专学报》（汉文哲学社会科学版）1999年第5期。

杨福瑞、孙国军：《20世纪契丹名号、族源、族属问题的学术争鸣》，《赤峰学院学报》（汉文哲学社会科学版）2018年第12期。

杨富学：《契丹族源传说借自回鹘论》，《历史研究》2002年第2期。

杨军、李冬彤：《从神话传说看契丹族起源之谜》，《中国社会科学报》2017年8月8日。

杨军：《契丹“四楼”别议》，《历史研究》2010年第4期。

杨军：《契丹始祖传说与契丹族源》，《首都师范大学学报》（社会科学版）2014年第6期。

杨筠：《略论两蕃与唐朝关系的演变、原因及影响》，《烟台大学学报》（哲学社会科学版）2007年第4期。

杨妹：《敖汉旗区域契丹族族源论——契丹遥辇氏的发祥地、世里氏的重要历史活动舞台》,《前沿》2013 年第 23 期。

杨毓骧:《云南契丹后裔考说》,《思想战线》1994 年第 2 期。

杨毓骧:《云南契丹青牛白马图与契丹古八部考辨》,《内蒙古社会科学》(文史哲版)1994 年第 5 期。

姚玉成:《“别种” 探微》,《北方文物》2000 年第 1 期。

亦邻真:《成吉思汗与蒙古民族共同体的形成》,《内蒙古大学学报》(社会科学版)1962 年第 1 期。

亦邻真:《中国北方民族与蒙古族族源》,《内蒙古大学学报》(哲学社会科学版)1979 年第 3—4 期。

袁本海:《唐朝契丹朝贡述略》,《辽金历史与考古》(第一辑),辽宁教育出版社,2009 年。

岳东:《契丹李尽忠、孙万荣的南下扩张》,陕西师范大学硕士学位论文,2000 年。

曾成:《唐代契丹的权力结构与可突于之叛》,《理论月刊》2015 年第 11 期。

曾雯:《从体质人类学、分子考古学看鲜卑、契丹的源流》,吉林大学硕士学位论文,2009 年。

占·达木林斯荣:《唐代松漠府遗址考》,《内蒙古社会科学》(汉文版)2002 年第 S1 期。

张柏忠:《科左后旗呼斯淖契丹墓》,《文物》1983 年第 9 期。

张柏忠:《契丹早期文化探索》,《考古》1984 年第 2 期 。

张柏忠:《哲里木盟发现的鲜卑遗存》,《文物》1981 年第 2 期。

张碧波:《契丹与回纥族源文化异同论》,《西北民族研究》1999 年第 1 期。

张碧波:《契丹族文化渊源杂考》,《黑龙江民族丛刊》1997 年第 4 期。

张博泉:《“契丹”、“辽” 名称探源》,《黑龙江民族丛刊》1999 年第 4 期。

张国庆:《辽代契丹皇帝与五代、北方诸帝王的 “结义”》,《史学月刊》1992 年第 6 期。

张宏、于雯雯、李冬雪:《浅谈契丹族的起源》,《黑龙江史志》2009 年第 23 期。

张久和：《东胡系各族综观》，《内蒙古大学学报》（哲学社会科学版）1990年第2期。

张去非：《关于契丹汗位的承袭制度》，《历史教学》1964年第8期。

张少青：《辽宁康平发现的契丹、辽墓概述》，《北方文物》1988年第4期。

张志勇：《辽朝建立前契丹族文化与习俗考》，《辽宁工程技术大学学报》（社会科学版）2009年第3期。

赵光远：《试论契丹族的青牛白马传说》，《北方文物》1987年第2期。

赵国军、那日苏：《契丹祖源与族源论证——从马盂山到木叶山》，《黑龙江史志》2015年第5期。

赵卫邦：《契丹国家的形成》，《四川大学学报》（社会科学版）1958年第2期。

赵永春、张喜丰：《契丹的"中国"认同》，《黑龙江民族丛刊》2015年第1期。

哲里木盟博物馆：《内蒙古哲里木盟发现的几座契丹墓》，《考古》1984年第2期。

郑承燕：《辽代贵族丧葬制度研究》，南开大学博士学位论文，2012年。

郑德英：《东胡系诸部族与蒙古族族源》，《中国蒙古史学会论文选集》，内蒙古人民出版社，1980年。

周加胜：《试论唐朝在契丹族地区设立的府州》，《黑龙江民族丛刊》2007年第4期。

周建奇：《辽代契丹半丁零——〈辽史〉中的迪辇为高车丁零异译补证》，《内蒙古大学学报》（哲学社会科学版）1993年第3期。

周一良：《论宇文周之种族》，《魏晋南北朝史论集》，中华书局，1963年。

朱泓：《内蒙古宁城山嘴子辽墓契丹族颅骨的人类学特征》，《人类学学报》1991年第4期。

朱泓：《契丹族的人种类型及其相关问题》，《内蒙古大学学报》（哲学社会科学版）1991年第2期。

朱泓：《人种学上的匈奴、鲜卑与契丹》，《北方文物》1994年第2期。

宗喀·漾正冈布、刘铁程：《契丹文化变迁与早期政治》，《西北民族大学学报》(哲学社会科学版)2009 年第 3 期。

(二)汉译论文

〔日〕爱新觉罗·乌拉熙春:《辽朝国号非“哈喇契丹(辽契丹)”考——兼拟契丹大字关及契丹小字夂丨的音值》,《爱新觉罗乌拉熙春女真契丹学研究》,松香堂书店,2009 年。

〔日〕白鸟库吉:《东胡民族考》,《史学杂志》第 24 编第 1 号,1913 年。

〔日〕岛田正郎:《契丹族的遥辇帐》,何天明译,《蒙古学信息》2004 年第 1 期。

〔苏〕札尔金特:《契丹及其族属》,罗致平译,《民族史译文集》,科学出版社,1959 年。

附　　录

附录一　契丹部落联盟首领世系表

大贺氏联盟首领	窟哥┈┈➤阿卜固┈┈➤李尽忠（窟哥孙或曾孙）┈┈➤失活（李尽忠从父弟）──➤娑固（失活从父弟）──➤郁于（娑固从父弟）──➤吐于（郁于弟）──➤邵固（李尽忠弟）──➤屈烈──➤李过折
遥辇氏联盟可汗	洼可汗、阻午可汗、胡剌可汗、苏可汗、鲜质可汗、昭古可汗（也作嘲古可汗）、耶澜可汗、巴剌可汗、痕德堇可汗
世里氏联盟天皇王	耶律阿保机

附录二　契丹－辽政权皇帝世系图

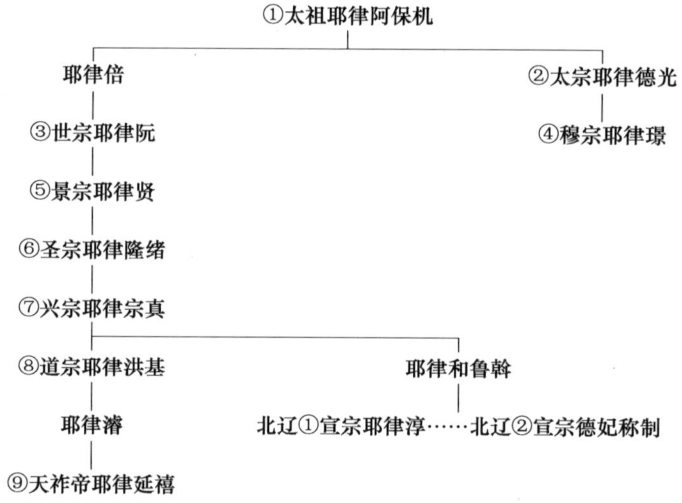

注：天祚帝逃亡之际其子耶律雅里曾被立为主，雅里死后由耶律术烈（一说即兴宗孙）继之。

附录三　西辽执政者世系图

①德宗耶律大石……②萧塔不烟(德宗后)称制权国

③仁宗耶律夷列　④耶律普速完(仁宗妹)称制权国

⑤耶律直鲁古

⑥屈出律(直鲁古婿)

注：屈出律继位后尊耶律直鲁古为太上皇。

索　引

A

B

C

D

N

P

Q

R

X

Y

Z

Abstract

The beginning of Qidan (契丹) was in the 2nd century according to legend, but it was only in the middle of the 4th century did historical records start mentioning it. Since then the group had successively going through tribes, tribal alliances, and ethnic regimes until the 13th-14th century when it died out and was integrated into other ethnic groups. Qidan once was the Yuwen clan of Xianbei. After the collapse of the Yuwen clan, Qidan and Kumoxi lived in the former territory of Xianbei. After the second half of the 4th century, each group developed in its own trajectory. In the early history of the Qidan, there were eight and ten tribes on record. From the 7th to the 10th century these tribes had formed tribal alliances called Daheshi, Yaonianshi, and Diela. In 916, Yelü Abaoji, from the Diela tribe, built the Qidan-Liao regime, which was the beginning of the ethnic regime of Qidan.

In the early stage, Qidan had inherited some political, military, economic, and cultural elements from Xianbei, thereby establishing the features of the Qidan-Liao regime. In the spheres of politics and the military, the chiefs of tribes and tribal alliances were elected from hereditary holders, especially during the period of the Yaonianshi tribal alliance. The election was held every three years, which was in accordance with the nomadic cycle of production and life. That was the embryonic period of Xingguo, the nomadic political center. The administrative system, which was the unity of military and politics, and integration of the army and the people, had been inherited and developed by the Qidan-Liao regime. Animal husbandry was the main economy, and fishing and agriculture were the secondary with slowly developing handicraft and commerce. The economic foundation of animal husbandry determined the lifestyle such as wearing leather and fur clothing, eating meat and cheese, building with felt, and living with vehicle and horse, which were continued by the Qidan people of the Liao Dynasty. Qidan had attached itself to the more powerful forces and dissociated itself from other ethnicities and regimes to strive for living space. On the other hand, it had united and merged the surrounding ethnic groups to strengthen itself and expand development space when it was strong enough. In terms of cultures and customs, it absorbed elements of Manichaeism and Buddhism and combined with local Shamanism, to assist its reform and to stabilize society. The Liao Dynasty had inherited the principle of binding marriage with family name from Qidan so that it had formed the Yelü-Xiao marriage system. Its language, culture, custom, and folkway were similar to those of Kumoxi and Shiwei. The splendid material and spiritual cultures created by the Qidan people are last to this day and make the Chinese civilization more plentiful.

后　记

编写组决定将《中国古代北方民族史·契丹卷》交由我来撰写完成，荣幸之中更感压力之大。契丹早期历史，因史料缺漏严重，涉足者多感困难重重，已经面世的成果虽有一定突破，但争议也颇大。当然，压力会迫使自己更加努力学习钻研，也要求有更为深入的思考。为此，在写作过程中，这些都显示着自己的不足。值得庆幸的是，因《中国古代北方民族史》之缘而结成的团队，既有学识渊博、经验丰富的前辈学者答疑解惑、指点迷津，又有课题研究时良好的协作方式，以及通过学术研讨而实现攻关破难的互补机制，此外还有业务水平过硬的编辑团队，这些都在很大程度上弥补了我在学术积累和写作经验方面的不足。虽经努力，但当这部书稿即将付梓之际，也只能说是一部浅尝之作，敬请学界同仁纠谬证误，鞭策我继续前行。

感谢编写组给了我如此难得的学术锻炼机会，感谢编辑团队为高质量出版而付出的辛勤劳动。十分留恋我们这个学术至上、团结互助，一人为大家，大家为一人的研究团队。期间所经历的一切和得到的收获，将使我受益终身。我们携手明天，共享明天。

冯　科

2021 年 6 月

总 后 记

在十卷本《中国古代北方民族史》即将出版之际，我们感觉有一些与全书有关的人和事应该记下来，权做一个交代和备忘。

2011年春季，由时任内蒙古自治区呼伦贝尔市委常委、统战部部长孟松林同志召集，中国社会科学院考古研究所内蒙古第一工作队队长刘国祥研究员、呼伦贝尔民族博物院院长白劲松研究员具体组织，辽宁师范大学历史文化旅游学院院长田广林教授、内蒙古大学历史与旅游文化学院院长张久和研究员等人参加，在海拉尔落实论证由时任十一届全国政协副主席、中国社会科学院院长、党组书记陈奎元同志倡议的“蒙古族源与元朝帝陵综合研究”项目方案，填报立项申报书，通过中国社会科学院科研局，报送至全国哲学社会科学规划办公室。2012年8月，“蒙古族源与元朝帝陵综合研究”被列为国家社会科学基金重大委托项目（批准号为12@ZH014），研究周期为10年。中国社会科学院科研局作为项目主管单位，中国社会科学院考古研究所、内蒙古自治区文物局、呼伦贝尔市人民政府作为项目联合实施单位，内蒙古大学历史与旅游文化学院作为项目协作单位之一。王巍、孟松林二位先生担任项目首席专家，设北京和呼伦贝尔两个项目办公室，刘国祥、白劲松分别担任主任，组织全国相关科研机构和高校研究人员，以考古学为主，结合历史学、民族学、人类学、社会学、地理学等开展综合研究，力争取得具有国际影响力的学术成果。根据工作计划，2013—2014年，刘国祥作为考古领队主持发掘了海拉尔区谢尔塔拉、陈巴尔虎旗岗嘎两处墓地，经过研究确认这两处墓地均为室韦人遗存。谢尔塔拉和岗嘎墓地的发现、识别和初步研究，为室韦史、北方民族史研究提供了丰富、直观的珍贵资料，对研究蒙古族族源问题具有重要学术价值。该重大委托项目的设立、室韦考古学文化遗存的发现与识别、共同的学术追求和多年来建立的深厚友谊，为我们开展相关合作研究奠定了坚实基础。

2017年6月末，项目组在海拉尔召开学术研讨会，经过讨论，我们认为组织编写一套北方民族史著作的时机和条件基本成熟，根据项目实施计划，需要编写出版一部系统性的、与蒙古族起源史具有密切关系的历史学研究成果。于是，决定主要依托内蒙古大学培养的北方民族史科研力量组成学术团队编写《中国古代北方民族史》，并作为国家社会科学基金重大委托项目“蒙古族源与元朝帝陵综合研究”的子课题。达成共识后，经过准备，2017年8月16日即在内蒙古大学召开了第一次“中国古代北方民族历史与考古系列学术研讨会”。在这次会议上，组建编写组，确定张久和、刘国祥为主编，何天明、白劲松为副主编，胡玉春、何天明、梁云与白劲松、袁刚、包文胜、吴飞、王洁、冯科、王丽娟、张久和与刘国祥为各卷作者，形成了老中青结合的学术团队。讨论了编写大纲、撰写内容、人员分工、全书体例和编纂要求等事项，标志着该项研究工作的正式启动。考虑到北方民族历史发展的连续性、诸北方民族的重要历史地位、与学界蒙古族起源说有关的北方民族、团队成员的科研主攻方向和前期的学术成果积累等因素，确定了以匈奴、乌桓、拓跋鲜卑、柔然、突厥、回鹘、黠戛斯、契丹、库莫奚和室韦这十个北方民族为研究对象，按族别史体例，一族一卷，形成十卷本的《中国古代北方民族史》。此后，十卷作者分别进入了研究和撰写阶段。

从研究工作启动，截至2021年1月，编写组以“中国古代北方民族历史与考古系列学术研讨会”的名义又召开了六次以推进研究、解决问题为主要目的务实会议。2017年11月11—12日，第二次“中国古代北方民族历史与考古系列学术研讨会”在海拉尔召开，各卷著者就第一部分试写稿内容及相关事宜做了说明，与会人员充分讨论并提出了修改完善建议，并进一步讨论细化了各卷大纲。2018年7月31日—8月1日，第三次会议在内蒙古大学召开，以各卷撰写进展汇报为主题，与会专家围绕各卷完成的基本内容、学术创新、难点等展开了深入的学术研讨。2019年2月16—17日，第四次会议在科学出版社召开，社领导高度重视，专门为每卷书稿选定一位编辑，个别卷甚至配备了两位编辑，开始与各卷作者对接。此次会议以撰写进展汇报为主要议题，作者、编辑和相关专家学者等与会人员围绕编写内容、编写进度、主旨思想、学术重点、学术规范、出版规范等内容进行了深入细致的研讨。

在第四次会议上基本确定了各卷完成和上交初稿的时间段。为了提高效率、保证质量，决定组成由张久和、何天明、冯科、曹磊、王石雨、任翔为主要成员的统稿小组，远离喧嚣闹市，摆脱杂事干扰，进行封闭集中统稿。2019年3月25—30日，统稿小组在赤峰市红山区赤峰宾馆进行了第一次统稿，统阅胡玉春《匈奴卷》、王洁《黠戛斯卷》、王丽娟《库莫奚卷》三部书稿。中国社会科学院考古研究所内蒙古第一工作队承担了后勤保障工作。2019年4月8—13日，在山西省朔州市右玉县进行了第二次统稿，得到右玉县文史学者王泽民先生的热情接待和周到安排。本次集中统阅何天明《乌桓卷》，梁云、白劲松《拓跋鲜卑卷》和张久和、刘国祥《室韦卷》三部书稿。2019年5月6—11日，在赤峰市敖汉旗进行了第三次统稿。统阅袁刚《柔然卷》、包文胜《突厥卷》、吴飞《回鹘卷》、冯科《契丹卷》四部书稿。中国社会科学院考古研究所内蒙古第一工作队负责后勤保障工作，内蒙古史前文化博物馆田彦国馆长给予了热情支持。实际上，每一次统稿所用时间并不止于一周，每次回到呼和浩特后，统稿、校对人员各自又费时十余天才完成了相关工作。统稿小组诸位成员不辞辛苦，认真投入，指出和改正了书稿中存在的一些具体问题，提出了整体修改完善建议，在充分保证学术质量的同时，有效推进了编纂工作。

2019年7月13—14日，第五次会议在中国社会科学院考古研究所召开，主要就全书的统稿情况，各卷的作者简介、内容简介、内容摘要翻译、配图、索引，出版阶段的有关问题及解决方案、下半年工作计划等进行讨论，做出了安排和要求，对此前整体工作做了总结。总体而言，五次会议就全书编写提纲、体例、结构、内容、编纂要求、进展等相关工作展开充分讨论，及时解决出现的问题，为整体工作的顺利进行起到了良好作用，推动了编纂进度，提高了内容质量。在第五次研讨会成果基础上，各卷作者用时近两个月完成相关工作内容，十卷书稿于2019年9月一次性交付出版社，正式进入编辑出版程序。至2020年9月，各卷先后审完作者样。

2020年9月7—12日，第六次“中国古代北方民族历史与考古系列学术研讨会”在海拉尔召开，各卷作者、部分项目组专家、出版社编辑等参会，讨论确定了各卷作者样、索引、英文摘要、后记等最后上交期限以及后期编辑、出版方面的问题，对整体工作做了总结，对下一步工作做了安排。

2021 年 1 月 27 日，第七次“中国古代北方民族历史与考古系列学术研讨会”通过线上方式举办，本次会议以《中国古代北方民族史》十卷本书稿的外审意见反馈沟通为主要议题，各卷作者与编辑人员围绕相关建议进行研讨，并就书稿进一步的修改与编校深入交流意见。与会专家一致认为，送审意见既体现了对国家有关政策的深入理解，又有对具体写作表述细节的精准见解，是进一步开展书稿修改编校的工作指南，落实好上级部门的送审意见是书籍能够高质量面世的重要前提。各卷作者表示，一定会认真领会送审意见，与责编紧密配合，做好书稿修改工作，用优质学术成果回馈社会。张久和研究员在发言中指出，本套书全体撰写、编辑人员在实际工作中要始终贯彻好“铸牢中华民族共同体意识”的要求，一定要根据送审意见全面解决还存在的各种学术和技术问题，对于一些难点问题可以再次进行讨论，找到最佳解决方案，确保书籍质量。刘国祥研究员在会议总结时强调，习近平总书记在哲学社会科学工作座谈会上的讲话、致中国历史研究院成立的贺信以及 2020 年 9 月 28 日在中央政治局第二十三次集体学习时发表的《建设中国特色中国风格中国气派的考古学　更好认识源远流长博大精深的中华文明》的重要讲话，为历史学研究和考古学研究提供了科学指引，也为我们的工作注入了强劲的动力。在各卷编写的过程中均注重吸收最新的考古学研究成果，促进了历史学与考古学的融合发展，提升了该项成果的学术价值和创新价值。

自决定编写《中国古代北方民族史》开始，从论证体例、结构，斟酌目录、编纂要求，到试写内容的讨论、完成初稿，再到统稿中的增删修改、核对史料、提出总体建议、修改完善书稿，直到选图配图、编制索引、校对书稿等，整个过程大家各尽其责，团结协作，体现了应有的专业素养和团队意识。应该说我们尽了很大努力去组织全书的编纂，各卷作者也克服困难、夜以继日地工作，但从 2017 年 8 月启动，到 2019 年 9 月正式交稿，撰写时间毕竟太短，作者又各有学习、教学、科研甚至行政工作任务，投入的时间和精力难以保证；加之成果积累程度不同，其中半数有博士论文作基础，有数年或十余年的积淀，编纂起来相对容易；有的纯粹白手起家，从收集分析史料、总结归纳前人成果做起，再进行研究，工作量和难度确实很大；有的作者年轻，刚刚踏入史学门槛，想法稚嫩，功力尚浅，难免存在许多缺陷。吸收青年学人加入团队，也是抱着锻炼、培养和带动他们成长的目的。因此，虽然全书整体体例、编写要求等大体一致，但在内容论述深度、提出和解决问题等方面还各存差异，在学术上尚存在很大的提升和完善空间，一定会有许多不足和遗憾之处。考虑到“蒙古族源与元朝帝陵综合研究”重大委托项目的迫切需要，以及国内外尚无一次性推出以族别史为体例的多卷本北方民族史成果的现实，我们不揣浅陋，把十卷本《中国古代北方民族史》作为一项团队研究北方民族史的阶段性学术成果呈现出来，供学界同仁批评指正，以达到抛砖引玉，锻炼队伍，增进交流，推动研究的目的。

从启动编写到正式出版，费时四年。我们能够顺利完成这项研究工作，离不开各位领导、学界同仁、出版社编辑和媒体记者朋友的大力支持和鞭策。“蒙古族源与元朝帝陵综合研究”重大委托项目首席专家王巍先生、孟松林先生宏观指导、鼎力支持，同意将《中国古代北方民族史》列为重大委托项目子课题资助研究。孟松林院长每次会议均到场致辞，亲切关怀，热情鼓励，增强了编写组成员的信心。内蒙古大学党委书记朱炳文同志，校长陈国庆教授，副校长张吉维教授、高光来教授、额尔很巴雅尔教授始终关心关注这项工作，多次询问研究、出版进展，学校并以“双一流”建设经费予以科研资助。中共呼伦贝尔市委书记于立新同志对该项目给予了高度重视和大力支持，多次听取项目组工作汇报，帮助解决诸多实际困难，有力保障了该项目的顺利实施。内蒙古自治区社会科学院院长李春林研究员亲临研讨会，给予指导帮助。中国社会科学院考古研究所的各位领导对该项目始终给予关心和支持，陈星灿所长多次听取项目工作汇报，积极推动本套书的编辑和出版工作。中国历史研究院副院长李国强研究员对该项目给予了学术指导和热情帮助。中国科技出版传媒股份有限公司（科学出版社）副总经理闫向东先生、文物考古分社副社长孙莉女士，高度重视项目进程，并在2017年底将项目确立为出版社的重大项目，极大鼓舞了编写者的士气。同时还为每本图书配备了优秀编辑，积极协调出版事宜，为图书出版提供了有力保障。各卷责任编辑审读校阅，纠错证谬，确保了出版质量。新华通讯社记者李贺、中国新闻社记者孙自法、人民政协报记者付裕、中国社会科学网记者齐泽垚、中国社会科学报记者杨阳、中国文物报记者郭晓蓉等不辞辛劳，追踪项目进展，连续深度报道，提升了该项目的学术和社会影响力。工作组精心组织，周到安排，辛勤付出，全力配合，使历次研讨会成功举办，统稿工作顺利进行，摘要英译、选图配图等取得良好效果，为整体研究工作的顺利进展提供了坚强有力的保障。各卷的英文摘要由中国社会科学院考古研究所蒙古族源研究中心学术秘书王珏女士翻译，美国华盛顿大学王海城副教授审定，特此致谢！总之，在编写该书过程中，支持帮助过我们的人还有很多，难免挂一漏万，要讲的话也一时言不尽意，在此，我们一并表达崇高的敬意和由衷的谢忱！

历史的机缘、共同的学术志趣使我们成为合作者。值得欣慰的是，在收获学术果实的同时，我们也收获了友情、亲情。这一过程中的耳闻目睹、酸甜苦辣丰富了我们的人生阅历和感受，团结融洽、勇于担当、相互砥砺、理解包容成为我们共同的精神财富。

《中国古代北方民族史》编写组

2021年6月